Haddon   Robinson

La Predicación Bíblica

Desarrollo y presentación de mensajes expositivos

CONTIENE UN ESTUDIO PROGRAMADO POR LA
FACULTAD LATINOAMERICANA DE ESTUDIOS
TEOLÓGICOS

©2000 Logoi, Inc.
14540 S.W. 136 Street, Suite 200
Miami FL 33186

Título original en inglés:
Biblical Preaching
©1980 by Baker Book House Company
Grand Rapids, Michigan, EE.UU.

Autor: Haddon Robinson
Editor: Luis Nahum Sáez
Portada: Meredith Bozek
Diseño textual: Jannio Monge

Printed in Colombia
Impreso en Colombia

A los hombres y mujeres
que tienen una cita sagrada
los domingos por la mañana:
Aturdidos por voces seductoras,
abrigando heridas que la vida les propina,
ansiosos por cuestiones que no valen la pena,
vienen, sin embargo, a escuchar
una palabra clara de Dios
que hable a su condición.

Y a aquellos que los ministran ahora,
Como a los que lo harán en el futuro.

Contenido

Prefacio

Al leer un libro, por lo general, veo el prefacio como algo que se puede obviar. Es como usar los más bellos himnos cristianos en un culto mal programado. Como si el autor lo introdujera para lanzarse de lleno a desarrollar su libro.

Como escritor, sin embargo, observo que el prefacio es supremamente importante, una necesidad absoluta. Dado que escribo esta obra con no pocas vacilaciones, esta sección me permite cierta tranquilidad. La literatura acerca de homilética exhibe nombres de predicadores brillantes y excelentes maestros. Uno debe pensarlo dos veces —y más— antes de nominarse ante esa compañía.

El lector podría pensar, lógicamente, que cualquiera que escribe acerca de la predicación se considerará a sí mismo como maestro en la disciplina ¡No es así! He predicado muchos sermones que ya ni se recuerdan. Conozco la agonía de preparar un mensaje y luego predicarlo sintiéndome ignorante del arte de predicar.

Si puedo pretender alguna calificación, es esta: Soy un buen oyente. Durante más de dos décadas en el aula he evaluado unos seis mil sermones de estudiantes. Mis amigos se maravillan de que no sea un ateo después de escuchar a cientos de titubeantes predicadores tropezando con sus primeros sermones.

Sin embargo, mientras escuchaba, aprendí qué forma parte de un sermón eficaz, y creo haber descubierto qué hacer y qué evitar. Aunque soy maestro de predicadores, me considero algo así como Leo Durocher. Como jugador de béisbol, el alcance de sus batazos no pasaba de primera, por exagerar, pero como director, entrenó muchos equipos ganadores.

Varios de mis alumnos han llegado a ser comunicadores eficaces de la Palabra de Dios, y me aseguran que en alguna medida he influido sus ministerios. Tanto ellos como yo sabemos que las reglas de homilética no producen por sí mismas predicadores eficaces.

El estudiante debe poner en la labor su talento y, más aún, un insaciable deseo de poner el mensaje de la Escritura en contacto con la vida misma. Richard Baxter comentó cierta vez que nunca conoció un hombre que valiera algo en su ministerio, que no sintiera angustia por ver el fruto de su labor. Los principios y la pasión deben unirse para que algo significativo ocurra en el púlpito.

Por eso, quiero transmitir con esta obra un método para aquellos que están aprendiendo a predicar, o para personas experimentadas que quieran repasar sus fundamentos. Espero haberme expresado con claridad para beneficio de hombres y mujeres que enseñan las Escrituras. Sin embargo, a este material, el lector debe añadirle: su vida, su intuición, su madurez, su imaginación y su dedicación. Así como el hidrógeno y el oxígeno producen agua, el deseo y la preparación, cuando se unen, producen comunicadores eficaces de la verdad de Dios.

Cuando comencé a enseñar no pensaba en escribir. Todo lo que procuraba era encontrar suficientes consejos útiles para proveerles a mis alumnos un método a seguir, mientras se preparaban para predicar. En mi desesperada búsqueda de algo valioso qué decirles, leí abundante información.

No puedo expresar la gran deuda que tengo. Por ejemplo, H. Grady Davis hizo una contribución especial. Mientras intentaba encontrar el camino, su libro me encontró a mí. Aunque quiera negar cualquier vínculo con este volumen, su obra Design for Preaching *[Bosquejo para la predicación], estimuló mi pensamiento. También he bebido, ojeando de otras fuentes, algunas ya olvidadas, aunque no deliberadamente.*

A aquellos contribuyentes anónimos, dedico la experiencia de Homero, como la presentó Rudyard Kipling:

Cuando Homero hizo sonar su lira,
ya había oído cantar a los hombres
por tierra y por mar;
y aquello que creyó necesitar,
fue y lo tomó, ¡lo mismo que yo!

Las vendedoras del mercado y los pescadores,
los pastores y también los marineros,
volvieron a escuchar los viejos cantos,
pero no dijeron nada, ¡lo mismo que yo!

Sabía que robaba, y él sabía que ellos sabían;
no lo delataron ni armaron alboroto;
le guiñaron el ojo por el camino,
y él les devolvió el gesto, ¡lo mismo que nosotros! [1]

Reconozco mi deuda con otras personas. A aquellos estudiantes que formulaban preguntas que me forzaban a contestar, y que me dijeron de manera amable cuando sencillamente no me hacía entender con claridad; a ellos les debo mucho más que las gracias.

Mis antiguos colegas en el Seminario Teológico de Dallas contribuyeron mucho más de lo que se imaginan. Duante Litfin, John Reed, Mike Cocoris, Elliott Johnson, Harold Hoehner y Zane

Hodges, entre otros, son hombres que aman a Dios, y no vacilan en hablar con franqueza. Bruce Waltke, del Regent College, influyó enormemente en mí durante más de veinte años y proveyó un modelo de erudición vital. Como todos estos y muchos otros influyeron profundamente en mí, ¡es justo que también carguen con buena parte de la culpa por los defectos de este libro!

Mención especial merece Nancy Hardin, quien no solo preparó y mecanografió el manuscrito, sino que me alertó para que usara mi escaso tiempo libre en la escritura.

¡Y a mi esposa Bonnie! ¡Cuánto le debo! Solo ella sabe cuánto hizo por mí. Y solo yo sé la profunda influencia que tiene en mi vida.

Concluido este prefacio, manos a la obra. Cualquiera que sea sensible a las Escrituras, conoce el temor que produce el ministerio. Matthew Simpson, en sus *Lectures on Preaching* [Conferencias acerca de la predicación], colocó al predicador en esta posición: «Su trono es el púlpito, se ubica en el lugar de Cristo; su mensaje es la Palabra de Dios, lo rodean almas inmortales, el Salvador —invisible—, está a su lado, el Espíritu Santo se cierne sobre la congregación, y el cielo y el infierno esperan el resultado. ¡Qué tremenda responsabilidad!»[2]

Capítulo 1

La predicación expositiva

Este libro trata acerca de la predicación expositiva, aunque quizás fue escrito para un ambiente en depresión. No todos creen que esta clase de predicación —o para el caso cualquier tipo de predicación—, sea una necesidad apremiante en la Iglesia. Es más, en algunos círculos se afirma que debiera abandonarse. El dedo acusador la dejó atrás y ahora apunta a otros métodos y ministerios más «eficaces» y acordes con la época.

La devaluación de la predicación

Explicar por qué la predicación recibe esta baja calificación nos llevaría a cada una de las áreas de nuestra vida común. La imagen del predicador ha cambiado, ya no se lo considera líder intelectual, y ni siquiera espiritual, de la comunidad. Pídale al hombre que se sienta en el banco de la iglesia que describa al ministro, y la respuesta quizás no sea halagadora.

Según Kyle Haselden, el pastor es algo así como la «combinación perfecta» del «obrero simpático, siempre atento, dispuesto a ayudar a la congregación; el consentido de las mujeres ancianas y confidente reservado de los adolescentes; el padre modelo para la gente joven; la compañía ideal para los hombres solitarios; el afable "amigo de todos" en las reuniones sociales».[3] Si eso se ajusta a la realidad, entonces el predicador probablemente sea aceptado, pero con toda seguridad no será respetado.

La predicación hoy, para complemento, se expone en una sociedad supercomunicada. Los medios masivos nos bombardean con cientos de «mensajes» por día. La radio y la televisión presentan locutores que nos entregan una «palabra del patrocinador» con toda la sinceridad de un evangelista. En ese contexto, el predicador puede lucir como otro vendedor ambulante que, en términos de John Ruskin, «hace magia con las doctrinas de la vida y la muerte».

Tal vez lo más importante sea que el hombre del púlpito siente que no tiene un mensaje autoritativo. Mucha de la moderna teología le ofrece poco más que ideas religiosas, por lo que sospecha que las personas sentadas en los bancos tienen más fe en los libros de ciencia que en los de predicación. En consecuencia, para algunos predicadores, lo novedoso de las comunicaciones estimula más que el mensaje mismo.

Presentaciones espectaculares, grabaciones cinematográficas, sesiones interactivas, luces llamativas y música de última moda pueden ser síntomas tanto de salud como de enfermedad. Indudablemente, las técnicas modernas pueden ampliar la comunicación; pero por otra parte pueden llegar a sustituirlo —lo deslumbrante y novedoso puede ocultar cierto vacío.

La acción social apela más a cierto sector de la iglesia que lo que se diga o lo que se escuche. Se preguntan: «¿De qué sirven las palabras de fe cuando la sociedad demanda obras?» Esa clase de personas considera que los apóstoles se equivocaron cuando dijeron: «*No es justo que nosotros dejemos la Palabra de Dios para servir a las mesas*» *(Hechos 6.2).*

En esta época de activismo parece más lógico afirmar que: «No es justo que dejemos de servir a las mesas para dedicarnos a la Palabra de Dios...»

El marco de la predicación

A pesar del «desprestigio» de la predicación y los predicadores, nadie que tome en serio la Biblia se atreve a desechar la predicación. Pablo fue escritor. De su pluma tenemos la mayoría de las cartas inspiradas del Nuevo Testamento y, encabezando la lista de ellas, está la dirigida a los romanos. A juzgar por su impacto en la historia, pocos documentos se le comparan. Sin embargo, cuando el apóstol se la escribió a la congregación de Roma, confesó: «*Deseo verlos y prestarles alguna ayuda espiritual, para que estén más firmes; es decir, para que nos animemos unos a otros con esta fe que ustedes y yo tenemos*» (1.11, 12, VP).

Pablo comprendía que algunos ministerios sencillamente no pueden operar sin un contacto personal, cara a cara. Incluso la lectura de una carta inspirada no lo puede reemplazar. «*Por eso estoy tan ansioso de anunciarles el evangelio también a ustedes que viven en Roma*» (1.15, VP). Hay un poder que emana de la palabra predicada que aun la infalible palabra escrita no puede reemplazar.

Los escritores del Nuevo Testamento veían la predicación como el medio por el cual Dios obra. Por ejemplo, Pedro les recordó a sus lectores que habían renacido «*no de simiente corruptible, sino de* incorruptible, por la Palabra de Dios que vive y permanece para siempre» (1 Pedro 1.23). ¿Cómo afectó sus vidas esa palabra? «Y esta es la palabra», explica Pedro, «que por el evangelio os ha sido anunciada» (1.25). Dios los redimió a través de la predicación.

Más aún, Pablo se refiere a la historia espiritual de los tesalonicenses que se habían convertido *«de los ídolos a Dios, para servir al Dios vivo y verdadero, y esperar de los cielos a su Hijo»* (1 Tesalonicenses 1.9,10). Ese giro ocurrió, según el apóstol, porque *«cuando recibisteis la Palabra de Dios que oísteis de nosotros, la recibisteis no como palabra de hombres, sino según es en verdad, la Palabra de Dios, la cual actúa en vosotros los creyentes»* (2.13).

Pablo consideraba que con la predicación Dios mismo hablaba —aunque a través de la personalidad y el mensaje del predicador— para así confrontar a hombres y mujeres, y volverlos a Él, pero nunca como el simple hecho de que el hombre expusiera su punto de vista sobre religión. Todo eso explica por qué Pablo instó al joven Timoteo a que *«prediques la palabra»* (2 Timoteo 4.2).

Predicar significa «manifestar, proclamar, o amonestar». La predicación debería agitar de tal manera al predicador que lo haga proclamar el mensaje con pasión y fervor. Sin embargo, no toda prédica apasionada desde un púlpito posee autoridad divina. Cuando el ministro habla como mensajero, proclama «la palabra» del que lo envió. Nada menos que eso puede pasar, legítimamente, cuando se expone la predicación cristiana.

Necesidad de la predicación expositiva

El hombre que está en el púlpito enfrenta la apremiante tentación de entregar un mensaje diferente al de las Escrituras, un sistema político (de derecha o de izquierda), una teoría económica, una nueva filosofía religiosa, antiguos títulos religiosos, una tendencia sicológica. Puede proclamar cualquier cosa con un tono de voz solemne, después de cantar los himnos. Pero si no predica las Escrituras, pierde su autoridad. Ya no confronta a sus oyentes con la Palabra de Dios, sino con la del hombre. Por eso es que mucha de la predicación moderna no produce otra cosa que un gran bostezo. Dios no está en ella.

Dios habla a través de la Biblia. Esta es su principal medio de comunicación para llegar a los individuos hoy. Por eso, la predicación bíblica no debe confundirse con «la antigua historia de Cristo y de su amor», como si se relataran tiempos mejores en los que Dios estaba vivo y activo.

Tampoco es la predicación una refundición de ideas ortodoxas acerca de Dios, pero ajenas a lo real. A través de la predicación de las Escrituras, Dios encuentra hombres y mujeres y los conduce a la salvación (2 Timoteo 3.15), a la riqueza y a la madurez del carácter cristiano (2 Timoteo 3.16,17). Cuando Dios confronta a un individuo con la predicación, y lo prende del alma, ocurre algo tremendo.

El tipo de sermón que mejor transmite el poder de la autoridad divina es la predicación expositiva. Sin embargo, sería ingenuo suponer que todo el mundo concuerde con eso. No se puede pretender que la gente que se aburre con predicaciones llamadas expositivas —aun cuando secas como hojuelas de maíz [Corn flakes] sin leche—, estén de acuerdo con ella. Aun cuando muchos predicadores se quitan el sombrero ante la predicación expositiva, su práctica los traiciona. Como la emplean poco, la desacreditan.

Es cierto que la predicación expositiva sufre severamente en los púlpitos ocupados por hombres que afirman ser sus aliados. Pero no toda predicación expositiva se puede calificar ni de «expositiva» ni de «predicación».

Lamentablemente, ningún departamento de pesas y medidas (de país alguno), exhibe en una vitrina un modelo de sermón expositivo con el cual comparar otros mensajes. Cualquier fabricante puede ponerle el título de «expositivo» al sermón que le plazca, y ni Ralph Nader [máxima autoridad en control de calidad en los Estados Unidos], lo cuestionará. A pesar del daño ocasionado por los impostores, la verdadera predicación expositiva es respaldada por el poder del Dios vivo.

Entonces, ¿en qué consiste realmente la predicación expositiva? ¿Qué constituye tal predicación? ¿En qué se asemeja o difiere de otros tipos de predicación?

Definición de predicación expositiva

Definir es una tarea delicada, ya que muchas veces destruimos lo que definimos. El niño que hace la disección de una rana para averiguar qué la hace saltar, destruye la vida del animalito para aprender algo de él. Predicar es un proceso vivo que involucra a Dios, al predicador y a la congregación, y ninguna definición puede pretender maniatar esa dinámica. Pero igualmente debemos intentar una definición que resulte.

La predicación expositiva es la comunicación de un concepto bíblico, derivado de, y transmitido por medio de, un estudio histórico, gramatical y literario de cierto pasaje en su contexto, que el Espíritu Santo aplica, primero, a la personalidad y la experiencia del predicador, y luego, a través de este, a sus oyentes.

El pasaje gobierna al sermón

¿Qué puntos de esta definición elaborada y un tanto infructuosa deberíamos destacar? En primer lugar, y por encima de todo, el pensamiento del escritor bíblico determina la sustancia del sermón expositivo. En muchos mensajes, el pasaje bíblico que se le lee a la congregación recuerda al himno nacional que se toca en un partido de béisbol: da inicio al juego, pero no se vuelve a escuchar en toda la tarde.

En la predicación expositiva, como lo describe R. H. Montgomery, «el predicador encara la presentación de algún libro particular [de la Biblia] como muchos toman el último *bestseller*. Procura llevar a su gente el mensaje en unidades definidas [esto es, porciones definidas que tratan un tema específico] de la Palabra de Dios».

La esencia de la predicación expositiva es más una filosofía que un método. Que un hombre pueda o no llamarse expositor comienza con su propósito y con su respuesta sincera al planteamiento que sigue: «Como predicador, ¿se esfuerza usted por someter sus ideas a las Escrituras, o usa estas para apoyar aquellas?» No es lo mismo que preguntar: «Lo que usted predica, ¿es ortodoxo o evangélico?» Ni tampoco: «¿Tiene usted una opinión elevada de la Biblia o cree que es la infalible Palabra de Dios?»

Por más importantes que parezcan estas preguntas en otras circunstancias, un título en teología sistemática no califica a un individuo como expositor de la Biblia. La teología tal vez nos proteja de los males ocultos en interpretaciones atomistas o estrechas. Pero también nos puede vendar los ojos para no ver el texto.

En este enfoque del pasaje, el intérprete debe estar deseoso de revisar sus convicciones doctrinales y rechazar el juicio de sus maestros más respetados. Tiene que dar una vuelta en U respecto a sus propias ideas acerca de la Biblia si entran en conflicto con los conceptos del escritor bíblico.

Adoptar esta actitud hacia las Escrituras exige tanto sencillez como delicadeza. Por un lado, el expositor enfrenta la Biblia con una actitud infantil para escuchar otra vez la historia. No va a discutir ni a demostrar un punto, ni siquiera a encontrar un sermón. Lee para entender y para experimentar aquello que lee. Pero, al mismo tiempo, sabe que ya no vive como un niño, sino que es un adulto encerrado en presuposiciones, y con una visión del mundo que dificulta su entendimiento.

La Biblia no es un libro de cuentos para niños, sino una literatura muy valiosa que requiere una respuesta responsable. Sus diamantes no están en la superficie para que los recojan como flores. Su riqueza solo se extrae mediante un arduo trabajo intelectual y espiritual preliminar.

El expositor comunica un concepto

La definición destaca que el expositor comunica un concepto. Algunos predicadores conservadores han sido descarriados por su doctrina acerca de la inspiración y por una pobre comprensión de cómo opera el idioma.

Los teólogos ortodoxos insisten en que el Espíritu Santo protege las palabras individuales del texto original. Las palabras constituyen el material del cual se componen las ideas —afirman—, y a menos que aquellas sean inspiradas, estas corren el riesgo de errar. Aunque esto sea un punto importante en la declaración de principios evangélicos en cuanto a la autoridad bíblica, a veces malogra la predicación expositiva.

Aun cuando el predicador estudie los vocablos del texto, y hasta trate con ciertos términos al predicar, las palabras y las frases nunca deben convertirse en fines por sí mismas. Las palabras son expresiones sin sentido hasta que se unen a otros términos para transmitir una idea. En nuestro acercamiento a la Biblia, pues, estamos interesados, principalmente, no en lo que las palabras individualmente significan, sino en lo que el escritor bíblico quiere decir con el uso de ellas.

Para expresarlo de otra manera, los conceptos de un pasaje no se entienden solo con analizar las palabras separadamente. Un análisis gramatical, palabra por palabra, puede ser tan inútil o aburrido como leer un diccionario. Si un expositor procura entender la Biblia y comunicar su mensaje, debe hacerlo a nivel de las ideas.

Francis A. Schaeffer, en su libro *La verdadera espiritualidad*, afirma que la gran batalla para los hombres se da en el ámbito de la mente:

«Las ideas son la materia prima del mundo de la mente, y de ellas surgen todas las cosas externas. La pintura, la música, la construcción, así como los sentimientos de amor y odio entre los hombres, son resultado de amar a Dios o rebelarse contra Él, en el mundo exterior.

»El lugar en el que el hombre pasará la eternidad depende de que lea o escuche las ideas, la verdad proposicional, los hechos del evangelio... sea que crea en Dios basado en el contenido del evangelio, o que considere a Dios un impostor...

»La predicación del evangelio consiste en ideas, apasionadas ideas traídas al hombre, como Dios nos las ha revelado en las Escrituras. Estas no son una experiencia vacía recibida interiormente, sino ideas sobre cuyo contenido se actúa interiormente, lo cual marca la diferencia.

»Así que cuando fijamos nuestras doctrinas, afirmamos ideas, y no simplemente frases. No podemos usar las doctrinas como si fueran piezas mecánicas de un rompecabezas. La doctrina verdadera es un pensamiento revelado por Dios en la Biblia, idea que calza perfectamente en el mundo exterior y en el hombre como los creó Dios; la que el hombre puede proyectar a través de su cuerpo al mundo de su mente, y actuar en base a ella. Para el hombre, la batalla radica básicamente en el mundo del pensamiento».[4]

El concepto proviene del texto

El énfasis en las ideas como la sustancia de la predicación expositiva de ninguna manera niega la importancia de la gramática y el lenguaje. La definición continúa explicando que en el sermón expositivo *la idea deriva de, y se transmite a través de, un estudio histórico, gramatical y literario del pasaje en su contexto.*

Esto trata primero con la forma en que el predicador llega a su mensaje y, segundo, con la manera en que lo comunica. Ambas cosas implican analizar la gramática, la historia y las formas literarias. Al estudiar, el expositor busca el significado objetivo de un

21

pasaje con la consabida comprensión del idioma, el trasfondo, y la organización del texto.

Luego, en el púlpito, comparte con la congregación, suficiente información obtenida de su estudio, para que el oyente pueda comprobar la interpretación por sí mismo. En definitiva, la autoridad tras la predicación no yace en el predicador sino en el texto bíblico.

Debido a ello, el expositor trata, mayormente, con una explicación de las Escrituras, para enfocar la atención del oyente en la Biblia. Un expositor puede ser respetado por sus habilidades exegéticas y por su preparación diligente, pero esas cualidades no lo transforman en un «papa» protestante.

Como escribió Henry David Thoreau: «Hacen falta dos para tratar la verdad: uno para hablar, y otro para escuchar». Ninguna verdad que valga la pena se alcanza sin luchar, de modo que si una congregación crece, es porque comparte esa lucha. «Para que haya grandes poetas, tiene que haber un gran público», confesó Walt Whitman.

La predicación expositiva eficaz requiere oyentes con oídos para oír. Y como sus almas dependen de ello, el predicador debe ofrecerles a sus oyentes suficiente información para que puedan discernir si lo que están escuchando es lo que la Biblia realmente dice.

Si las personas que están sentadas en los bancos de la iglesia tienen que esforzarse para entender al predicador, este también tiene que hacerlo para entender a los escritores de la Biblia.

Comunicación quiere decir «reunión de significados», y para que ella se dé a través de un auditorio o del tiempo, los involucrados deben tener algunas cosas en común: el idioma, la cultura, la visión del mundo, las formas de comunicarse.

El expositor acerca su silla al lugar donde se sentaron los escritores de la Biblia. Intenta encontrar el camino al mundo de las Escrituras para entender su mensaje. Aunque no necesita dominar los idiomas ni las formas literarias de los escritores bíblicos, debiera apreciar el aporte de cada una de esas disciplinas.

El expositor puede tener conciencia del amplio surtido de ayudas interpretativas a su disposición para usar en su estudio.[5] Y, en la mayor medida posible, busca un conocimiento de primera mano acerca de los escritores bíblicos y sus ideas en el contexto.

El concepto se aplica al expositor

Nuestra definición de predicación expositiva sigue diciendo que la verdad debe aplicarse *a la personalidad y a la experiencia del predicador.* Esto pone el trato de Dios con el predicador en el centro mismo del proceso.

Por mucho que quisiéramos que fuera de otro modo, el predicador no puede separarse del mensaje. ¿Quién no ha oído a algún consagrado hermano orar antes del sermón: «Esconde a nuestro pastor detrás de la cruz para que no lo veamos a él, sino a Jesús?»

Elogiamos el espíritu de esa oración. Los hombres y las mujeres deben pasar a través del predicador y llegar hasta el Salvador. (¡O tal vez el Salvador debe pasar a través del predicador y llegar hasta la gente!) Pero no existe ningún lugar donde el predicador pueda esconderse. Incluso un púlpito grande no puede ocultarlo de los demás.

Phillips Brook estaba en lo cierto cuando describió la predicación como la «verdad derramada a través de la personalidad». El hombre afecta a su mensaje. Puede estar pronunciando una idea escritural, y ser tan impersonal como una grabación telefónica, tan superficial como un comercial de radio, o tan manipulador como un estafador. El auditorio no oye al sermón, oye al hombre.

El obispo William A. Quayle pensaba en esto cuando rechazaba las definiciones rígidas para la homilética. «Predicar, ¿es el arte de preparar y pronunciar un sermón?», preguntó. «No, eso no es predicar. ¡Predicar es el arte de preparar y presentar al predicador!» La predicación expositiva debiera convertir al predicador en un cristiano maduro.

Así como el expositor estudia su Biblia, el Espíritu Santo lo estudia a él. Cuando el hombre prepara sermones expositivos, Dios lo prepara a él. Como dijo P. T. Forsyth: «La Biblia es el principal predicador para el expositor».

Las diferencias que se hacen entre «estudiar la Biblia para obtener un sermón y escudriñarla para alimentar la propia alma», son engañosas y falsas. Un erudito puede examinar la Biblia como poesía hebrea, o como un registro de nacimientos y reinados de antiguos reyes, y no ser confrontado con la verdad de ella. Pero tal separación no puede existir para el que abre el Libro como la Palabra de Dios. Antes que el hombre proclame el mensaje de la Biblia a otros, debe vivirlo.

Lamentablemente, muchos expositores fracasan más como cristianos que como predicadores, porque no piensan bíblicamente. Un número apreciable de ministros, muchos de los cuales afirman tener un alto concepto de las Escrituras, preparan sus sermones sin consultarlas en absoluto.

Aunque el texto sagrado sirva como aperitivo para entrar a degustar el sermón o como aderezo para decorar el mensaje, el contenido principal yace en el pensamiento del propio predicador o de algún otro, recalentado para la ocasión.

Incluso entre lo que se titula «predicación expositiva», hay versículos que pueden llegar a convertirse en plataformas para lanzar las propias opiniones del predicador. Una receta común en los libros de cocina homilética dice algo así:

«Tome varios temas teológicos o morales, mézclelos con partes iguales de "consagración", "evangelización", y "mayordomía". Agregue varios "reinos" o "la Biblia dice". Remueva con una selección de historias bíblicas. Añada "salvación" para sazonar. Sírvase caliente sobre una fuente de versículos bíblicos».

Esos sermones no solo dejan mal nutrida a la congregación, sino —peor aún— hacen morir de hambre al predicador. No crece porque el Espíritu Santo no tiene con qué alimentarlo.

William Barclay diagnosticó la causa de la desnutrición espiritual en la vida del ministro al escribir: «Cuando más permita un hombre que su mente se vuelva negligente, perezosa y débil, menos tendrá que decirle el Espíritu Santo. La verdadera predicación ocurre cuando un corazón amoroso y una mente disciplinada se ponen a disposición del Espíritu Santo».[6]

En definitiva, Dios está más interesado en desarrollar mensajeros que mensajes, y como el Espíritu Santo confronta a los hombres, principalmente, a través de la Biblia, el predicador debe aprender a escuchar a Dios antes de hablar en nombre de Él.

El concepto se aplica a los oyentes

El Espíritu Santo no solo aplica esta verdad a la personalidad y la experiencia del que predica, sino también —según nuestra definición—, *a sus oyentes*. El expositor piensa en tres aspectos. Primero, como *exégeta*, lucha con los significados del escritor bíblico. Luego, como *hombre de Dios*, batalla con la forma en que Él quiere cambiarlo personalmente. Por último, como *predicador*, reflexiona en lo que Dios quiere decirle a su congregación.

La aplicación le da el propósito a la predicación expositiva. Como pastor, el predicador expone las heridas, dolores y temores de su rebaño. Por eso estudia las Escrituras, buscando qué tienen ellas para decírselo a su gente que sufre dolor y culpa, duda y muerte.

Pablo le recordó a Timoteo que las Escrituras eran para usarlas. «*Toda Escritura es inspirada por Dios, y es útil para enseñar y reprender, para corregir y educar en una vida de rectitud, para que el hombre de Dios esté capacitado para hacer toda clase de bien*» (2 Timoteo 3.16,17 VP).

La predicación expositiva pobre carece, generalmente, de aplicaciones creativas. Los sermones aburridos, por lo común, producen dos quejas principales. Primero, los oyentes protestan diciendo: «Siempre lo mismo». El predicador da la misma aplicación a todos los pasajes, o —lo que es peor—, no da ninguna. «Que el Espíritu Santo aplique esta verdad a nuestras vidas», invoca el expositor que no tiene la más remota idea de cómo afectará el mensaje a las personas.

Una segunda reacción negativa refleja que el sermón no tiene una relación suficientemente directa con el mundo como para que resulte útil. «Es verdad, lo creo, ¿y qué? ¿Dónde está la diferencia?» Después de todo, si el hombre o la mujer deciden vivir bajo el mandato de las Escrituras, tal acción, normalmente, tendrá lugar fuera del edificio de la iglesia.

Allá afuera, las personas pierden el trabajo, se preocupan por sus hijos, y encuentran que la maleza les está invadiendo el césped. Rara vez, las personas normales tienen insomnio a causa de los jebuseos, los cananeos, o los amorreos; ni siquiera a causa de lo que Abraham, Moisés o Pablo dijeron o hicieron.

La gente no duerme pensando en los precios de las mercaderías, el fracaso de las cosechas, la discusión con la novia, el diagnóstico de una enfermedad maligna, una vida sexual frustrante, la escalada de la competencia profesional donde siempre gana el otro. Si el sermón no tiene que ver mucho con ese mundo, la gente se preguntará si en realidad tendrá alguna utilidad.

En consecuencia, el predicador debe olvidarse de hablar solo en cuanto a la eternidad y hacerlo también respecto al momento en que vivimos. El predicador expositivo confronta a las personas consigo mismas basado en la Biblia, su función no es dictarles conferencias sobre historia o arqueología extraídas de la Biblia.

La congregación se reúne como jurado, no para condenar a Judas, Pedro o Salomón, sino para juzgarse a sí misma. El expositor debe conocer a su gente tanto como a su mensaje, y para adquirir ese conocimiento analiza las Escrituras y a su congregación.

Después de todo, cuando Dios habla se dirige a los hombres y mujeres tal como son y donde estén.

Supongamos que las cartas de Pablo a los corintios se hubieran perdido entre la correspondencia y fueran entregadas a los cristianos de Filipos. Estos se habrían devanado los sesos tratando de entender los problemas específicos de los que escribió Pablo, ya que vivían en una situación diferente a la de sus hermanos en Corinto.

Las cartas del Nuevo Testamento, como las profecías del Antiguo, fueron dirigidas a congregaciones específicas, que pasaban por problemas particulares. Los sermones expositivos de hoy serán ineficaces a menos que el predicador comprenda que sus oyentes también viven en una situación particular y que tienen una mentalidad característica.

La aplicación eficaz empuja al predicador hacia la teología y la ética. Al ir de la exégesis a la aplicación, el hombre hace un arduo viaje a través de cuestiones relacionadas con la vida, las que a veces son desconcertantes.

Además de las relaciones gramaticales, el expositor también explora las personales y sicológicas. ¿Cómo se vinculaban los personajes del texto? ¿Cómo se relacionaban con Dios? ¿Qué valores se escondían tras las decisiones que tomaban? ¿Qué pasaba por la mente de aquellos que estaban involucrados?

Estas preguntas no se dirigen al «allá» ni al «entonces», como si Dios solo hubiera tratado con las personas en el pasado. Esas mismas preguntas que planteaba anteriormente se pueden plantear hoy respecto al «aquí» y al «ahora». ¿Cómo nos relacionamos en la actualidad? ¿Cómo nos confronta Dios con esos mismos puntos? ¿En qué formas el mundo moderno se asemeja o difiere del bíblico?

Las preguntas que plantean las Escrituras, ¿son las mismas que se hace el hombre hoy? ¿Se plantean en igual manera o no? Esta investigación se constituye en la materia prima de la ética y la teología. La aplicación que se adosa a un sermón en el intento de hacerlo relevante, se mantiene alejada de estas preguntas e ignora la máxima de nuestros antecesores protestantes: «Las doctrinas tienen que enseñarse en forma práctica, y los deberes en forma doctrinal».

La aplicación incorrecta puede ser tan destructiva como una exégesis errónea. Cuando Satanás tentó a Jesús en el desierto, trató de vencerlo con una aplicación falsa de las Escrituras. El tentador le susurró a Jesús el Salmo 91 con admirable precisión: «*Pues a sus ángeles mandará acerca de ti, que te guarden en todos tus caminos. En las manos te llevarán, para que tu pie no tropiece en piedra*» (vv. 11, 12).

Satanás entonces discurrió: «Ya que posees esta salida prometida, ¿por qué no la usas y saltas del pináculo del templo, y así demuestras de una vez por todas que eres el Hijo de Dios?» Al rechazar al diablo, Jesús no discutió el aspecto gramatical del texto hebreo. Al contrario, atacó el uso que le quiso dar al salmo empujándolo a saltar del templo. Él tenía otro pasaje de las Escrituras que se aplicaba mejor a aquella situación: *«No tentarás al Señor tu Dios.»*

Tenemos que predicar en un mundo influido por el novelista, el periodista y el dramaturgo. Si no lo hacemos, tendremos oyentes de mentalidad ortodoxa, y conducta herética. Por supuesto, al predicar a un mundo secular, no debemos disertar con términos empleados por el secularismo.

Aunque las ideas bíblicas deben dirigirse a la experiencia humana, debemos llamar a los hombres y las mujeres a vivir en conformidad con la verdad bíblica. «Sermones relevantes» pueden convertirse en simples peroratas desde el púlpito a menos que relacionen la situación vigente con la Palabra eterna de Dios.

F.B. Meyer comprendió el temor reverencial con que el predicador bíblico habla acerca de los problemas de su época: «Pertenece a una descendencia importante. Los reformadores, los puritanos, los pastores de los padres peregrinos eran, esencialmente, expositores. No anunciaban sus opiniones particulares, que podían depender de interpretaciones privadas o de una disposición dudosa, sino que, aferrándose a las Escrituras, aseguraban sus mensajes con irresistible eficacia convencidos de que contenían lo que *"Así dijo el Señor"*».

Conceptos nuevos

Predicación expositiva

Definiciones

Predicaciones expositivas: La comunicación de un concepto bíblico,
derivado y transmitido a través de un estudio
histórico
gramatical
y literario
del pasaje en su contexto, que el Espíritu Santo aplica primero
a la personalidad y a la experiencia del predicador, y luego,
a través de él,
a sus oyentes

Capítulo 2

¿Cuál es la idea principal?

Me gusta poco la ópera, aunque lo peor es que tengo varios amigos a quienes les encanta. Estar con ellos me hace sentir como si viviera en un desierto cultural, pero he tomado varias medidas para cambiar mi situación. En algunas oportunidades, efectivamente, he asistido a la ópera. Como un pecador que por vergüenza se ve forzado a asistir a la iglesia, entro al teatro para permitir que la cultura entre en mí. Sin embargo, la mayoría de las veces, vuelvo a casa ajeno a lo que los artistas trataron de comunicar.

Claro está, conozco lo suficiente de ópera como para saber que los que actúan tienen que cantar el guión, en lugar de hablar sus parlamentos. Sin embargo, el guión histórico sigue siendo generalmente tan confuso para mí como la lírica italiana, pero los entusiastas de la ópera me dicen que el argumento es incidental a la representación.

Si alguien se molestara en preguntarme mi opinión sobre la ópera, comentaría el montaje escenográfico, los trajes espléndidos, o algo sobre la potente voz de la soprano. Pero no podría emitir ningún juicio confiable en cuanto a la interpretación de la música, ni del impacto dramático de la representación. Al regresar del teatro con el programa arrugado entre mis manos y una variedad de impresiones confusas, me percato de que no sé cómo evaluar lo que ocurrió.

Cuando las personas asisten a la iglesia, es posible que respondan al predicador como el novato que va a la ópera. Nunca se les dice qué es lo que se supone debe producir el sermón en ellos. El oyente, por lo general, reacciona frente a los momentos emotivos. Disfruta las narraciones humanamente interesantes, fija una o dos frases atractivas, y juzga el sermón como exitoso si el predicador termina a buena hora. Pero tal vez, las cuestiones importantes, como el tema del sermón, se le escapen por completo.

Años atrás, Calvin Coolidge regresó a su hogar después del culto dominical, y su esposa le preguntó de qué había hablado el pastor. Coolidge respondió: «Del pecado». Cuando su esposa le insistió que le dijera qué dijo el predicador sobre el pecado, Coolidge respondió: «Creo que estaba en contra».

La verdad es que muchas personas en los bancos no llegarían mucho más lejos que Coolidge si se les pregunta algo del contenido del sermón del último domingo. Para ellos, los predicadores hablan sobre el pecado, la salvación, la oración o el sufrimiento, todo junto o un asunto a la vez, en treinta y cinco minutos.

A juzgar por la forma incomprensible en que los oyentes hablan acerca del sermón, cuesta creer que lo escucharon. Las respuestas, al contrario, indican que salen con una canasta llena de fragmentos, pero sin ningún sentido de la totalidad del sermón.

Muchos expositores, es lamentable, aprenden a predicar como han escuchado a la gran mayoría. Los predicadores, igual que sus audiencias, tal vez consideren al sermón como una colección de temas que tienen poca relación entre sí. En ese caso, los libros de texto destinados a ayudar al predicador quizá hasta estorben.

Los escritos sobre bosquejos, casi siempre, destacan la exposición clasificando adecuadamente los temas bajo números romanos, arábigos, letras, etc.; pero esos factores, aunque son importantes, pueden ignorar lo obvio: el bosquejo es la forma que toma la idea del sermón, y sus partes deben estar relacionadas a una totalidad. Tres o cuatro puntos sin conexión con uno de ellos que destaque no constituyen un mensaje; son simplemente tres o cuatro sermoncillos predicados al mismo tiempo.

Reuel L. Howe escuchó cientos de sermones grabados, sostuvo conversaciones con laicos, y llegó a la conclusión de que las personas en los bancos de la iglesia «se quejan, casi unánimemente, de que los sermones a menudo contienen demasiadas ideas».[7] Esa puede ser una observación incorrecta. Los sermones, rara vez fracasan porque tengan demasiadas ideas; fracasan porque tratan ideas que no se relacionan entre sí.

La fragmentación tiene un peligro particular para el predicador. Algunos sermones expositivos ofrecen poco más que comentarios desparramados basados en palabras y frases de un pasaje, y no hacen ningún intento por mostrar cómo se vinculan las ideas. Al comienzo, el predicador tal vez pueda atraer a la congregación con alguna observación acerca de la vida, o lo que es peor, quizás se introduzca en el texto sin ningún pensamiento en absoluto relacionado con la realidad.

A medida que transcurre el sermón, el expositor comenta las expresiones y las frases que hay en el pasaje; los temas principales, los subtemas, y las palabras clave; todo con el mismo énfasis. En la conclusión, si es que la hay, generalmente sustituye la aplicación relevante por una vaga exhortación, ya que no se le manifestó ninguna verdad útil. Cuando la congregación regresa al mundo, siente que no recibió ningún mensaje que le ayude a vivir mejor, ya que al predicador no se le ocurrió predicar ninguno.

En consecuencia, una afirmación importantísima en nuestra definición de la predicación expositiva sostiene que «esta clase de predicación consiste en la comunicación de un concepto bíblico». Eso afirma algo obvio. El sermón debiera ser una bala, no un perdigón. Lo ideal es que cada mensaje contenga la explicación, la interpretación o la aplicación de una idea predominante, apoyada por otras, aunque todas extraídas de uno o varios pasajes de las Escrituras.

Importancia de la idea predominante

Los estudiosos de la oratoria y la predicación afirmaron durante siglos que la comunicación eficaz requiere un tema único o predominante. Los retóricos se aferran a esto con tal firmeza que virtualmente cada libro de texto dedica algún espacio al tratamiento de este principio. La terminología puede variar: idea central, tema, proposición, tesis, pensamiento principal; pero el planteamiento es el mismo: El discurso eficaz «se centra en algo específico, una idea central».[8]

Este pensamiento es tan axiomático a la comunicación oral que algunos autores, como Lester Thonssen y A. Craig Baird, casi lo afirman:

> «No hace falta decir mucho aquí sobre el surgimiento del tema central. Se supone que el discurso presenta una tesis o propósito claramente definido y fácilmente determinado; que esa tesis es separada de otras colaterales que interfieran con la clara percepción de la principal; y que el desarrollo sea de tal manera que estimule el surgimiento inconfundible de la tesis a través del desarrollo del contenido del discurso».[9]

Los estudiosos de la predicación unen sus voces para insistir en que el sermón, como el buen discurso, sintetiza un concepto único que abarca la totalidad. Donald G. Miller, en un capítulo dedicado al corazón de la predicación bíblica, dice claramente:

«Cualquier sermón debiera tener solo una idea principal. Los puntos o subdivisiones deberán ser partes de esta idea mayor. Así como los bocados de cualquier comida son partes de la totalidad, cortados en trozos que son manipulables y digeribles; así también los puntos de un sermón debieran ser secciones del tema único o predominante, divididos en fragmentos más pequeños para que la mente pueda asirlos y la vida asimilarlos... Ahora estamos en condiciones de afirmar, en términos más simples, la tarea de este capítulo: *Todo sermón debe tener un tema, el cual debe ser el mismo de la porción bíblica en la que se basa* [énfasis del autor]».[10]

Desde una tradición diferente, Alan M. Stibbs agrega una voz que lo secunda: El predicador «debe desarrollar su tratamiento expositivo del texto en relación a un solo tema dominante...»[11] H. Grady Davis desarrolla su libro *Design for Preaching* en apoyo a la tesis de que «un sermón bien preparado es la síntesis, desarrollo y afirmación plena de un pensamiento significativo».[12] Una declaración clásica de este concepto es la de J.H. Jowett en sus conferencias sobre la predicación en Yale:

«Tengo la certeza de que ningún sermón está listo para ser predicado, ni siquiera para ser escrito, hasta que no pueda expresar su tema en una frase corta, elocuente y tan clara como el cristal. Conseguir esa frase es la labor más difícil, más exigente y más fructífera de mi estudio.

»Obligarse a formar tal expresión, descartar cada palabra aislada, gastada, o ambigua; abrirse camino a través de términos que definan el tema con escrupulosa exactitud, es con toda seguridad uno de los factores más vitales y esenciales en la preparación del sermón. Y no creo que ningún sermón debiera predicarse ni aun escribirse, hasta que no surja, clara y lúcida como una luna llena».[13]

Ignorar el principio de que una idea principal, unificadora, debe ser el centro de un sermón eficaz es dejar de lado lo que tienen que decirnos los estudiosos de la predicación.[14]

Un novato puede negar la importancia de una idea central, por considerarla una treta de los profesores de homilética determinados a meter a los jóvenes predicadores en el molde de ellos. En consecuencia, conviene notar que este hecho básico de la comunicación también exige un firme apoyo bíblico.

En el Antiguo Testamento a los sermones de los profetas se les llamaban «profecías del Señor». Estas proclamas no eran ciertos «comentarios apropiados» pronunciados porque se suponía que el hombre de Dios debía decir algo. Al contrario, el profeta se dirigía a sus compatriotas porque tenía algo que decirles. Predicaba un mensaje, completo y total, para persuadir a sus oyentes a volverse a Dios. Como resultado, los sermones de los profetas poseían tanto forma como propósito. Cada uno resumía un tema singular dirigido a una audiencia particular, con el objeto de despertar una respuesta específica.

En el Nuevo Testamento, el historiador Lucas presenta ejemplos de predicación que permitieron a la iglesia penetrar en el mundo antiguo. Los sermones de los apóstoles eran, sin excepción, la proclamación de una sola idea, dirigida a un público particular. La conclusión de Donald R. Sunikjian acerca de la predicación de Pablo podría aplicarse igualmente a los sermones de todos los predicadores de los Hechos: «Cada uno de los mensajes de Pablo se centra en una idea o pensamiento único. Cada predicación cristaliza una frase exclusiva que expresa la suma y esencia del discurso completo. Todo en el sermón conduce a, se desarrolla, o forma parte de, un único tema unificador».[15]

Obsérvese que cada idea recibe un trato diferente de parte del predicador apostólico. En Hechos 2, el día de Pentecostés, por ejemplo, Pedro se puso de pie frente a un público antagónico, y para captar su atención, predicó un sermón inductivo. Nótese que no afirmó su idea central hasta el momento de la conclusión: *«Sepa, pues, ciertísimamente toda la casa de Israel, que a este Jesús a quien vosotros crucificasteis, Dios le ha hecho Señor y Cristo»* (2.36).

En Hechos 13, por otra parte, Pablo emplea una disposición deductiva. Su idea principal está al comienzo del sermón, y los puntos que siguen amplían el tema, y lo apoyan. La afirmación del versículo 23 declara: *«Conforme a su promesa, Dios levantó a Jesús por Salvador a Israel».*

En Hechos 20, cuando el apóstol habló a los ancianos de Éfeso, su estructura fue tanto deductiva como inductiva. Al principio, Pablo extrae de su propia vida un ejemplo de cuidado por la Iglesia, luego, en el versículo 28 advierte: *«Por tanto, mirad por vosotros y por todo el rebaño».* Después de afirmar esa idea central, Pablo sigue explicando y aplicando la idea a los líderes que lo escuchan.

Aun cuando no todos los sermones de los Hechos se desarrollan de la misma manera, cada uno de ellos enfoca un concepto central unificador.

Si queremos predicar con eficacia, tenemos que saber a qué nos abocamos. Los sermones eficaces se limitan a ideas bíblicas agrupadas en una unidad concreta. Después de meditar en los pensamientos de Dios, el expositor los comunica y aplica —esos mismos pensamientos— a sus oyentes. Y bajo la dependencia del Espíritu Santo, procura confrontar, convencer, convertir y consolar a hombres y mujeres mediante la predicación de conceptos bíblicos. Él sabe que, en respuesta a esas ideas, las personas moldean su vida y determinan su destino eterno.

Definición de la idea

¿Qué queremos significar con la palabra idea? Un vistazo al diccionario demuestra que definir una idea es como «meter un poco de niebla en una caja». Una respuesta completa nos lanzaría a extensos campos de filosofía, lingüística y gramática.

Webster recorre todo el camino desde una «entidad trascendente que es un modelo real, de la cual las cosas existentes son representaciones imperfectas» a «otra entidad (como pensamiento, concepto, sensación o imagen) real o potencialmente presente en la conciencia».

El término idea entró al castellano a partir de la palabra griega *eidõ,* que significa «ver» y, en consecuencia, «conocer». A veces, una idea nos permite ver lo que anteriormente nos resultaba oscuro. En la vida común, cuando una explicación nos provee una nueva visión, exclamamos: «¡Claro, ya veo lo que quieres decir!»

Otro sinónimo de la palabra idea es concepto, que viene del verbo «concebir». Así como un espermatozoide y un óvulo se unen en el vientre para producir una nueva vida, una idea comienza en la mente cuando cosas normalmente separadas, se reúnen para formar una unidad que no existía o no se reconocía con anterioridad.

La habilidad para abstraer y sintetizar, es decir, pensar en ideas, se desarrolla con la madurez. Los niños pequeños piensan en cosas particulares. El niño, al orar por el desayuno, le agradece a Dios la leche, el pan, la mantequilla, la mermelada; pero el adulto combina todas esas cosas separadas en una palabra única: *alimentos.*

En consecuencia, la idea puede considerarse como un destilar de vida. Saca de los hechos particulares de la vida lo que tienen en común y los relaciona entre sí. A través de las ideas les damos sentido a las partes de nuestra experiencia.

Por supuesto, no todas las ideas son igualmente válidas. Tenemos ideas buenas y malas. Estas últimas ofrecen explicaciones de la experiencia que no reflejan la realidad. Leen en la vida lo que no está en ella. A menudo abrazamos ideas no válidas porque no han sido afirmadas claramente y, en consecuencia, no se las puede evaluar.

En nuestra cultura, influida como está por los medios de comunicación, estamos bombardeados por conceptos ridículos que deliberadamente se dejan expresados en forma ambigua para que actuemos sin pensar.

Años atrás los cigarrillos Marlboro se vendían como exclusivos para las mujeres sofisticadas, pero lograron solamente el uno por ciento de las ventas. Las encuestas revelaban que los hombres fuman porque creen que eso los hace más masculinos; y las mujeres, porque piensan que eso las hace más atractivas ante los hombres.

A raíz del resultado de esos descubrimientos, los fabricantes cambiaron el enfoque de su campaña publicitaria —de las mujeres hacia los hombres—, y dieron a los marlboro una imagen masculina. Exhibían vaqueros rudos, bronceados por el viento y el sol, fumando cigarrillos marlboro mientras arreaban el ganado, y el guión invitaba al consumidor a «venir a la tierra Marlboro».

Como la asociación de cigarrillos con vaqueros llevaba la idea de que fumar los marlboro hace masculinos a los hombres, las ventas se elevaron en un cuatrocientos por ciento. Por supuesto, esa idea es absurda. Las evidencias médicas nos advierten que la tierra de Marlboro es un cementerio, y que el hombre marlboro probablemente sufra de cáncer o enfermedades del pulmón.

Sin embargo, como la idea de que «fumar hace más masculino al hombre», se metió en la mente de la gente sin haber sido bien definida, obtuvo gran aceptación y elevó las ventas dramáticamente.

Este no es un incidente aislado. William Bryan Key, hablando sobre la publicidad, hace esta perturbadora afirmación acerca de una doctrina de la Avenida Madison: «Ninguna creencia o actitud significativa de cualquier individuo, aparentemente, está hecha a base de datos percibidos en forma consciente». Si eso se mantiene como una afirmación fundamental tras la «palabra del patrocinador», no debemos sorprendernos de que sea difícil obtener la verdad en las propagandas.

Las ideas, a veces, se esconden en el fondo de nuestra mente como fantasmas difíciles de contener. Otras veces luchamos con ellas para expresarlas. «Sé lo que quiero decir pero, sencillamente, no puedo expresarlo en palabras». A pesar de la dificultad de vestir a las ideas con términos, el predicador debe hacerlo. A menos que las ideas se expresen en palabras, no podremos entenderlas, evaluarlas ni comunicarlas.

Si el predicador no quiere —o no puede—, llegar a un grado de claridad que le permita decir lo que piensa, no tiene nada que hacer en el púlpito. Es como un cantante que no puede cantar, un actor que no puede actuar, un contador que no puede sumar.

Formación de la idea

Definir una idea con «escrupulosa exactitud» significa que debemos saber cómo se forma. Cuando se la reduce a su estructura básica, la idea consiste de solo dos elementos esenciales: un sujeto y un predicado. Ambos son necesarios para que esté completa. Cuando hablamos en cuanto al sujeto de la idea, nos referimos a la respuesta definida y completa a la pregunta: «¿De qué estoy hablando?»

Aquí el término sujeto[16] se usa en un sentido técnico. Por ejemplo, el sujeto, como se usa en homilética, no es el mismo que se emplea en gramática. El sujeto gramatical, por lo general, es una palabra sola. El sujeto de la idea de un sermón nunca puede ser una sola palabra, ya que representa la respuesta precisa y completa a la pregunta: «¿De qué estoy hablando?»

Aunque algunas palabras solas como *discipulado, testimonio, adoración, dolor,* o *amor*, pueden aparentar ser temas de un sermón, son demasiado ambiguas para ser viables.

El tema no puede estar solo. Por sí mismo, es incompleto; y por ello necesita un complemento. Este lo completa al plantear la pregunta: «¿Qué estoy diciendo acerca de lo que hablo?» El tema sin complemento queda inconcluso. Y los complementos sin temas parecen partes de un auto que no están unidas a él. La idea surge solo cuando el complemento está unido a un tema definido.

Un ejemplo de ello *es la prueba del carácter de una persona.* (Para ser más exacto, el tema sería: *¿Cuál es la prueba del carácter de una persona?*) Esa frase, sin embargo, debe completarse para que tenga significado. Por sí sola no nos dice cuál es la prueba de ese carácter. Se puede agregar una diversidad de complementos a ese tema para formar la idea. A continuación algunos ejemplos:

La prueba del carácter de una persona es lo que hace falta para detenerla.

La prueba del carácter de una persona es lo que ella haría si estuviera segura de que nunca nadie podría descubrirla.

La prueba del carácter de una persona es como la del roble: ¿Cuál es la fuerza de sus raíces?

Cada nuevo complemento nos dice lo que estamos hablando sobre el sujeto. Y cada nuevo complemento forma con él una idea diferente. Cada idea se puede explicar, demostrar o aplicar.

El que estudia la predicación debe buscar ideas cuando lee o prepara sermones propios. Davis insiste en que el aprendiz debe prestar atención a la manera en que se forman las ideas:

Debe dejar de perderse en los detalles y estudiar la estructura esencial del sermón. Por el momento, tiene que olvidarse de las frases, los argumentos que se usan, las citas, las narraciones de interés humano. Tiene que poder alejarse lo suficiente del sermón para ver su forma como un todo. Tiene que preguntar con insistencia: «¿De qué está hablando el autor?» y «¿Qué es lo que está diciendo sobre lo que habla?» Esto significa que tiene que aprender a distinguir entre la estructura orgánica de la idea, por un lado, y su desarrollo, por el otro. Es como comenzar por el esqueleto al estudiar anatomía.[17]

Hallar el sujeto y el complemento no salta a la vista cuando el expositor comienza a preparar su sermón. Él los persigue estudiando su Biblia. Dado que cada párrafo, sección o división de las Escrituras contiene una idea, el exégeta no entenderá el pasaje hasta que pueda afirmar con exactitud el tema y su complemento.

Aunque otras cuestiones surjan en la lucha por entender lo que el escritor bíblico quiso decir, ambas preguntas —*¿De qué está hablando el autor?* y *¿Qué está diciendo acerca de lo que habla?*—, son fundamentales.

Ejemplos para formar ideas

En algunos pasajes, el tema y el complemento pueden descubrirse con relativa facilidad, mientras que en otros, determinar la idea permanece como el principal problema al estudiar la Biblia. El Salmo 117 provee un ejemplo de un pensamiento sencillo. El salmista insta:

Alabad a Jehová, naciones todas;
Pueblos todos, alabadle.
Porque ha engrandecido
sobre nosotros su misericordia,
Y la fidelidad de Jehová es para siempre.

No entendemos el salmo hasta que determinamos el tema. ¿De qué está hablando el salmista? No es de la *alabanza,* lo cual es extenso e impreciso. El salmista no nos dice todo sobre la alabanza. Ni de la *alabanza a Dios*, lo que es más extenso aún. El tema necesita más límites. Uno más preciso es: *¿Por qué todos deben alabar al Señor?*

Entonces, ¿qué dice acerca de eso el salmista? Tiene dos complementos para su sujeto. Primero, el Señor debe recibir nuestras alabanzas porque su amor es firme; y segundo, porque su fidelidad es para siempre. En este breve salmo, el salmista afirma una idea desnuda, carente de todo desarrollo, pero en esa desnudez hay un tema definido, y dos complementos.

Pasajes más extensos, en los que la idea recibe mayor desarrollo, pueden resultar más difíciles para analizar el tema y el complemento. Pero debemos hacer la tarea. En Hebreos 10.19-25, el autor retoma una argumentación previa respecto a la actividad de sumo sacerdote de Jesús:

> Así que, hermanos, teniendo libertad para entrar en el Lugar Santísimo por la sangre de Jesucristo, por el camino nuevo y vivo que él nos abrió a través del velo, esto es, de su carne, y teniendo un gran sumo sacerdote sobre la casa de Dios, acerquémonos con corazón sincero, en plena certidumbre de fe, purificados los corazones de mala conciencia, y lavados los cuerpos con agua pura. Mantengamos firme, sin fluctuar, la profesión de nuestra esperanza, porque fiel es el que prometió. Y considerémonos unos a otros para estimularnos al amor y a las buenas obras; no dejando de congregarnos, como algunos tienen por costumbre, sino exhortándonos; y tanto más, cuanto veis que aquel día se acerca.

Aunque muchos detalles de este pasaje requieren explicación, el estudiante atento separará las ramas del árbol. Hasta que surja un sujeto, no es posible determinar el valor ni el significado de nada de lo que está escrito. El lector ocasional se verá tentado a afirmar que el punto es *el sumo sacerdocio de Jesús*, pero ese tema abarca demasiado.

El autor de Hebreos no les dice a sus lectores todo acerca del sumo sacerdocio de Cristo en ese solo párrafo. Ni está hablando del *valor para entrar en el Lugar Santísimo*, que es en realidad una idea subordinada dentro del pasaje. Al contrario, la discusión se reduce a *lo que debiera pasar ahora que podemos entrar* en la presencia de Dios confiadamente y que tenemos un gran Sumo Sacerdote.

Esperamos, entonces, que los complementos de este tema serán una serie de resultados, y hay tres de ellos: Primero, que nos acerquemos a Dios con la seguridad de que viene de un corazón y una vida limpios. Segundo, que nos aferremos totalmente a la esperanza que profesamos. Y tercero, que nos estimulemos unos a otros a amarnos y a las buenas obras. Todo lo demás dentro del pasaje se explaya sobre ese tema y los tres complementos.

En cada uno de estos pasajes hemos determinado el tema y su(s) complemento(s) a fin de descubrir la estructura de la idea. Para pensar con claridad debemos diferenciar, constantemente, la estructura de una idea de la manera en que se desarrolla. El esfuerzo para determinar la idea de un pasaje o de un sermón en palabras precisas puede ser frustrante e irritante, pero a la larga es la forma más emocionante en que podemos usar el tiempo. Más importante aún, no llegaremos a ninguna parte sin hacerlo.

No entendemos qué estamos leyendo a menos que podamos expresar claramente el tema y el complemento de la sección que estudiamos. Aquellos que lo escuchen no entenderán lo que se está diciendo a menos que puedan contestar las preguntas básicas: «¿De qué está hablando el predicador?» y «¿Qué está diciendo sobre lo que habla?»

Sin embargo, domingo tras domingo, hombres y mujeres salen de la iglesia sin saber la idea principal de lo que el predicador dijo, porque él mismo ni se molestó en determinarla. Cuando las personas salen en medio de la niebla, lo hacen en peligro espiritual.

Pensar es difícil, pero sigue siendo la tarea esencial del predicador. Que no haya ningún malentendido sobre la naturaleza de la tarea. Muchas veces es lenta, desalentadora, abrumadora, pero cuando Dios llama a un hombre a predicar, lo llama a amarlo con su mente. Dios merece esa clase de amor, y lo mismo las personas a quienes ministramos.

Una fría y nublada mañana un predicador estuvo trabajando en su sermón desde el desayuno hasta el mediodía, con muy pocos resultados. Con impaciencia, dejó de lado su pluma y miró desconsoladamente por la ventana, sintiendo lástima de sí mismo porque sus sermones se le presentaban con mucha lentitud.

Entonces recordó un pensamiento que tuvo profunda influencia en su ministerio posterior: «Tus hermanos cristianos gastarán mucho más tiempo con este sermón que tú. Vendrán de cientos de hogares, viajarán miles de kilómetros en conjunto para asistir al culto. Pasarán trescientas horas participando de la adoración y escuchando lo que tienes que decirles. No te quejes de las horas que dedicas a la preparación ni de la agonía que experimentas. Ellos merecen todo lo que puedas ofrecerles».

Conceptos nuevos

Idea

Dos elementos esenciales en la determinación de una idea:

Tema

Complemento

Definiciones

Complemento: La respuesta a la pregunta: «¿Qué estoy diciendo exactamente acerca de lo que hablo?»

Idea: Un extracto de la vida que saca lo común de las particularidades de la experiencia y las relaciona entre sí.

Tema: La respuesta completa y definida a la pregunta: «¿De qué estoy hablando?»

Ejercicios

Determine el tema y el complemento en los siguientes párrafos:

l. Un buen sermón nos deja asombrados de lo que sabe el predicador acerca de uno.

Tema: *Efectos de un buen sermón*

Complemento: *Que asombra los que este sabe de cada uno*

2. El púlpito de hoy ha perdido su autoridad porque muchas veces ignora a la Biblia como la fuente de su mensaje.

Tema: *El púlpito de hoy*

Complemento: *ha perdido su autoridad porque*

3. G.K. Chesterton dijo una vez que a menudo se supone que cuando las personas dejan de creer en Dios, no creen en nada. En realidad, es peor que eso: Cuando dejan de creer en Dios, creen en cualquier cosa. Malcolm Muggeridge.

Tema: *Consecuencias del no creer en Dios*

Complemento: *lo que pasa al no creer en Dios*

4. De más estima es el buen nombre que las muchas riquezas, y la buena fama más que la plata y el oro. Proverbios 22.1.

Tema: *El buen nombre y la fama*

Complemento: *lo que ganas teniendo buen testimonio*

5. Alabad a Jehová, naciones todas: Pueblos todos, alabadle. Porque ha engrandecido sobre nosotros su misericordia, y la fidelidad de Jehová es para siempre. Salmo 117

Tema: *¿Porque todos tienen que adorar a Dios?*
Complemento: *Yso misericordia su amar dura*
para siempre

6. Todo el mundo necesita sus recuerdos. Ellos mantienen alejado de la puerta al lobo de la insignificancia.
Tema: *Valor de saber recordar*
Complemento: *el olvidar trae insignificancia*

7. No reprendas al anciano, sino exhórtale como a padre; a los más jóvenes, como a hermanos, a las ancianas, como a madres; a las jovencitas, como a hermanas, con toda pureza. 1 Timoteo 5.1,2.
Tema: *Exortación a la gente*
Complemento: _____

8. Caminar es un ejercicio que no requiere gimnasio. Es la receta que no requiere medicamentos, el control de peso que no requiere dieta, el cosmético que no se encuentra en ninguna perfumería. Es el tranquilizante sin píldoras, la terapia que no requiere sicoanalista, la fuente de la juventud que no es pura leyenda. Una caminata es la vacación que no cuesta un centavo.
Tema: _____
Complemento: _____

9. El interés de la nación por la astrología, sacada a la atención pública en la década del sesenta, sigue estando muy vivo. La Federación Norteamericana de Astrólogos ha duplicado su lista de los cuatro mil, y sus misterios, tan antiguos como Babilonia, se han

infiltrado, incluso, en un lugar tan «ajeno a las tonterías» como Washington D.C. New York Times.

Tema:_____

Complemento: _____

_____

10. Un nuevo libro, *Eating in America: A History* [La cocina norteamericana: una historia], no tiene más que un comentario que hacer acerca de la cocina de la Casa Blanca: «... en el momento en que se escribe esto, hay un chef francés allí que prepara excelentes merengadas y hamburguesas dobles». Bueno, no hay nada malo en las merengadas y las hamburguesas de primera; y el chef es suizo y no francés; pero el hecho de que un libro de 512 páginas sobre la historia de la cocina norteamericana no tenga más que decir, refleja un punto lamentable: la reputación culinaria de la Casa Blanca es verdaderamente aburrida.

Más aún, esa reputación es mayormente inmerecida. En realidad, la Casa Blanca ha tenido un espléndido chef durante los pasados doce años y prepara un despliegue de delicias culinarias poco común para los dignatarios visitantes. Sin embargo, persiste el mito de que los presidentes (exceptuando a Kennedy) sirven deliberadamente a sus invitados comidas tan caseras con ají, panchitos, requesón y salsa ketchup. (Esas comidas se producen en la cocina privada del presidente, en el segundo piso, lo que no se debe confundir con la cocina de la planta baja que se usa para los banquetes oficiales). *Julia Childs.*

Tema:_____

Complemento: _____

_____

(Respuestas en el apéndice 1.)

Etapas en el desarrollo
de mensajes expositivos

1. Selección del pasaje.
2. Estudio del pasaje.
3. Descubrimiento de la idea exegética.

Capítulo 3

Herramientas para el oficio

Es difícil pensar. Y más difícil lo es acerca del pensamiento. Pero peor es hablar en cuanto a pensar acerca del pensamiento. Sin embargo, esa es la tarea básica de los que tratan la homilética. El que estudia homilética observa la forma en que trabajan los predicadores e intenta meterse en sus mentes para descubrir lo que ocurre allí mientras preparan un mensaje. Luego debe describir el proceso claramente para hacerlo entender a los estudiantes. La tarea bordea lo imposible.

¿A quién debe observar el que estudia la homilética? Por supuesto, no a todos los predicadores. Hay inútiles en el púlpito lo mismo que en el campo de golf, y para descubrir cómo hacer algo bien, por lo general estudiamos a los que son eficaces en lo que hacen. Sin embargo, predicadores conocidos que escriben libros sobre «El secreto de mi éxito», muestran tantas variaciones como autores en el procedimiento.

Tal vez resulte más desconcertante ver cómo algunos predicadores eficientes no usan método alguno. Estos pastores que hablan «de corazón» o «que comparten», a veces insisten en que, aun cuando han abandonado las reglas, sus sermones todavía dan en el blanco.

Debemos tener en cuenta esa clase de predicación. A medida que nos alejamos de la habilidad profesional, la preparación de sermones puede ubicarse entre lo más inexacto cuando se la compara, digamos, con cocinar ravioles, extirpar un apéndice, o pilotear un avión.

¿Cómo podemos evaluar la variedad de enfoques o explicar la aparente eficacia de sermones que parecen no tener ningún método en absoluto? Más exactamente, ¿cómo obtenemos de todo esto, procedimientos que otros puedan seguir?

En primer lugar, estamos interesados en la predicación expositiva, y los ministros cuya predicación está moldeada por la Biblia tienen más en común que los predicadores en general. Además, los expositores que afirman que no siguen ninguna regla, en general no han analizado cómo estudian. Todo lo que hacemos regularmente, se convierte en nuestro método, aunque hayamos llegado a él de manera intuitiva.

No muchos expositores eficaces son tan poco metódicos como afirman. Por otra parte, para averiguar cómo hacer algo bien nos dirigimos a los que lo hacen bien siempre, o casi siempre, y no a los que lo hacen bien de vez en cuando, por casualidad. La exposición bíblica relevante y clara no se da domingo tras domingo, ni por intuición, ni accidentalmente. Los buenos expositores tienen sistemas de estudio.

Dos conclusiones surgen del hecho de que los expositores realizan su trabajo en diferentes formas: 1) pensar es un proceso dinámico, y 2) las instrucciones detalladas sobre cómo pensar, a veces, estorban el proceso mismo. El daño que puede ocasionar la instrucción se refleja en una anécdota de un abogado y un médico que jugaban juntos al golf periódicamente. Ambos jugaban parejo y disfrutaban de un fino sentido de competencia.

Una primavera, el juego del abogado mejoró tanto que el médico comenzó a perder todos los partidos. Los intentos del médico por mejorar su propio juego eran infructuosos, pero se le ocurrió una idea. En una librería, compró tres manuales para aprender a jugar golf y se los envió a su amigo abogado como regalo de cumpleaños. No pasó mucho tiempo antes de que volvieran a estar igual en el juego.

La predicación bíblica eficaz requiere visión, imaginación y sensibilidad espiritual, ninguna de las cuales viene por seguir simplemente las instrucciones. Cuando un planteamiento sobre cómo preparar sermones expositivos se parece a las instrucciones para construir una casita para perros, algo anda mal. Preparar un sermón expositivo se parece más a erigir una catedral que a armar una casita para perros.

Pero hasta los constructores de catedrales tienen su método para hacer las cosas. Aunque se requiere toda una vida de contacto con las Escrituras y con la gente para madurar la predicación, el aprendiz necesita también cierta ayuda específica para saber cómo comenzar. Saber cómo trabajan otros con la Biblia es una ayuda muy saludable.

Para esta consulta cada individuo debe aportar su mente, su espíritu y su experiencia, y a partir de una práctica repetida en la difícil tarea de pensar, debe desarrollar su propio método de trabajo. Conocer la manera en que otros enfocan su tarea, produce confianza y contribuye a un uso más eficiente del tiempo y las energías.

A lo largo de la discusión sobre cómo desarrollar un sermón expositivo, por tanto, se debe tener en mente que aun cuando las etapas para la preparación se dan en una secuencia, muchas veces se mezclan. Por ejemplo, el momento ideal para preparar una introducción llega cuando se tiene claro el desarrollo del sermón completo. Sin embargo, el predicador experimentado a veces tropieza accidentalmente con una idea intentando una introducción temprana en su preparación. La sigue cuando puede, y es posible que hasta espere cerca del final para encajarla en el sermón.

Entonces, ¿cuáles son las etapas en la preparación de un sermón expositivo?

ETAPA 1. ESCOJA EL PASAJE EN EL QUE BASARÁ EL SERMÓN

Una antigua receta para preparar un plato de conejo dice: «Primero, cace el conejo». Lo primero es lo primero. Sin el conejo, no hay plato. Las primeras preguntas obvias que debe formularse el expositor son: ¿De qué voy a hablar? ¿De qué pasaje de las Escrituras extraigo mi sermón?

Estas preguntas no necesitan plantearse el martes por la mañana, seis días antes de la presentación del sermón. Un ministerio consciente en las Escrituras depende de una cuidadosa planificación para todo el año. El expositor prudente ahorrará tiempo dedicando cierto período a preparar un calendario de predicación. En algún momento antes de que comience el año de labor, se obligará a sí mismo a decidir, domingo por domingo, culto por culto, sobre qué hablará. Aunque toda la Escritura es provechosa, no siempre será de igual provecho para una congregación en una situación particular.

La visión y la preocupación del predicador se verán reflejadas en la verdad bíblica que ofrezca a su gente. En este ministerio, el expositor sirve como constructor de puentes, esforzándose por vincular la Palabra de Dios con las preocupaciones de los hombres y mujeres. Para ello tiene que estar tan familiarizado con las necesidades de su iglesia como con el contenido de su Biblia. Aunque relacione las Escrituras con la vida de su gente en diferentes formas, nada será más importante que la elección de lo que enseñará a lo largo del año.

Unidades de pensamiento

Muchas veces, el predicador trabajará capítulo por capítulo, versículo por versículo, a través de los diferentes libros de la Biblia. Al preparar su calendario, entonces, leerá los libros varias veces y luego los dividirá en porciones que expondrá en cada sermón particular. Para ello debe seleccionar los pasajes según las divisiones naturales del material, no hay que forzarlos. No contará diez o doce versículos para componer su sermón, como si cada versículo pudiera tratarse como un pensamiento independiente. Al contrario, debe buscar las ideas del escritor bíblico.

En el Nuevo Testamento los textos, por lo general, se elegirán por párrafos, ya que estos bosquejan unidades de pensamiento completas. El predicador usualmente elige uno o más de esos párrafos para exponerlos, dependiendo de cómo se relacionan entre sí, y con la idea del autor.

Por supuesto, ninguna mano divina separó los párrafos. Los títulos en nuestras traducciones reflejan las decisiones de los editores que intentaron señalar los cambios en el pensamiento original. En consecuencia, las divisiones de párrafos en una traducción podrán ser diferentes de acuerdo con la versión.

Por regla general, las traducciones más antiguas tienden a dividirse en párrafos más largos y más tediosos que las modernas, que se interesan más en la amenidad de estilo y la atracción visual. Incluso los textos hebreo y griego reflejan las variaciones editoriales en las divisiones de los párrafos.

De todos modos, los esfuerzos por dividir las Escrituras en párrafos reconocen los principios básicos del desarrollo y la transición del pensamiento. Incluso el hebreo y el griego reflejan alteraciones editoriales en la división de párrafos. El expositor diligente examinará los cortes de los párrafos tanto en los textos originales como en las traducciones españolas; elegirá las divisiones del material que parezcan más provechosas, y las usará como base de su exposición.

Si trabaja con secciones narrativas, sin embargo, es muy probable que el expositor abarque unidades literarias más extensas que uno o dos párrafos. Por ejemplo, al explorar un episodio como el del adulterio de David con Betsabé, el expositor violaría la historia si predicara acerca de un párrafo a la vez. En lugar de eso, tendría que incluir en su sermón todo el capítulo 11 de 2 Samuel, y al menos parte del capítulo 12, ya que todo eso registra el pecado y sus terribles consecuencias.

En la literatura poética, como los Salmos, el párrafo equivale a la estrofa de un poema. Aunque el predicador exponga una sola estrofa, normalmente lo hará con todo el salmo. Al seleccionar pasajes para el sermón expositivo, el principio a seguir es este: Basar el sermón en una unidad de pensamiento bíblico.

Longitud del sermón

Un segundo factor al elegir sobre qué predicar se relaciona con el tiempo. El ministro debe disertar su sermón en un número limitado de minutos. Aunque son pocas las congregaciones que, si se les ofrece alimento bíblico bien preparado y servido atractivamente, se sentarán en los bancos de la iglesia con un cronómetro en la cabeza, el siervo honesto no robará el tiempo que no se le ha concedido. El expositor debe acabar el sermón a su tiempo, y cortarlo mientras lo estudia, no en el púlpito.

Aun cuando se le concedan cincuenta o sesenta minutos para su sermón, el expositor debe hacer una elección. El predicador diligente difícilmente podrá comunicar a su congregación todo lo que ha descubierto de su pasaje, ni siquiera debe intentarlo. En consecuencia, tenga treinta minutos o una hora, debe decidir qué incluir y qué excluir de su sermón.

El predicador aprende, por experiencia, qué longitud del pasaje podrá tratar en detalle. También llega a saber cuándo debe hacer un estudio a vuelo de pájaro sobre un pasaje, en vez de uno profundo. Tanto la unidad de pensamiento como el tiempo disponible para cubrirlo tienen que ser considerados al elegir el pasaje para la predicación.

Exposición temática

Aunque muchos predicadores se abren paso a través de libros bíblicos, todos en algún momento deben predicar acerca de temas específicos. Ocasiones como la Pascua, Acción de Gracias, y Navidad, requieren un tratamiento especial. Además, el pastor tiene que enseñar temas teológicos como la Trinidad, la reconciliación, y la inspiración y autoridad de las Escrituras. Hablará sobre preocupaciones de tipo personal como la culpa, el dolor, la soledad, los celos, el matrimonio y el divorcio.

En la exposición temática, el predicador comienza con un tema o un problema, y luego busca en los libros de la Biblia el o los pasajes relacionados con ello. Al tratar una doctrina bíblica, le será útil buscar material en una concordancia analítica o temática. Estudiar textos de teología también es valioso. Puede resultar más difícil hablar acerca de problemas personales.

El expositor que tiene un conocimiento amplio de su Biblia tendrá conciencia de los pasajes que muestran personas con problemas similares. Conocerá sobre la tentación de Adán, los celos de Caín, la conciencia culpable de Jacob, y la depresión de Elías. Una concordancia siempre ofrece información útil. Además, los libros que tratan de problemas morales y éticos desde una perspectiva cristiana no solo analizarán el problema, sugerirán material bíblico que podrá considerarse.

Después de seleccionado el pasaje, el expositor deberá permitir que hable por sí mismo. Muchas veces, el pasaje no dirá lo que esperamos que diga. La exposición temática enfrenta el peligro particular de que el predicador atribuya al relato bíblico algo que no dice para hacerlo expresar algo significativo. Tal vez recurra a «pruebas textuales» para demostrar sus doctrinas favoritas, ignorando completamente el contexto del pasaje. Puede verse tentado a transformar al autor bíblico en un moderno sicólogo, haciéndolo decir en su sermón lo que nunca dijo en la Biblia.

La exposición temática difiere del autollamado sermón temático en que el pensamiento de la Biblia debe modelar todo lo que se dice al definir y desarrollar el tema.

ETAPA 2. ESTUDIE EL PASAJE Y PREPARE SUS NOTAS

El contexto

Antes que nada, el ministro debe relacionar todo pasaje particular de las Escrituras con el libro del que forma parte. Esto implica, por lo general, leer varias veces el libro, a menudo en diversas traducciones. Incluso aquellos que lidian con hebreo o griego encontrarán más fácil organizar el amplio desarrollo del pensamiento del autor leyéndolo en español.

Hay muchas versiones disponibles que van desde traducciones literales, palabra por palabra, como las interlineales donde las palabras en español se ubican debajo de las correspondientes en el texto griego o hebreo; a versiones populares que recurren a la jerga vernácula o al lenguaje popular.

Muchas traducciones responden a las necesidades de los diferentes lectores. El ministro podrá tomar conciencia de la precisión y la vitalidad del hebreo y el griego leyendo los diversos tipos de traducciones. Por ejemplo, como Biblia de estudio podrá usar la versión *Reina Valera*, que se mantiene cercana al original, aunque luzca rígida e inconmovible cuando se lee en público.

Para una traducción que reproduzca la dinámica equivalente al original y se centre en las ideas más que en las palabras aisladas, podrá referirse a la versión popular *Dios Habla Hoy*. Un texto que busca el equilibrio entre la fidelidad al hebreo y al griego y un sentimiento de sensibilidad hacia el estilo, es la *Biblia de las Américas*. Usando estas y otras traducciones, el expositor podrá entender el contexto general del pasaje.

Ubicar el pasaje en su marco más amplio, sencillamente le da a la Biblia la misma oportunidad que se le da al autor de un libro de bolsillo. La intención del escritor, en cualquier capítulo o pasaje particular, se puede determinar básicamente al ubicarlo en el argumento más amplio de la obra.

El estudiante no necesita investigar todo por su cuenta. Por lo general, las introducciones de los comentarios y las del Antiguo y Nuevo Testamentos consideran por qué fue escrito el libro, y hacen un bosquejo del contenido. Aunque los comentarios a menudo no concuerdan en esas cuestiones, el expositor puede trabajar con sus propias conclusiones mientras escudriña las Escrituras.

El pasaje no solo debe ser ubicado en el contexto más amplio del libro, también hay que relacionarlo con el inmediato. Se consiguen más claves para comprender el significado estudiando el contexto que rodea al pasaje, que los detalles del mismo. Para entender un párrafo o alguna sección, tenemos que descubrir cómo se desarrolla a partir de lo que lo precede y cómo se relaciona con lo que le sigue. ¿Habría alguna diferencia si este pasaje en particular no estuviera allí? ¿Qué papel juega este pasaje particular en el libro?

Por ejemplo, para entender 1 Corintios 13 tenemos que comprender que es parte de una unidad mayor que trata de los dones espirituales, los capítulos 12 y 14. Estos pasajes deben estudiarse en conjunto para comprender el contraste del amor con los dones espirituales en el capítulo 13.

Al leer estos pasajes en varias traducciones, hágalo con el lápiz en la mano. Anote con la mayor precisión posible los problemas que encuentre en la comprensión del pasaje. Anótelos, oblíguese a definirlos y expresarlos. Si las traducciones difieren significativamente, tome nota de ello. Casi siempre significa que los traductores observan el pasaje desde diferentes puntos de vista. Trate de establecer las diferencias. Tal vez lo que lo confunde es un trasfondo poco familiar, o expresiones que no son parte de su red semántica. Plantear las preguntas correctas es el paso esencial para encontrar las respuestas.

Trate de afirmar lo que piensa que dice el autor —es decir, el sujeto o tema— y la o las afirmaciones principales que hace acerca del asunto, es decir, el o los complementos. Si no puede determinar el sujeto de esta lectura, ¿a qué se debe? ¿Qué necesita saber para hacerlo?

Después de ubicar el pasaje en su contexto, el exégeta debe analizar los detalles: la estructura, el vocabulario, y la gramática. Aquí resulta de gran valor cierto conocimiento de los idiomas originales. Aunque el mensaje de las Escrituras se pueda entender en español, la ayuda del hebreo o del griego es como ver un programa de televisión en colores. Tanto el aparato de blanco y negro como el de colores muestran la misma imagen, pero este último agrega una vitalidad y precisión que no son posibles en el primero. [18]

El expositor no necesita ser experto en idiomas para usarlos con provecho, y casi cualquiera puede emplear algunas de las herramientas lingüísticas disponibles. La precisión, para no decir la integridad, exige que desarrollemos toda capacidad posible; para evitar que declaremos en nombre de Dios lo que el Espíritu Santo nunca intentó decir.

Léxicos

Hay, al menos, cuatro ayudas disponibles para el ministro que estudia los detalles del pasaje. Primero, con el uso del léxico puede encontrar definiciones de cierta palabra. Las principales contribuciones de los léxicos incluyen, además de la definición de un término, el significado de sus raíces, la identificación de alguna forma gramatical, una lista de pasajes donde se presenta, una clasificación de sus usos en diversos contextos, y algunos ejemplos que le agregarán colorido.

He aquí algunos léxicos útiles: *Ayuda Léxica para la lectura del Nuevo Testamento Griego*, por Roberto Hanna, de Casa Bautista de Publicaciones (CBP). *Léxico Concordancia del Nuevo Testamento en griego y español*, compilado por George Parker, CBP. *Nuevo Léxico Griego Español del Nuevo Testamento*, por Jorge Fitch McKibben, CBP. *Léxico Griego Español del Nuevo Testamento*, por Alfredo E. Tuggy, CBP.

Concordancias

Aun cuando los léxicos, como los diccionarios, definen palabras, a veces es esencial estudiar la palabra en el contexto del pasaje donde se pronunció o escribió. Para determinar el sentido de las palabras a través de su uso, es esencial emplear la concordancia.

Algunas de las mejores concordancias son: *Concordancia Temática de la Biblia*, trad. por Carlos Bransby, CBP. *Concordancia Alfabética de la Biblia*, por W. H. Sloan y A. Lerín, CBP. *Concordancia Completa de la Biblia*, por W. H. Sloan, CLIE, *Concordancia Grecoespañola del Nuevo Testamento*, por Petter, CLIE. *Concordancia de las Sagradas Escrituras*, por Carlos P. Denyer, Editorial Caribe.

Gramáticas

Ahora bien, el significado no surge de las palabras aisladas. Deben entenderse mediante su uso en frases, cláusulas, oraciones y párrafos. El estudio sintáctico explica cómo se combinan las palabras para tener sentido, y las gramáticas nos ayudan en ese estudio. Estas no solo nos ofrecen ayuda general al describir cómo se forman las palabras y cómo van combinadas en las frases, sino que las que tienen un índice de las Escrituras, ayudan a la comprensión del pasaje particular que se está estudiando.

He aquí algunos textos de gramática sugeridos: *Ayuda Gramatical para el estudio del Nuevo Testamento Griego*, por R. Hanna, CBP. *Gramática Elemental del Griego del Nuevo Testamento*, por Guillermo H. Davis, CBP. *Gramática Griega del Nuevo Testamento*, por H. E. Dana, Julio R. Mantey, CBP.

Libros de estudios de palabras

Los libros que estudian las palabras permiten al exégeta formarse una idea de las palabras y la gramática. A continuación sugerimos los siguientes: *Palabras griegas del Nuevo Testamento: Su uso y significado*, por W. Barclay, CBP. *Clave lingüística del Nuevo Testamento Griego*, por Fritz Rienecker, de Libros Desafío.

Diccionarios bíblicos

Muchas preguntas acerca de antecedentes y biografías, así como también información sobre temas específicos, pueden contestarse mediante el uso de diccionarios y enciclopedias bíblicas. Como las obras de referencia tratan los temas a niveles distintos, un estudio del mismo asunto en diferentes enciclopedias y diccionarios permite al ministro lograr tanto equilibrio como amplitud. A través de las bibliografías que se encuentran al final de cada artículo, el lector puede rastrear un tema hasta dondequiera.

Recomendamos los siguientes diccionarios: *Diccionario de la Santa Biblia*, Editorial Caribe. *Diccionario Bíblico Mundo Hispano*, J.D. Douglas y Merril C. Tenney, CBP. *Diccionario Bíblico Arqueológico*, ed. por Charles F. Pfeiffer, CBP. *Diccionario de Hebreo Bíblico*, por Moisés Chávez, CBP. *Diccionario del hebreo y arameo bíblicos*, por Georg Fohrer, Libros Desafío. *Diccionario de Teología*, por Everett F. Harrison, Libros Desafío.

Comentarios

El maestro de las Escrituras también necesita maestros. Los comentarios proveen una cantidad de información acerca del significado de las palabras, el trasfondo del pasaje, y el argumento del escritor. Como regla general, adquirir una serie completa de comentarios no es una inversión tan provechosa.

Una inversión de dinero más inteligente es elegir volúmenes individuales de comentarios bíblicos de diferentes series. Por cierto, es prudente consultar una diversidad de comentarios sobre un pasaje y comparar entre ellos lo que dicen, cuando se intenta determinar la idea del autor bíblico. Algunos de los más populares son: *Comentario a las epístolas pastorales*, por Juan Calvino, de Libros Desafío. La serie *Comentario al Nuevo Testamento* (volúmenes independientes sobre: Marcos, Lucas, Hechos, 1 Corintios, 1 y 2 Timoteo), por Simon J. Kistemaker y William Hendriksen, de Libros Desafío. *Comentario Bíblico Beacon*, Casa Nazarena de Publicaciones. *Nuevo Comentario Bíblico Siglo Veintiuno*, ed. por J.A. Motyer, D.A. Carson, R.T. France; CBP.

Otros recursos

Para los estudiantes cuya formación en idiomas es escasa o cuya eficiencia en exégesis está oxidada por falta de uso, hay algunos recursos que lo ayudarán. Muchos ministros usan una libreta, tamaño oficio, para anotar los resultados de sus estudios.

A los pasajes que solo cubren unos pocos versículos, una hoja de papel es suficiente para las anotaciones respectivas. En el caso de secciones más largas, se puede usar papel adicional. También se pueden emplear fichas bibliográficas para anotar puntos importantes a desarrollar, ejemplos y posibles instrucciones o aplicaciones.

Al estudiar los detalles del pasaje y ubicarlo en su contexto, el expositor ya está pasando a la tercera etapa.

ETAPA 3. Al estudiar el pasaje, relacione las partes entre sí para determinar la idea exegética y su desarrollo

---

El análisis lingüístico y gramatical nunca debe convertirse en un fin por sí mismo, más bien debe conducir a una mejor comprensión del pasaje en su totalidad. El proceso es parecido al de un reloj de arena, va del análisis a la síntesis y nuevamente al análisis. Al principio, el exégeta lee el pasaje y su contexto en español para comprender la idea del autor. Luego, a través del análisis, pone a prueba su impresión inicial examinando los detalles. Después de eso determina el tema o sujeto y el complemento, a la luz del estudio.

A través del análisis y la síntesis, se preguntará: «¿De qué está hablando, exactamente, el escritor bíblico?» Cuando tenga un posible tema, vuelva al pasaje y relacione el tema con los detalles. ¿Se ajusta el tema a las partes? ¿Es demasiado amplio? ¿Demasiado limitado? ¿Es el tema una descripción exacta de lo que habla el pasaje?

El tema o sujeto

La determinación inicial del tema probablemente será muy amplia. Para reducirlo, pruébelo con una serie de preguntas definitorias. Una poesía nos habla de ellas:

> *Tengo seis fieles amigos,*
> *Me enseñaron todo lo que sé,*
> *Sus nombres son Cómo, Qué y Por Qué,*
> *Cuándo, Dónde y Quién.*

Aplicar estas preguntas a su posible tema le ayudará a hacerlo más exacto. Tomemos como ejemplo Santiago 1.5-8: «*Y si alguno de vosotros tiene falta de sabiduría, pídala a Dios, el cual da a todos abundantemente y sin reproche, y le será dada. Pero pida con fe, no dudando nada; porque el que duda es semejante a la onda del mar, que es arrastrada por el viento y echada de una parte a otra. No piense, pues, quien tal haga, que recibirá cosa alguna del Señor. El hombre de doble ánimo es inconstante en todos sus caminos*».

Una respuesta inicial a este pasaje podría ser que Santiago está hablando acerca de la *sabiduría*. Aunque esta emerge como un elemento principal en el pasaje, es un tema demasiado amplio, ya que Santiago no considera todo lo que sabe en cuanto a la sabiduría.

Viendo el pasaje desde más cerca, descubrimos que el apóstol habla de *cómo obtener sabiduría*, una afirmación más precisa del tema. El conocimiento del contexto inmediato, sin embargo, nos permite limitar aún más el tema. El párrafo precedente, versículos 2 al 4, demuestra que el gozo es la respuesta adecuada en medio de las pruebas, y el párrafo que le sigue amplía ese tema.

En consecuencia, un tema más completo para Santiago 1.5-8 sería: *Cómo obtener sabiduría en medio de las pruebas*. Todos los detalles del párrafo, en forma directa o indirecta, se relacionan con ese asunto. Cuando un tema propuesto describe acertadamente lo que habla el autor, todo se ilumina: los detalles del pasaje y el tema.

El complemento

Una vez aislado el tema, debe determinar el o los complementos que lo completan y le dan sentido. Al hacerlo, debe tener conciencia de la estructura del pasaje y distinguir entre las afirmaciones principales y las secundarias.

En muchas ocasiones el complemento se hace absolutamente obvio una vez que se afirma el tema. En Santiago 1.5-8 el complemento del tema *«cómo obtener sabiduría en medio de las pruebas»*, es *«pedirle a Dios con fe»*. Una determinación completa de la idea simplemente une el tema con el complemento: «La sabiduría en medio de las pruebas se obtiene pidiéndole a Dios con fe». Todo lo demás del pasaje apoya y completa esa idea.

En algunos pasajes, sobre todo en las cartas neotestamentarias, el autor teje un argumento razonando estrictamente qué puede analizarse a través de un esquema mecánico. Este esquema expone la relación entre las cláusulas dependientes y las independientes.

Diagramar eso demanda un método más arduo para desarrollar la estructura; determina la relación entre las palabras individuales dentro de las frases. Un esquema mecánico o un diagrama pueden basarse tanto en el texto original como en una traducción española. Ambos unen el análisis y la síntesis para que las afirmaciones principales de un pasaje puedan separarse de las secundarias. En el Apéndice 2 se encuentra un ejemplo de esquema funcional.

Otras formas literarias

Aunque las cartas del Nuevo Testamento constituyen una contribución fundamental a la teología cristiana, son solo una de las muchas formas literarias que se encuentran en la Biblia. En realidad, una gran mayoría de personas ni siquiera tiene conciencia de que las Escrituras contienen varias formas literarias como parábolas, poesía, proverbios, oraciones, alegorías, historia, leyes, contratos, biografías, discursos, dramas, revelaciones, narraciones.

Para comprender cualquiera de esas formas debemos tener conciencia de la clase de literatura que estamos leyendo y de las convenciones que le son exclusivas. No interpretemos los poemas como si fueran contratos legales. La parábola difiere significativamente de un relato histórico o una canción de amor.

Cuando trabaje con literatura narrativa, el expositor rara vez tendrá que abrirse paso en medio de una maraña de complejas relaciones gramaticales, en lugar de eso, tendrá que encontrar la idea del autor por medio del estudio amplio de varios párrafos.

Cuando intente comprender un relato, tendrá que formularse una serie de preguntas. Un ejemplo de ellas podrían ser: ¿Cuáles son los personajes del relato y por qué los incluyó el autor? Los personajes, ¿son diferentes entre sí? ¿Cómo evolucionan esos personajes a medida que se desarrolla el relato?

¿En qué forma contribuye el marco con el relato? ¿Cómo se acomodan los hechos individuales dentro del marco total? ¿Qué conflictos surgen y cómo se resuelven? ¿Por qué se tomó el trabajo el escritor de incluir ese relato? ¿Qué ideas hay tras el relato que sean implícitas, sin que se manifiesten? Finalmente, esas ideas, ¿se pueden afirmar mediante un sujeto y un complemento?

Gran parte del Antiguo Testamento está en forma poética. En las traducciones que presentan la poesía como tal y no como prosa, descubrimos que esta resulta ser la forma más usada en la literatura del Antiguo Testamento.

Incluso secciones en las que generalmente pensamos en forma de prosa (historia, profecías, literatura sapiencial) contienen grandes cantidades de poesía. Los poetas, casi nunca narran hechos, más bien expresan sentimientos y reflexiones acerca de la vida y sus perplejidades.

En la literatura hebrea hay mucha comunicación por medio de paralelismos que se repiten, contrastes, o agregados a pensamientos anteriores; y usa un lenguaje figurado que puede no ser fiel a los hechos aunque sí a los sentimientos.

Las imágenes y figuras retóricas dan más vida y fuerza al lenguaje ya que unen el ámbito de la experiencia con los hechos. Cuando el labrador observa que «la tierra necesita agua», es fiel a los hechos y a los sentimientos. El poeta emplea las estructuras y el lenguaje para agregarle fuerza y profundidad a lo que está diciendo.

Es por eso que la interpretación de la poesía plantea su propio conjunto de preguntas. ¿Qué significados yacen tras las imágenes y figuras retóricas? ¿Qué sentimientos expresó el poeta con su uso del lenguaje? ¿Qué elementos de forma y estructura usa el poeta para organizar sus pensamientos? ¿Qué se perdería si la misma verdad se hubiera escrito en prosa?[19]

Al determinar la idea del autor, también habrá que descubrir cómo desarrolla ese pensamiento en el pasaje. A veces es útil parafrasear el pasaje en palabras propias. Sea riguroso en sus pensamientos, y determine cuidadosamente las relaciones que ve en el texto, ya sea que la Biblia las afirme explícitamente o no. A medida que escriba, cambiará la determinación de su idea exegética para que se adapte a las partes del pasaje. Nunca obligue al texto a ajustarse a su determinación de la idea.

A esta altura, como resultado de su estudio, tendría que poder hacer dos cosas: primero, determinar la idea del pasaje en una oración sencilla, en la que se combinen el tema y el complemento. Segundo, bosquejar el desarrollo de esa idea en el pasaje.

Bibliografía

Alexander-Alexander, *Manual ilustrado de la Biblia*, Caribe, Miami, 1976.

Barclay, William, *Palabras griegas del Nuevo Testamento*, Casa Bautista de Publicaciones, El Paso, 1977.

Botterweck, G. Johannes y Ringgren, Helmer, *Diccionario teológico del Antiguo Testamento*, Cristiandad, Madrid, 1978.

Bromiley, Geoffrey W., ed. *The International Standard Bible Encyclopedia*, Eerdmans, Grand Rapids, 1979.

Coenen, Lothar, et. al. *Diccionario Teológico del Nuevo Testamento*, Edit. Sígueme, Salamanca, 1980-1983.

Dana H. E. y Mantey, Julius, *Manual de Gramática del Nuevo Testamento Griego*, Casa Bautista de Publicaciones, El Paso, 1975.

—————, *Gramática griega del Nuevo Testamento*, CBP.

Danker, Frederick W., *A Greek English Lexicon of the New Testament and Other Early Christian Literature*, 2da. ed., University of Chicago, Chicago, 1979.

Denyer, C .P., *Concordancia de las Sagradas Escrituras*, Caribe, San José, Costa Rica, 1969.

Diez-Macho, Alejandro, ed. *Enciclopedia de la Biblia*, Edit. Garriga, Barcelona, 1963.

Fountain, Thomas E., *Claves de interpretación bíblica*, Edit. La Fuente, México, 1961. Guthrie, D.; Motyer, D. Guthrie J.A., *Nuevo comentario bíblico*, CBP.

Hale, Clarence B., *Estudiemos griego*, Caribe, San José, 1972.

Kittel, Gerhard y Friedrich, Gerhard eds. *Theological Dictionary of the New Testament*, traducido y editado por Geoffrey W. Bromiley. 10 vols., Eerdmans, Grand Rapids, 1964-1976.

León-Dufour, Xavier, *Diccionario del Nuevo Testamento*, Cristiandad, Madrid, 1977.

McKibben, J. F., *Nuevo léxico griego-español*, CBP.

Moulton, James Hope y Milligan, George, *The Vocabulary of the Greek Testament Illustrated from the Papyri and Other Non-Literary Sources*, Eerdmans, Grand Rapids, 1976.

Nelson, Wilton M., ed., *Diccionario ilustrado de la Biblia*, Caribe, Miami, 1974.

Parker, Jorge G., *Léxico Concordancia del Nuevo Testamento en griego y español*, Edit. Mundo Hispano, El Paso, TX, 1982.

Petter, Hugo M., compilador, *La nueva concordancia grecoespañola del Nuevo Testamento con índices*, Editorial Mundo Hispano, 1976.

Pop, F.J., *Palabras bíblicas y sus significados*, Edit. Escatón, Buenos Aires, 1972.

Strong, James, *The Exhaustive Concordance of the Bible*, Hunt & Eaton, New York, 1890. Reimpresión: Abingdon, New York, 1961.

Turnbull, Rodolfo G., ed. *Diccionario de la teología práctica: Hermenéutica*, Subcomisión de Literatura Cristiana de la Iglesia Cristiana Reformada, Grand Rapids, 1976.

————, *Diccionario de la teología práctica: Homilética*, Subcomisión de Literatura Cristiana de la Iglesia Cristiana Reformada, Grand Rapids, 1988.

Unger, Merrill F., *Manual Bíblico de Unger*, El Mensaje de la Biblia, Editorial Moody, Chicago, 1976.

Yates, Kyle M., *Nociones esenciales del hebreo bíblico*, CBP.

Young, Robert, *Analytical Concordance to the Bible*, Eerdmans, Grand Rapids, 1955.

Conceptos nuevos

Contexto
Léxico
Concordancia
Diccionario y enciclopedia bíblicos
Esquema mecánico
Diagramación
Paráfrasis de un pasaje

Definiciones

Diccionario y enciclopedia bíblicos: Contienen artículos sobre una gran variedad de temas bíblicos, incluyendo el trasfondo de los libros sagrados y las biografías de personajes bíblicos.

Concordancia: Ayuda a determinar el sentido de las palabras a través del uso que tienen en la Biblia.

Contexto: El marco más amplio en que se encuentra un pasaje. Puede ser tan estrecho como un párrafo o un capítulo, pero en definitiva incluye el argumento total del libro.

Diagramación: Muestra la relación entre las palabras individuales dentro de las frases, así como las relaciones entre cláusulas.

Léxico: Provee definiciones, significados de las raíces, identificación de algunas formas gramaticales, una lista de pasajes en los que se encuentra la palabra, clasificaciones del uso de una palabra en sus diferentes contextos, y algunos ejemplos que dan colorido a las palabras.

Esquema mecánico: Muestra la relación entre las cláusulas dependientes y las independientes en un párrafo.

Paráfrasis de un pasaje: Traduce la progresión de ideas de un pasaje en un lenguaje contemporáneo.

Etapas en el desarrollo de mensajes expositivos

1. Selección del pasaje.

2. Estudio del pasaje.

3. Descubrimiento de la idea exegética.

4. Análisis de la idea exegética.

5. Formulación de la idea homilética.

Capítulo 4

El camino del texto al sermón

El sermón expositivo consiste en ideas extraídas de las Escrituras y relacionadas con la vida. En consecuencia, para predicar con eficacia, el predicador tiene que involucrarse en tres mundos distintos.

El predicador, en su estudio, reúne información acerca de la Biblia. Puesto que Dios decidió revelarse a sí mismo en la historia a naciones que se pueden ubicar en el mapa, a través de idiomas que se describen en las diversas gramáticas, y en culturas tan desarrolladas como la nuestra, el exégeta tiene que comprender lo que la revelación de Dios significó para los hombres y las mujeres a quienes fue dada originalmente.

El expositor también tiene que estar consciente de las corrientes que lo rodean en su tiempo, porque cada generación se desarrolla a partir de su propia historia y cultura, y habla su idioma particular.

Un ministro puede pararse delante de su congregación y pronunciar sermones exegéticamente correctos, especializados, y bien organizados, pero muertos y carentes de poder debido a que ignora los problemas e interrogantes que afectan la vida de sus oyentes. Tales sermones, pronunciados en una voz solemne, con una jerga nunca oída en la calle, se meten en grandes conceptos bíblicos, de manera que los oyentes sienten que Dios pertenece al «allá lejos y hace tiempo».

Los expositores no solo deben responder a las preguntas que se hacían nuestros antepasados: deben esforzarse por contestar también las de nuestros niños. Los hombres y las mujeres que hablan de Dios con eficacia deben luchar primero con los cuestionamientos de su tiempo, y luego contestarlos basados en la verdad eterna de Dios.

Una tercera esfera en la que el predicador debe participar es en su propio mundo. La iglesia tiene un código postal y está entre la avenida Colón y la calle Bolívar de una ciudad de algún país. Las profundas cuestiones de la Biblia y las preguntas éticas y filosóficas de nuestros tiempos asumen diferentes formas en las zonas rurales, las comunidades de clase media, o los *ghettos* de ciudades populosas.

En definitiva, el predicador no se dirige a toda la humanidad; habla a personas particulares y las conoce por sus nombres. El don de «pastor maestro» implica que las dos funciones deben ir unidas o de lo contrario su exposición resultará irrelevante, lo que se refleja negativamente sobre Dios. Como lo expresó un desconcertado asistente de la iglesia: «El problema es que Dios es como el pastor, no lo vemos durante la semana y no lo entendemos el domingo».

J. M. Reu estaba en lo cierto cuando escribió: «Predicar es, fundamentalmente, una parte del cuidado de las almas, y este cuidado implica un profundo conocimiento de la congregación».[20] El pastor idóneo conoce a su rebaño.

Durante las etapas que siguen, el predicador se esfuerza por unir el mundo antiguo, el moderno, y el suyo propio, en el desarrollo de su sermón. Al hacerlo, no destaca a la Biblia como si estuviera sacando un ejemplo pertinente de una vieja historia. Los hombres y mujeres modernos están frente a Dios exactamente en la misma posición que sus compañeros en la Biblia, y oyen la voz de Dios que se dirige a ellos ahora. *«Jehová nuestro Dios hizo pacto con nosotros en Horeb».* Esta afirmación proviene de personas a las que se les entregaban, por segunda vez, los Diez Mandamientos, y que vivieron muchas décadas después de que se diera la ley original.

Por medio de Moisés, sin embargo, declararon: *«Jehová nuestro Dios hizo pacto con nosotros en Horeb. No con nuestros padres hizo Jehová este pacto, sino con nosotros todos los que estamos aquí hoy vivos»* (Deuteronomio 5.2,3). La comunidad de fe, recordando un hecho muy antiguo y en un lugar diferente, vivió esa historia como una realidad presente. La palabra de Dios hablaba en el Sinaí, seguía hablando a esta nueva generación y no solo los vinculaba con Dios sino que expresaba lo que Él esperaba de la relación entre ellos.

Exponer las Escrituras para que el Dios contemporáneo nos confronte donde vivimos, requiere que el predicador estudie tanto a su audiencia como a su Biblia. También significa que habrá que plantearse y responder algunas preguntas muy pertinentes y prácticas para descubrir cómo se pueden extender al sermón, la idea exegética y su bosquejo. El expositor relaciona la Biblia con la vida al entrar en la próxima etapa de su preparación.

ETAPA 4. SOMETA LA IDEA EXEGÉTICA A TRES PREGUNTAS RELATIVAS AL DESARROLLO

La idea exegética puede ocultarse en el papel, como el cereal en el recipiente de leche, sin que nos percatemos. ¿Qué se puede hacer para obtener lo más crocante y sabroso de ella para convertirla en un sermón dinámico y vivo? Para contestar esa pregunta, el predicador debe estar consciente de la manera en que se desarrolla la idea.

Cuando alguien pronuncia una declaración afirmativa, solo se pueden hacer cuatro cosas para desarrollarla. Reafirmarla, explicarla, demostrarla o aplicarla. Nada más. Reconocer esto sencillamente abre el camino al desarrollo del sermón.

Usando la reafirmación, el autor u orador simplemente afirma la idea con «otras palabras» para aclararla o grabarla en sus oyentes. La reafirmación ocupa un lugar significativo en el paralelismo de la poesía hebrea. *«A Jehová cantaré en mi vida; a mi Dios cantaré salmos mientras viva»* (Salmo 104:33).

El apóstol Pablo, enfurecido por los falsos maestros que sustituían el evangelio con el legalismo, usa la reafirmación para enfatizar su condenación: *«Mas si aun nosotros, o un ángel del cielo, os anunciare otro evangelio diferente del que os hemos anunciado, sea anatema. Como antes hemos dicho, también ahora lo repito: Si alguno os predica diferente evangelio del que habéis recibido, sea anatema»* (Gálatas 1.8, 9).

Jeremías refuerza su acusación a Babilonia reafirmando el mismo pensamiento en, por lo menos, seis aspectos distintos:

> *Espada contra los caldeos, dice Jehová,*
> *y contra los moradores de Babilonia,*
> *contra sus príncipes y contra sus sabios.*
> *Espada contra los adivinos,*
> *y se entontecerán;*
> *espada contra sus valientes,*
> *y serán quebrantados.*
> *Espada contra sus caballos, contra sus carros,*
> *y contra todo el pueblo que está en medio de ella,*
> *y serán como mujeres;*
> *espada contra sus tesoros,*
> *y serán saqueados.*
> *Sequedad sobre sus aguas,*
> *y se secarán;*

porque es tierra de ídolos,
y se entontecen con imágenes.

(Jeremías 50.35-38)

Aunque la reafirmación ocupa mucho espacio en la comunicación escrita, y sobre todo en la oral, para el predicador que trata de convertir su idea exegética en un sermón, no es de vital importancia como método para desarrollarlo. Las otras tres formas de extensión, que se pueden expresar como tres preguntas relativas al desarrollo, son más estimulantes.[21]

¿Qué significa esto?

Una de las preguntas relativas al desarrollo se centra en la respuesta al planteamiento: «¿Qué significa esto?» ¿Requieren, este concepto o partes del mismo, aclaración? Ello puede apuntar a diferentes blancos. Primero, cuando se refiere a la Biblia, pregunta: «¿Desarrolla, el autor del pasaje, su pensamiento principalmente a través de la explicación?»

Cuando Pablo escribió a sus amigos en Corinto, explicó cómo la diversidad de dones entregados a los miembros de la iglesia tenían que operar a favor, y no en contra, de la unidad congregacional. Y resume su idea en 1 Corintios 12.11,12: «*Pero todas estas cosas las hace uno y el mismo Espíritu, repartiendo a cada uno en particular como él quiere. Porque así como el cuerpo es uno, y tiene muchos miembros, pero todos los miembros del cuerpo, siendo muchos, son un solo cuerpo, así también Cristo*».

En todos los versículos que rodean esta afirmación, Pablo explica el concepto, ya sea separándolo en partes —como cuando enumera los dones espirituales—, o ilustrándolo mediante ejemplos como el del cuerpo humano. Con esa analogía explica que la iglesia, como un cuerpo, consiste de muchas partes diferentes, pero cada una de ellas contribuye a la vida y al beneficio de todas las demás.

El predicador que trate esta parte de la carta a los Corintios debe saber que Pablo extiende su pensamiento mayormente a través de la explicación y que ella será el principal instrumento de un sermón basado en este pasaje.

Segundo, el desarrollo de la respuesta a «¿Qué significa esto?» también puede sondear a la congregación. Ello implica varias formas. Si simplemente afirmo mi idea exegética, ¿respondería mi auditorio: «Qué quiere decir con eso?» ¿Hay elementos en el pasaje bíblico —que el escritor da por sentado—, de los cuales mi auditorio requiere una explicación? Cuando Pablo aconsejó a los corintios —en su primera carta, capítulo 8—, acerca de la carne ofrecida a los ídolos, la idolatría y el sacrificio eran algo tan familiar para sus lectores como los centros comerciales para el público moderno.

La gente hoy, al contrario, se asombra tanto de las prácticas idolátricas como lo estaría un corintio dentro de un supermercado. Por eso, el expositor sensible comprende que cuando comienza a hablar de «comida sacrificada a los ídolos» tiene que dar alguna explicación. El pasaje puede ser malentendido, o lo que es más dañino, mal aplicado a menos que los oyentes comprendan el trasfondo en que se desarrolló ese problema. Hay que tratar con las presiones sicológicas, emocionales y espirituales planteadas por comer carne previamente sacrificada a dioses paganos.

Un ejemplo que viene al caso: Cuando Pablo habla de los hermanos débiles, no se refiere a los individuos que son fácilmente influidos por el pecado. Al contrario, piensa en las personas excesivamente escrupulosas que no entienden la teología de la idolatría; es decir, «un ídolo nada es en el mundo» sino solo una creación de la imaginación supersticiosa.

En las iglesias modernas, muchos de los que se consideran «fuertes» serían, de acuerdo con el pensamiento de Pablo, «débiles». Al tratar este pasaje, pues, lo que el apóstol dio por sentado con sus lectores, requiere mucha explicación en la actualidad.

En 1 Corintios 12.13, Pablo observa: *«Porque por un solo Espíritu fuimos todos bautizados en un cuerpo, sean judíos o griegos, sean esclavos o libres; y a todos se nos dio a beber de un mismo Espíritu»*. Aquí nuevamente Pablo da por sentado lo que nosotros no podemos: que sus lectores comprendían la obra bautismal del Espíritu Santo. Una referencia al «bautismo del Espíritu Santo» ahora, hace que algunos oyentes se inquieten en los bancos de la iglesia y comiencen a preguntarse: «¿Qué quiere decir esto?», «¿No es eso una experiencia importante para los carismáticos y no tiene algo que ver con eso de hablar en lenguas?», ¿Qué piensan acerca de ello las personas de mi denominación?» El ministro no debe ignorar tales preguntas. Al contrario, debe anticiparlas durante su preparación y dedicar tiempo a explicar el bautismo del Espíritu Santo aunque Pablo no lo haya hecho.

Una de las mayores batallas de la predicación es lograr la claridad. Napoleón usaba tres órdenes para que sus mensajeros las aplicaran a cualquier informador: «¡Sean claros! ¡Sean claros! ¡Sean claros!» La claridad no viene fácilmente. Cuando alguien se prepara para ser expositor, tal vez pase tres o cuatro años en un seminario. Aunque ese entrenamiento lo prepara para llegar a ser teólogo, muchas veces interfiere en su capacidad de comunicador.

La jerga teológica, el pensamiento abstracto, las cuestiones religiosas, se convierten en parte de su bagaje intelectual e impiden a los predicadores hablar claramente a las personas comunes. Si el predicador entrara en un hospital, en un estudio de televisión, en una imprenta, en un gimnasio, o en un taller mecánico, para entender lo que allí se hace, preguntaría con insistencia: «¿Qué quiere decir esto?»

Un experto en cierta profesión rara vez tiene que hacerse entender por los que son ajenos a ella, pero el predicador es diferente. En realidad, no hay nadie que «sea ajeno», y comprender lo que Dios dice es un asunto de vida o muerte. Por eso, el expositor tiene que anticipar lo que sus oyentes no saben y explicárselo.

El planteamiento «¿Qué significa eso?», entonces, trata con el pasaje y con la gente. Si el expositor se imaginara que alguna persona lo puede interrumpir en medio del sermón para hacer esa pregunta, tomaría conciencia de las cuestiones que debe considerar cuando desarrolla el sermón.

¿Es verdad?

Otra pregunta relativa al desarrollo se enfoca en la veracidad. Después que entendemos, o creemos entender, lo que significa una afirmación, muchas veces nos preguntamos: ¿Es verdad? ¿Realmente puedo creerlo? Exigimos demostraciones. Un impulso inicial de los que toman en serio la Biblia es ignorar esa pregunta y suponer que una idea debiera ser aceptada como verdadera solo porque viene de la Biblia. Pero la aceptación sicológica rara vez viene solamente por citar las Escrituras; también se debe ganar mediante el razonamiento, las demostraciones y los ejemplos.

Incluso los escritores inspirados, como hombres de Biblia que eran, establecieron la validez no solo a partir del Antiguo Testamento sino también basados en la vida real. Cuando Pablo quiso demostrarle a la congregación de Corinto que tenía derecho a recibir apoyo financiero por su ministerio, lo planteó citando la experiencia tanto como la ley mosaica. En una serie de preguntas retóricas presentó así el asunto:

> *¿O solo yo y Bernabé no tenemos derecho de no trabajar? ¿Quién fue jamás soldado a sus propias expensas? ¿Quién planta viña y no come de su fruto? ¿O quién apacienta el rebaño y no toma de la leche del rebaño? ¿Digo esto solo como hombre? ¿No dice esto también la ley?*

*Porque en la ley de Moisés está escrito: No pondrás bozal
al buey que trilla. ¿Tiene Dios cuidado de los bueyes, o lo
dice enteramente por nosotros? Pues por nosotros se escribió, porque con esperanza debe arar el que ara, y el que
trilla, con esperanza de recibir el fruto. Si nosotros sem-
bramos entre vosotros lo espiritual, ¿es gran cosa si
segáremos de vosotros lo material? Si otros participan de
este derecho sobre vosotros, ¿cuánto más nosotros? Pero
no hemos usado de este derecho, sino que lo soportamos
todo, por no poner ningún obstáculo al evangelio de Cristo* (1 Corintios 9.6-12).

Pablo apela primero a la lógica de la experiencia. Después de
todo, si los soldados, los labradores, los pastores y los granjeros
reciben salario por su trabajo, ¿por qué no lo recibirá un apóstol o
un maestro? Luego argumenta, a partir de un principio más amplio
ubicado en la ley, en contra de poner bozal a los bueyes cuando
estaban trillando. El que trabaja —sea bestia u hombre—, debe
recibir recompensa por su obra.

Al usar esta pregunta relativa al desarrollo, entonces, el expositor debiera notar cómo el escritor bíblico da validez a lo que tiene
que decir. Los apóstoles usaban todos los medios legítimos disponibles para ganar la aprobación de sus audiencias. Cuando Pedro
predicó su sermón pentecostal argumentó, tanto a partir de la experiencia como de las Escrituras, para demostrar que *«a este Jesús a
quien vosotros crucificasteis, Dios le ha hecho Señor y Cristo»*
(Hechos 2.36).

Los milagros de Jesús, la crucifixión, la resurrección, la tumba
de David, el fenómeno de Pentecostés; hechos verificables, daban
peso al argumento de Pedro. Joel y David, ambos honrados por el
pueblo judío como profetas inspirados, fueron citados como testigos para interpretar lo que las personas experimentaban. Tanto al

escribir como al predicar, los apóstoles se adaptaban a los lectores y oyentes para fundamentar la validez de sus ideas.

Cuando Pablo se dirigió a los intelectuales en el Areópago, discutió asuntos de teología natural: el hecho de la creación y sus implicaciones lógicas. Aunque expuso conceptos bíblicos, el apóstol nunca citó el Antiguo Testamento, ya que la Escritura no significaba nada para su pagana audiencia griega. Más bien apoyó sus argumentos refiriéndose a sus ídolos, filósofos y poetas, y sacando conclusiones de la vida normal.

Por supuesto, al citar a los poetas y filósofos griegos, el apóstol no estaba aprobando la filosofía ni los filósofos atenienses. El Antiguo Testamento era la autoridad para sus afirmaciones principales y secundarias, como lo demuestra la referencia del comentario del texto griego de Nestlé. Al citar las fuentes paganas, Pablo aprovechaba las percepciones que estaban de acuerdo con la revelación bíblica y que eran aceptadas con más facilidad por sus oyentes.[22]

Aunque la competencia requiere que el expositor comprenda cómo establece la veracidad el escritor bíblico, también exige que encaremos las preguntas: «¿Es verdad?», «¿Puedo creerlo realmente?», cuando vienen de nuestros oyentes. Esas preguntas se presentan con frecuencia.

En la generación pasada, el predicador puede que contara con un sentimiento de culpa en cuanto al pensar de la congregación. Hoy en día solo puede esperar una actitud de duda y cuestionamiento. Nuestro sistema educacional contribuye a este escepticismo penetrante, igual que los medios de comunicación. La publicidad ha creado un público de gente escéptica que se sacude las afirmaciones dogmáticas y las confirmaciones entusiastas, no importa quién las haga, solo importa lo que diga el auspiciador.

Luego, el expositor hace bien al pensar que una afirmación no es verdadera solo porque esté en la Biblia, sino que está en la Biblia porque es verdadera. Escribir un párrafo en las páginas de un libro que tenga cubierta de cuero no lo hace verdadero por eso. La Biblia manifiesta la realidad del universo, cómo lo ha hecho Dios y cómo lo gobierna. En consecuencia, cabría esperar que las afirmaciones de las Escrituras se reflejen en el mundo que nos rodea. Esto no quiere decir que establezca la verdad bíblica mediante el estudio de la sociología o la astronomía, sino que los datos válidos de estas ciencias secundan las verdades enseñadas en las Escrituras.

Veamos cómo lidia el predicador con la pregunta «¿Es verdad?» Supóngase que tiene que predicarle a una congregación moderna la tremenda afirmación de Pablo: «*Y sabemos que a los que aman a Dios, todas las cosas les ayudan a bien, esto es, a los que conforme a su propósito son llamados*» (Romanos 8.28).

La mayoría de las personas recibe esa afirmación con gran asombro. ¿Es verdad?, ¿Podemos creerlo? ¿Y qué de la madre que fue atropellada por un vehículo que huyó, y que dejó viudo a su esposo y huérfanos a sus tres hijos?, ¿Y qué de esos padres cristianos a cuyo hijito de cuatro años le diagnosticaron leucemia?, ¿Cuán bueno es eso? ¿Qué hay de «bueno» en que un joven misionero se haya ahogado en las fangosas aguas de un río en la selva antes de haber testificado siquiera a un indígena? Trabajar con este pasaje y no encarar preguntas tan desconcertantes como esas, es perder totalmente el auditorio.

Donald Grey Barnhouse considera la pregunta sobre la veracidad cuando habla sobre Juan 14.12: «*...y aun mayores* [cosas] *hará, porque yo voy al Padre*». Y emplea una analogía para establecer la validez de su explicación:

Un marinero sufrió un ataque de apendicitis aguda a bordo de un submarino de los Estados Unidos que navegaba en aguas enemigas del Pacífico. El cirujano más cercano estaba a miles de kilómetros. El farmacéutico, primer oficial Wheller Lipes, observó cómo la temperatura del enfermo aumentó a los 41 grados centígrados. Su única esperanza era una operación. Lipes dijo: «He visto a los cirujanos hacerlo. Creo que puedo, ¿qué dices?» El marinero aceptó. En la reducida sala de oficiales, acostaron al paciente sobre una camilla bajo la luz de un foco. El primer oficial y sus auxiliares, vestidos con la parte superior del pijama al revés, se cubrieron la cara con gasas. La tripulación se ocupó de los controles de inmersión para mantener la posición del submarino; el cocinero hervía agua para la esterilización. Un colador de té servía como antiséptico. Un escalpelo con la asa rota como instrumento para la operación. El desinfectante era alcohol extraído de los torpedos. Las cucharas dobladas servían para mantener los tejidos abiertos. Después de cortar entre las capas de tejidos, le llevó veinte minutos al oficial encontrar el apéndice. Dos horas y media después, cosía el último punto con nylon, justo cuando se agotaba la última gota de éter. Trece días después el paciente regresó a su puesto.

Hay que reconocer que esa fue una hazaña mucho más admirable que la que se realiza en una sala de operaciones totalmente equipada, en manos de cirujanos entrenados, en un moderno hospital. Estudie esta analogía y sabrá el verdadero sentido de las palabras de Cristo: «Y aun mayores *[cosas]* hará, porque yo voy al Padre.» Es grandioso que Cristo, Dios perfecto, obre directamente en un alma perdida para avivarla y sacarla de la muerte a la vida, pero que haga la misma cosa por medio de nosotros es una obra más grande todavía.[23]

Cynddylan Jones procura persuadir con una frase única al declarar: «Haría bien en tratar de cruzar el Atlántico en un barco de papel si quiere ganar el cielo por sus buenas obras».

C.S. Lewis se acerca a la validez identificándose con una pregunta que se plantean las personas que piensan acerca del evangelio:

Esta es otra cosa que solía preocuparme. ¿No es demasiado injusto que esta nueva vida esté reservada a las personas que han oído de Cristo y son capaces de creer en Él? Lo cierto es que Dios no nos ha dicho cuáles son sus planes respecto a la otra gente. Sabemos que ningún hombre se puede salvar si no es por medio de Cristo; sabemos que solo aquellos que lo conocen pueden resultar salvos por él. Sin embargo, si se preocupa por las personas que están afuera, lo más absurdo que puede hacer es mantenerse fuera usted mismo. Los cristianos son el cuerpo de Cristo, el organismo a través del cual Él opera. Cualquier agregado a ese cuerpo le permite a Él obrar más. Si quiere ayudar a los que están afuera, tiene que agregar su poquito al cuerpo de Cristo, que es el único que puede ayudarlos. Cortarles los dedos de los pies a un hombre sería una manera muy extraña de intentar que trabaje más.[24]

Estemos de acuerdo o no con Lewis, él hace una pregunta clásica, la enfrenta, y la regresa al cuestionador.

J. Wallace Hamilton, predicando sobre la providencia de Dios, considera las importantes preguntas que afloran a la superficie cuando se nos dice que vivimos por la providencia de Dios cada momento de nuestra vida. Y cita un poeta anónimo al comenzar a tratar estas dudas:

«Oh, ¿dónde está el mar? exclamaron los peces,
mientras nadaban en las aguas del Atlántico;
Hemos oído hablar del océano y las corrientes marinas
y ansiamos contemplar sus aguas azules».

Alrededor de nosotros hay pequeños peces buscando el mar; personas que viven, se mueven, tienen su ser en el océano de la providencia de Dios, pero no pueden verlo por el agua en donde están. Tal vez se deba a que lo llamamos por otro nombre. Los antiguos hebreos, de quienes vino la Biblia, eran personas religiosas, veían en cada evento la actividad directa de Dios.

Si llovía, era Dios quien enviaba la lluvia. Cuando las cosechas eran buenas, era Dios quien producía el incremento. Pero ese no es nuestro lenguaje ahora, ni nuestro patrón de pensamiento. Pensamos en términos de leyes: leyes químicas, naturales. Cuando llueve, sabemos que es la condensación natural del vapor. Cuando las cosechas son buenas, se lo adjudicamos a los fertilizantes. Ha ocurrido algo sorprendente con nuestra manera de pensar.

En un mundo que ni por un segundo podría existir sin la actividad de Dios, hemos condicionado nuestras mentes a una manera de pensar que no deja espacio para Él. Tanto se satisfacen nuestros deseos con lo que parecen fuerzas naturales e impersonales que hemos perdido de vista al gran Proveedor en medio de la providencia.

Algunos de nosotros, que fuimos criados en el campo y luego nos trasladamos a la ciudad, recordamos con qué facilidad perdimos el hábito de dar gracias por la comida a la mesa, en parte porque la comida no venía directamente de la tierra, sino del supermercado.

Un médico de Nueva York dijo: «Si se le pregunta a un niño de dónde proviene la leche, difícilmente conteste "De la vaca"; más bien dirá; "Del recipiente"».[25]

El simple hecho de preguntar: «¿Es verdad? ¿Podemos creerlo mis oyentes y yo?», no produce respuestas instantáneas. Pero no enfrentar esas preguntas básicas significa que hablaremos solo a aquellos que ya están convencidos. Peor aún, por no haber estado dispuestos a vivir por encima de un signo de interrogación, nos convertiremos en vendedores ambulantes de un mensaje que ni siquiera nosotros creemos.

La congregación tiene el derecho de esperar que estemos conscientes al menos de los problemas, antes de pretender ofrecer soluciones. Que el expositor se abra paso en medio de las ideas en el bosquejo exegético y enfrente honestamente la pregunta: «¿Aceptaría mi auditorio esa afirmación como verdadera? Si no es así, ¿por qué?» Escriba las preguntas específicas que surgen y, si fuera posible, la dirección de algunas de las respuestas. Antes que transcurra mucho tiempo descubrirá cosas sobre las que él y sus oyentes tienen que pensar a medida que se desarrolla el sermón.

¿Dónde está la diferencia?

La tercera pregunta relativa al desarrollo del sermón tiene que ver con la aplicación o utilidad del mismo. Aunque es esencial que el predicador explique la verdad de un pasaje, su sermón no termina hasta que lo relacione con la experiencia de sus oyentes. En definitiva, el hombre o la mujer que están en los bancos de la iglesia esperan que el expositor responda a la pregunta: ¿Dónde está la diferencia? Todos los cristianos tienen la responsabilidad de hacer esa pregunta ya que están llamados a vivir bajo la autoridad de Dios a la luz de la revelación bíblica.

Mortimer J. Adler divide los libros en teóricos y prácticos. Teórico es aquel que se comprende, y luego se guarda en el estante. Práctico, en cambio, no solo tiene que leerse y entenderse, debe usarse. En este sentido, la Biblia es un libro intensamente práctico ya que fue escrito para ser obedecido tanto como entendido.

Muchos estudiosos de la homilética no prestan la merecida atención a la aplicación correcta. No se ha escrito ningún libro dedicado de manera exclusiva, ni siquiera principalmente, a los espinosos problemas que plantea la aplicación. Como resultado, muchos miembros de la iglesia, habiendo escuchado sermones ortodoxos toda su vida, probablemente sean herejes practicantes.

Nuestros credos afirman las doctrinas centrales de la fe y nos recuerdan aquello que los cristianos debemos creer. Lamentablemente, no nos pueden decir cómo debiera hacernos conducir la creencia en esas doctrinas. Esa es parte de la responsabilidad del predicador, quien tiene que darle una cuidadosa atención.

Algo básico a la aplicación adecuada es la exégesis correcta. No podemos decidir lo que significa para nosotros un pasaje a menos que hayamos determinado lo que el pasaje mismo quiere decir. Para esto, debemos sentarnos frente al escritor bíblico y tratar de entender lo que quería transmitir a los lectores originales. Luego de comprender lo que pudo haber significado en sus propios términos y tiempo, podemos clarificar qué cambio debiera eso traer en la vida hoy día.

A fin de aplicar el pasaje en forma correcta, tenemos que definir la situación en que fue dada originalmente la revelación, y luego decidir lo que el hombre o mujer actuales no comparten con los oyentes originales. Cuanto más estrecha sea la relación entre el hombre moderno y el bíblico, más directa será la aplicación. Cuando Santiago escribe a los cristianos judíos desparramados en el mundo antiguo: «*Por tanto, mis amados hermanos, todo hombre sea pronto para oír, tardo para hablar, tardo para airarse; porque la ira del hombre no obra la justicia de Dios*» (1.19-20), ese consejo se aplica a los creyentes de todos los tiempos y en cualquier situación, ya que todos los cristianos están en la misma relación con Dios y su Palabra.

Cuando la correspondencia entre el siglo veinte y el pasaje bíblico es menos directa, la aplicación correcta se torna más difícil. El expositor tiene que dar especial atención no solo a lo que los hombres y mujeres actuales tienen en común con los que recibieron la revelación original, sino también a las diferencias.

Por ejemplo, las muchas exhortaciones de Pablo a los esclavos tenían aplicación directa a los esclavos cristianos del primer siglo, y a los demás a través de la historia. Muchos de los principios tocantes a la relación esclavo-señor también pueden regir la relación empleado-patrón de hoy. Pero ignorar el hecho de que los empleados modernos no son esclavos de sus patrones conduciría a tremendos abusos de estos pasajes.

Denunciar a un miembro al sindicato obrero, por ejemplo, porque los esclavos deben «obedecer» a sus «amos» (Efesios 6.5) sería ignorar la diferencia entre los empleados y los esclavos.

Aplicar pasajes del Antiguo Testamento a audiencias actuales multiplica los problemas. El uso incorrecto de ese testamento ha tenido una historia muy lamentable. Un enfoque negativo puede ser usar esos pasajes como un test Rorschach[26] santificado. El intérprete alegoriza relatos del Antiguo Testamento para encontrar en ellos mensajes ocultos, que están enterrados no en el texto, sino en su propia mente.

Otro método inadecuado de tratar el Antiguo Testamento es usarlo solo como ejemplo o ilustración de ciertas doctrinas que aparecen en el Nuevo. Aquí la autoridad de lo que se predica no viene de la teología del Antiguo Testamento ni de las intenciones del escritor, sino enteramente de la teología del expositor, transportada al pasaje. Si se cuestiona al expositor sobre su falsa interpretación o aplicación, este apela no al pasaje que tiene delante, sino a alguno del Nuevo Testamento o a una teología que supone que él y sus oyentes comparten.

¿Cómo podemos proceder entonces al responder a esta tercera pregunta relativa al desarrollo: «¿Y qué?, ¿dónde está la diferencia?» Primero, la aplicación debe surgir del propósito teológico del escritor bíblico. John Bright explica cómo determinar esa intención: «El predicador necesita entender no solo lo que dice el pasaje, sino también aquellas preocupaciones que llevaron a escribirlo de esa manera. En consecuencia, su tarea exegética no está completa hasta que haya captado la intención teológica del texto. Hasta que no haga esto, no puede interpretar el pasaje, y puede llegar a hacerlo atrozmente atribuyéndole a sus palabras una intención muy diferente a la de su escritor.»[27]

No podemos entender ni aplicar un pasaje individual, sea del Antiguo o del Nuevo Testamento, hasta haber estudiado su contexto. Por ejemplo, lanzarse al análisis de un párrafo de Eclesiastés sin antes haber logrado una apreciación del libro en su totalidad, conduciría a muchas ideas inciertas y a aplicaciones devastadoras para la gente de hoy. Solo después de dominar el pasaje completo encontramos las claves para entender qué significan los mensajes menores, y por qué fueron escritos.

A continuación planteamos algunas preguntas que nos ayudan a descubrir el propósito teológico del autor:

1. *¿Hay en el texto alguna indicación de propósito, comentarios editoriales o afirmaciones interpretativas acerca de los sucesos?* En el libro de Rut, por ejemplo, el material del capítulo 4, versículos 11-21, provee un final feliz para una historia de inicios sombríos, y confirma la misericordiosa dirección de Dios en la vida de los personajes involucrados. Rut demuestra la providencia de Dios; y el tema de la amorosa guía del Señor; enfocado en la conclusión, está implícito en todo el libro, especialmente en las siete oraciones pidiendo bendición, y en la forma sencilla y ordinaria en que cada oración fue contestada. La acción de Dios está entretejida en el tapiz de los eventos cotidianos con tanta habilidad que, de primera intención, podemos no verlo actuar para nada. Solo cuando reflexionamos nos damos cuenta de que Él estaba actuando continuamente para satisfacer las necesidades y expectativas de la gente común.[28]

2. *¿Se emiten juicios teológicos en el texto?* Comentarios tales como: «En aquellos días no había rey en Israel; cada

uno hacía lo que bien le parecía»; dos veces en el libro de Jueces (17.6; 21.25), señalan por qué se registran estos relatos sórdidos como parte de la historia israelita. El relato del pecado de David con Betsabé y el asesinato de Urías fluye de la pluma del historiador de una manera natural hasta la afirmación de 2 Samuel 11.27: *«Mas esto que David había hecho, fue desagradable ante los ojos de Jehová».*

3. Los pasajes narrativos de la Biblia ofrecen dificultades especiales. En adición a las preguntas que normalmente surgen, deberíamos preguntar: *¿Se cuenta esta historia como ejemplo o como una advertencia? ¿De qué manera exactamente? Es este incidente una norma o una excepción? ¿Qué limitaciones deberían ponerse?*

4. *¿Cuál es el mensaje que se quería transmitir a aquellos a quienes fue dada la revelación originalmente, y además a las generaciones siguientes, las cuales el escritor sabía que la leerían?*

5. *¿Por qué el Espíritu Santo incluiría este relato en la Escritura?*

Deben plantearse otras preguntas para aplicar la Palabra de Dios a una audiencia contemporánea en una situación diferente de la de aquellos a quienes fue dada la revelación originalmente.

1. *¿Cuál fue el escenario de la comunicación en el que la Palabra de Dios llegó por primera vez? ¿Qué rasgos tienen en común los hombres y mujeres modernos con esa audiencia original?* Por ejemplo, Deuteronomio fue dado por Moisés a una nueva generación en el extremo del río Jordán. Los miembros de su audiencia creía en Yahweh y eran parte de una teocracia establecida por el pacto de Dios. Dios había hecho un trato con ellos el cual especificada en detalle las recompensas y los castigos por su obediencia o

su desobediencia. Todos ellos habían salido del desierto con Moisés y esperaban entrar en la tierra que Dios le prometió a Abraham.

Los cristianos de hoy no pueden identificarse directamente con esa nación de Israel. La iglesia no es ni una teocracia ni una nación. No obstante, somos creyentes en Yahweh y somos —en esta época— el pueblo de Dios, elegido por su gracia para ser testigos al mundo. Además, al igual que ellos, tenemos revelación de Dios, la cual espera que obedezcamos.

2. *¿En qué forma podemos identificarnos con los hombres y mujeres de la Biblia, según oyeron la Palabra de Dios y respondieron —o fracasaron en responder— en su situación?*

Aun cuando no podemos identificarnos con los israelitas entrando a la tierra de Canaán, ni con David reinando en Jerusalén, ni con la manera de vivir de un hebreo bajo la ley; compartimos una humanidad común con esos hombres y mujeres. Nos podemos identificar con sus reacciones intelectuales, emocionales y sicológicas ante Dios y hacia sus semejantes.

Es bueno recordar la observación de J. Daniel Baumann: «Somos muy parecidos a la gente del mundo antiguo. Es solo en algunos pensamientos superfluos, en ciertas creencias racionales, y en algunas disposiciones mentales que somos diferentes. En todas las realidades básicas del corazón somos idénticos. Estamos delante de Dios igual que la gente en todas las épocas. Experimentamos la culpa de David, la duda de Tomás, la negación de Pedro, la apostasía de Demas, quizás hasta el beso de Judas, el traidor. Estamos ligados, a través de los siglos, por las realidades y las ambigüedades del alma humana».[29]

Aunque parezca un tanto simplista, podemos concluir que en todos los relatos bíblicos Dios confronta a los hombres y mujeres, y que probablemente coincidamos en las respuestas que la gente da a Dios o a los demás, como individuos, grupo, o en ambas formas. Ese mismo Dios, cuya persona y carácter no cambian, se dirige a nosotros hoy en nuestras situaciones, y los principios y la dinámica involucrados en estos encuentros son muy semejantes a lo largo de toda la historia.

3. *¿Qué nuevas perspectivas hemos adquirido acerca del trato de Dios con su pueblo a través de la nueva revelación?* El escritor de novelas policiales, a menudo incluye en el primer capítulo de su historia incidentes que parecen irrelevantes o desconcertantes, pero cuyo significado se hace obvio en los últimos capítulos. Como la Biblia es válida en su totalidad, ningún pasaje debiera ser interpretado o aplicado en forma aislada de todo lo que Dios ha dicho.

4. *Cuando llego a comprender una verdad eterna, o un principio guiador, ¿qué aplicaciones específicas y prácticas tiene para mí y para mi congregación?* ¿Qué ideas, sentimientos, actitudes, o acciones debiera afectar? ¿Vivo yo mismo en obediencia a esta verdad? ¿Intento hacerlo? ¿Qué obstáculos impiden que mi congregación responda como debiera? ¿Qué sugerencias podrían ayudarla a responder como Dios quiere que lo haga?

Normalmente, el expositor comienza su estudio con un pasaje particular de las Escrituras, y la aplicación viene en forma directa o por implicación necesaria de ese pasaje. Sin embargo, si tiene que comenzar con alguna necesidad específica de su congregación y luego introducirse en la Biblia en busca de soluciones, entonces debe decidir primero qué pasajes tratan el asunto emergente.

Por medio de una exégesis particular de esos pasajes, explore luego el tema. Cuando la Biblia habla directamente de algo en una diversidad de pasajes, la aplicación y la autoridad también vendrán en forma directa de las Escrituras. Sin embargo, la aplicación resulta más complicada cuando nos enfrentamos a problemas que los escritores bíblicos no tuvieron.

Como Cristo Jesús es el Señor de la historia, los cristianos deben responder a las preocupaciones éticas y políticas actuales desde una perspectiva divina. Suponemos que el Espíritu Santo tiene cierta disposición para cuestiones como el aborto, los bebés probeta, el medio ambiente, el hambre en el mundo, el uso de la tecnología, o los planes de acción social del gobierno.

La Biblia no puede, ni lo hace —no obstante—, hablar a todas las situaciones morales o políticas y, en consecuencia, la autoridad en base a la cual creemos, votamos, o actuamos, no puede venir directamente de las Escrituras. En vez de eso, viene de manera indirecta y depende principalmente de la validez del análisis que haga el expositor de los temas, y de la aplicación de los principios teológicos. La forma en que se plantea una pregunta y a qué se le da más peso, puede producir resultados diferentes.

Varias preguntas pueden ayudarnos a probar lo correcto de nuestras conclusiones:

1. ¿He comprendido en forma correcta los hechos y formulado adecuadamente las preguntas relativas al asunto? ¿Se podrían plantear de otra manera las preguntas para que surjan otros asuntos?

2. ¿He determinado todos los principios teológicos que se deben considerar? ¿Qué peso le confiero a cada principio?

3. La teología que expongo, ¿es verdaderamente bíblica, derivada de una exégesis metódica y una correcta interpretación de los pasajes bíblicos? Valerse de textos para probar algo aquí, plantea un peligro especial. Esta práctica encuentra apoyo para una doctrina o posición ética, en pasajes sacados de su contexto o interpretados sin referencia al propósito del escritor.

Alexander Miller ofrece una visión de mucha ayuda para la formación de estos juicios morales y políticos: «Una decisión cristiana válida se compone siempre de dos elementos: *fe y hechos*. Es probable que sea válida en la medida en que la fe es aprehendida correctamente y los hechos son bien medidos».[30]

Dado que nuestro análisis de los hechos y la interpretación de la fe pueden diferir, los cristianos pueden están en desacuerdo en asuntos éticos y políticos. Sin embargo, a menos que luchemos con los hechos a la luz de nuestra fe, ninguna decisión que hagamos puede llamarse acertadamente cristiana.

Las tres preguntas relativas al desarrollo estimulan, pues, el pensamiento del expositor; y lo ayudan a decidir lo que debe decir acerca del pasaje. Las preguntas se construyen unas sobre otras. No nos preguntamos acerca de la validez de las ideas que no entendemos, y eso que no entendemos o no creemos, no produce una diferencia en nuestras vidas.

Aunque el predicador puede tratar las tres preguntas durante la preparación de su sermón, usualmente una de las tres predomina y determina la forma que tomará su mensaje. Todo eso lo conduce a su idea homilética, la que lo ocupará en la etapa siguiente.

ETAPA 5. A LA LUZ DEL CONOCIMIENTO Y LA EXPERIENCIA DEL AUDITORIO, REVISE LA IDEA EXEGÉTICA Y DEFÍNALA EN LA FRASE MÁS EXACTA Y MEMORABLE POSIBLE

A esta altura, el predicador ya conoce la dirección que deberá tomar su sermón y qué preguntas usará en su exposición del pasaje. Ahora debe afirmar la idea central, de modo que se relacione tanto con la Biblia como con su auditorio. Los publicistas saben que las ideas rara vez se toman completas, más bien se resumen a lemas. Ahora bien, aun cuando los lemas publicitarios casi nunca son otra cosa que burbujas de colores brillantes, el expositor no debe descuidar el impacto que produce una idea bien expresada.

Lo que pensamos significa más que cualquier otra cosa para nuestra vida, más que nuestra posición social, más que nuestra fortuna, más que el lugar donde vivimos, más que lo que los demás piensan de nosotros. Si esas ideas se expresan en frases memorables, es más probable que las personas piensen los pensamientos de Dios, vivan, amen y elijan, basadas en conceptos bíblicos.

Cuando una idea es un principio universal aplicable a cualquier persona o época, la expresión de la idea homilética puede ser idéntica a la exegética. Ese puede ser el caso, por ejemplo, de la introducción que hizo Jesús a la parábola del rico insensato. *«Mirad, y guardaos de toda avaricia; porque la vida del hombre no consiste en la abundancia de los bienes que posee»* (Lucas 12.15). Esa advertencia se aplica a los ciudadanos de cualquier cultura que se mantienen pensando en reunir más y más, de lo suficiente que ya tienen. Eso no necesita modificación.

Cuando el hombre sabio de Proverbios observa: *«La blanda respuesta quita la ira; mas la palabra áspera hace subir el furor»* (15.1); habla en términos que todos entendemos. Habacuc declara: *«El justo por su fe vivirá»* (2.4). Al decir esto, el profeta expresa una de las verdades básicas de la Escritura, un principio fundamental de la experiencia cristiana. Este solo necesita ser explicado —no expresado—, en otras palabras.

Otras ideas exegéticas se convierten en homiléticas haciéndolas precisas y personales. Por ejemplo, el concepto que está ligado a 1 Tesalonicenses 1.2-6 podría ser: Pablo daba gracias a Dios por los cristianos tesalonicenses; por los resultados que brotaban de su fe, su esperanza, y su amor, y por las evidencias de haber sido elegidos por Dios. Pero la idea para la predicación tiene que ser más sencilla y directa: *Podemos dar gracias a Dios por los cristianos; por lo que hacen por Dios y por lo que Dios hizo por ellos.*

La expresión exegética de 1 Timoteo 4.12-16 podría ser: *Pablo exhortaba a Timoteo a ganarse el respeto a su juventud siendo ejemplo en sus acciones y sus motivaciones, y siendo diligente en el ministerio público de las Escrituras.* La expresión homilética pudiera ser: *Los hombres jóvenes se ganan el respeto al dar atención a la vida personal y a la enseñanza.* Si este pasaje fuera la base de un sermón para seminaristas, la proposición podría ser más personal: *Ustedes pueden ganar respeto por su ministerio prestándose atención a sí mismos y a sus enseñanzas.*

A veces la idea homilética será más moderna y menos ligada a los términos del texto. Al exponer Romanos 1.1-17, James Rose lo expresa en una idea: *Cuando el efecto del evangelio es de suma importancia en la Iglesia, su fuerza es incontenible en el mundo.* Una exposición de Romanos 2.1-29 podría ser: *Aquellos que usan la ley como escalera al cielo, quedarán en el infierno.* En Romanos 6.1-14 Pablo encara una objeción obvia a la doctrina de la justificación por fe: tal recurso para declarar justas a las personas solo estimula el pecado.

El apóstol responde: *Tenemos que comprender que por medio de nuestra unión con Cristo Jesús en su muerte y resurrección hemos muerto a la ley del pecado y revivido para la virtud y la santidad* . Una expresión inolvidable de ese concepto sería: *No podemos vivir como antes, porque ya no somos las personas de antes.*

En la discusión de Pablo acerca de la carne sacrificada a los ídolos (1 Corintios 8), el apóstol aconsejó a los corintios a actuar principalmente en amor, no solo en base al conocimiento. El predicador moderno podría enmarcar el principio como sigue: *Cuando se trate de diversos asuntos morales, sea tolerante, actúe con amor.*

El punto central de la parábola del buen samaritano podría afirmarse así: *Su prójimo es cualquiera que necesita de su ayuda en cualquier situación que se encuentre.* Igualmente, la idea homilética en Santiago 1.1-16, tendrá una fuerte resonancia: *Su reacción ante las pruebas es cuestión de vida o muerte.* Un sermón acerca de Juan 3 podría sugerir esta proposición: *Incluso los mejores necesitan nacer de nuevo.*

El lenguaje usado en la idea homilética debe ser atractivo y convincente, sin ser sensacionalista. ¿Es una idea ingeniosa? ¿Capta la atención del oyente? ¿Es fácil de recordar? ¿Vale la pena recordarla? ¿Llega con eficacia a los hombres y mujeres modernos el lenguaje usado? Aunque en este punto entran los gustos personales, vale la pena hacerse estas preguntas.

Como la idea homilética surge después de un estudio intensivo del pasaje y un análisis extensivo del auditorio, lograr esa idea y expresarla creativamente es el paso más difícil en la preparación del sermón. Cuando la idea aflora en la mente del predicador «clara como una luna llena», es que ya tiene el mensaje para predicar.

Conceptos nuevos

Reafirmación
Tres preguntas relativas al desarrollo
Idea homilética

Definiciones

Tres preguntas relativas al desarrollo

1. ¿Qué significa esto? Explora la explicación.

2.¿Es verdad? ¿Lo creo realmente? Explora la validez.

3.¿Dónde está la diferencia? Explora las implicaciones y las aplicaciones.

Idea homilética: La expresión de un concepto bíblico de tal manera que refleje la Biblia correctamente y se relacione en forma significativa con la congregación.

Reafirmación: La expresión de una idea en términos diferentes para clarificarla o para grabarla en los oyentes.

Ejercicios

Determine el tema y el complemento de los siguientes ejercicios. Además, indique la pregunta operativa que cree que cada autor responde.

l. La razón por la que «no se pueden enseñar trucos nuevos a un perro viejo» no es que sea incapaz de hacerlos; es porque está muy contento con su dominio de los que ya sabe, y piensa que aprender otros es cosa de cachorros. Además, está ocupado pagando la hipoteca de su caseta de perro.

John W. Gardner

Tema:_____

Complemento:_____

_____

Pregunta operativa a la que responde:

2. La poderosa voz de Dios advierte acerca del juicio, y la misma voz expresa su compasión hacia los que se vuelven a Él en la forma en que Él lo determina. Tenemos que escucharlo con el mismo respeto que sentimos cuando observamos el poder del agua. La verdad que Él habla no es para que la juzguemos o la enmendemos. Debemos escucharla, absorberla, entenderla y acatarla.

Edith Schaeffer

Tema:_____

Complemento:_____

_____

Pregunta operativa a la que responde:

3. Lo mejor que puede hacer para mejorar su destreza en el golf este invierno es verse en el espejo. Un espejo grande es una ayuda valiosa en el aprendizaje. Con él puede hacer adelantos notables, particularmente en las posiciones de lanzamiento y tiro al hoyo.

New York Times

Tema:_____

Complemento:_____

_____

Pregunta operativa a la que responde:

4. Más contagiosa que los resfríos, más adictiva que las drogas, la radioafición ya afecta a más de 15 millones de norteamericanos, y si la tendencia actual continúa, pronto será tan popular como el sexo. En un tiempo confinada a camioneros y otros tipos incultos, ahora afecta a personas tan refinadas intelectualmente que solo ven Mary Hartman en la televisión.
Texas Monthly
Tema:_____
Complemento:_____
_____

Pregunta operativa a la que responde:

5. Un joven chino que quería aprender acerca del jade fue a estudiar con un talentoso maestro. Este señor puso un trozo de la piedra en la mano del muchacho y le dijo que la agarrara con fuerza. Luego comenzó a hablar sobre la filosofía, los hombres, las mujeres, el sol y casi todo lo que hay debajo de él. Después de una hora retiró la piedra de la mano del muchacho y lo envió a casa. Repitió este procedimiento durante varias semanas. El joven se sintió frustrado —¿Cuándo le hablaría sobre el jade?—, pero era demasiado educado como para interrumpir a su venerable maestro. Un día, cuando el hombre puso otra clase de piedra en sus manos, el muchacho exclamó al instante: «¡Esto no es jade!»
Tema:_____
Complemento:_____
_____

Pregunta operativa a la que responde:

6. Rudolph Feller recuerda a sus alumnos en Carnegie Mellon University que «la melodía solo existe en la memoria, porque en cualquier momento dado, escuchamos solo una nota de ella». La música es un arte acumulativo. Es un devenir de sonidos en el tiempo; cada sonido obtiene su significado de los anteriores. No es un arte para los que sufren de amnesia.
William Meyer

Tema:_____

Complemento:_____

_____

Pregunta operativa a la que responde:

7. Si el guardia de seguridad Frank Wills no hubiera notado una cerradura alterada en el edificio de Watergate, el 17 de junio de 1972, nunca habríamos sabido que en el círculo íntimo del gobierno de Nixon había quienes vivían según una escala de valores distinta de la que la mayoría de nosotros tenemos. ¿Quién puede decir hasta dónde habrían llegado los abusos de poder si no hubiera existido la oportunidad de que salieran a la luz pública?

Aunque uno puede argumentar de manera fidedigna que las políticas y programas fundamentales de gobierno no habrían cambiado mucho en términos de guerra, paz o economía; si la conspiración de Watergate no se hubiera descubierto, con seguridad que estaríamos más controlados por el gobierno que lo que estamos ahora [lo que llaman la ruta a Orwell 1984]. Pero como el pueblo norteamericano tuvo esta terrible muestra de abuso de poder gubernamental en un momento en que el gobierno centralizado, omnipresente e intruso, se convirtió en una preocupación general, tal vez estamos más lejos de 1984 hoy que hace diez o incluso veinte años atrás.
Elliot L. Richardson

Tema:_____

Complemento:_____

_____

Pregunta operativa a la que responde:

8. El trabajo actualmente ha perdido muchas de sus características tradicionales; lo mismo que el juego. Este se ha ido convirtiendo, cada vez, más en deporte organizado, y los deportes, a su vez, se parecen cada día más al trabajo, en su ardua práctica y entrenamiento, en la intensa intervención de entrenadores y atletas (con espíritu de trabajo), y en la productividad económica. En una paradoja final, solo aquellos deportes que comenzaron siendo trabajos —la caza y la pesca— están ahora dominados por el espíritu de juego.

Deporte y sociedad

Tema:_____

Complemento:_____

_____

Pregunta operativa a la que responde:

(Respuestas en el apéndice 1.)

Etapas en el desarrollo de mensajes expositivos

1. Selección del pasaje
2. Estudio del pasaje
3. Descubrimiento de la idea exegética
4. Análisis de la idea exegética
5. Formulación de la idea homilética
6. Determinación del propósito del sermón

Capítulo 5

El poder del propósito

¿Por qué predica usted este sermón? Esta pregunta obvia provoca muchas respuestas inadecuadas, como por ejemplo: «Cuando llegue el domingo a las 11 de la mañana, se espera que diga algo. Por eso predico». O bien: «La semana pasada terminé con Génesis 21, así que esta predicaré acerca de Génesis 22». A veces, hay mucha ambigüedad en la respuesta: «Predico este sermón porque quiero retar a la gente de mi iglesia».

Tales propósitos, usualmente implícitos —más que expresados—, producen sermones que se parecen a un pastel de limón cubierto de merengue que se nos cae: ¡Salpica por todas partes, pero no rompe nada!

No importa lo brillante o lo bíblico que sea nuestro sermón, sin un propósito concreto no vale la pena predicarlo. Además, el predicador no tendría una idea clara de por qué está hablando. Imagínese que le pregunta a un equipo de fútbol: «¿Cuál es el propósito del juego?» En un estadio se celebran muchas clases de actividades (atletismo, béisbol, softbol, etc.), pero la meta del equipo de fútbol es anotar puntos contra el equipo contrario. Un equipo que no piensa en eso constantemente solo juega para ejercitarse.

¿Por qué predicar este sermón? El predicador hace varias cosas cuando se enfrenta a su congregación: explica, da ejemplos, exhorta, interpreta, hace gestos, entre otras cosas. Pero pobre de aquel que no comprende que su sermón debe cambiar las vidas en alguna manera específica. A. W. Tozer nos brinda algunas palabras muy pertinentes:

> Hay pocas cosas tan simples e insignificantes como una doctrina bíblica que se enseñe por sí misma. La verdad divorciada de la vida no es verdad en el sentido bíblico, sino algo distinto y muy inferior. Ningún hombre es mejor porque sepa que en el principio Dios creó los cielos y la tierra. El diablo lo sabe, y también Acab y Judas Iscariote. Ningún hombre es mejor por el hecho de saber que Dios amó de tal manera al mundo que dio a su amado Hijo unigénito para morir por la redención de los hombres. En el infierno hay millones que lo saben. La verdad teológica es inútil si no se la obedece. El propósito tras toda doctrina es asegurar la conducta moral.[31]

ETAPA 6. DETERMINE EL PROPÓSITO DE SU SERMÓN

El propósito señala lo que uno espera que ocurra en el oyente como resultado de la predicación del sermón. El propósito difiere de la idea del sermón, como el blanco de la flecha; como viajar de estudiar el mapa; como preparar un pastel de leer la receta. La idea afirma la verdad mientras que el propósito define lo que esa verdad debe lograr.

Henry Ward Beecher entendió la importancia del propósito al declarar: «El sermón no es como un petardo, que se dispara por el ruido que produce. Es el rifle del cazador, y a cada disparo el cazador debiera procurar ver caer la presa». Eso supone, por supuesto, que el cazador sabe qué está cazando.

¿Cómo determina el expositor el propósito de su sermón? Lo hace descubriendo el propósito que subyace en el pasaje del cual está predicando. Como parte de su exégesis debiera preguntarse: ¿Por qué escribió esto el escritor? ¿Qué efecto esperaba que tuviera en sus lectores? Ningún escritor bíblico tomó su pluma para anotar unas cuantas «decisiones apropiadas» sobre un tema religioso. Todos escribieron para afectar vidas. Cuando Pablo le escribió a Timoteo, lo hizo *para que si tardo, sepas cómo debes conducirte en la casa de Dios, que es la iglesia del Dios viviente, columna y baluarte de la verdad»* (1 Timoteo 3.15).

Judas cambió el propósito de su carta después que se sentó a escribir. *«Queridos hermanos, he sentido grandes deseos de escribirles acerca de la salvación que tanto ustedes como yo tenemos; pero ahora me veo en la necesidad de hacerlo para rogarles que luchen por la fe que una vez fue entregada a los que pertenecen a Dios»* (Judas 3, VP).

Juan escribió su relato de la vida de Jesús para ganar creyentes en Jesús como «el Cristo, el Hijo de Dios» y para asegurar que los creyentes tengan «vida en su nombre» (Juan 20.31). Libros completos, lo mismo que las secciones de los libros, fueron escritos para hacer que ocurriera algo en el pensamiento y la conducta de los lectores.

En consecuencia, el sermón expositivo encuentra su propósito alineado con los propósitos bíblicos. El expositor debe descubrir primero por qué un pasaje particular fue incluido en la Biblia, y con esto en mente, decidir qué es lo que Dios quiere lograr a través del sermón en los oyentes de hoy.

Las Escrituras inspiradas se nos dieron para que pudiéramos ser «*perfectos, enteramente preparados para toda buena obra*» (2 Timoteo 3. 17). Se deduce de esto que un expositor debiera poner en palabras la calidad de vida o las buenas obras que tendrían que resultar de predicar y escuchar su sermón. Logramos nuestro propósito, le dijo Pablo a Timoteo, primero, enseñando la doctrina; segundo, refutando algunos errores en las creencias o las acciones; tercero, corrigiendo lo que está malo; y cuarto, instruyendo a la gente en la conducción adecuada de la vida.

Los educadores dicen que la afirmación de propósito eficaz va más allá del procedimiento y describe la conducta observable que debe resultar de la enseñanza. La afirmación de propósito no solo describe nuestro destino y la ruta que debemos seguir para llegar, sino también, en lo posible, nos dice cómo podemos saber si llegamos bien. Si no estamos seguros a dónde vamos, indudablemente arribaremos a cualquier parte.[32]

Roy B. Zuck reunió una lista valiosa de verbos y expresiones para determinar objetivos de conducta y para lidiar con conocimiento y comprensión (dominio cognoscitivo) así como con actitudes y movimientos (dominio afectivo). Esta lista puede verse más adelante, en la Tabla 1.

Aunque predicar difiere significativamente de dar una clase, determinar el propósito de un sermón, como si fuera un objetivo de instrucción, hace que el mensaje sea más directo y eficaz. A continuación algunos ejemplos de propósitos expresados en términos que se pueden medir:

· El oyente debiera entender la justificación por fe y ser capaz de escribir una sencilla definición de doctrina. (El oyente podrá escribirla o no, pero el predicador será mucho más específico si expone pensando que lo hará.)

· El oyente debiera poder enumerar los dones espirituales y determinar qué don le dio Dios.

· El oyente debiera poder escribir el nombre de al menos una persona que no sea cristiana, y decidir orar por ella cada día durante dos semanas. (Si alguien hace algo por dos semanas, tiene más posibilidades de seguir haciéndolo por varios meses.)

· Mis oyentes debieran identificar una situación moralmente indiferente en la que los cristianos no concuerdan y ser capaces de pensar cómo actuar en esa situación.

· La congregación debiera entender cómo los ama Dios y explicar por lo menos una forma en que ese amor les da seguridad.

· Los cristianos deben poder explicar lo que otros deberían creer para ser cristianos y planear hablar del Señor por lo menos a una persona durante la semana entrante.

· Los oyentes deberían estar convencidos de la necesidad de estudiar la Biblia, y deberían inscribirse en una clase bíblica de la iglesia, un estudio bíblico familiar, o un curso bíblico por correspondencia.

Expresar propósitos que describen resultados observables, obliga al predicador a reflexionar cómo deben cambiar las actitudes y la conducta. Eso, a su vez, le permitirá ser más concreto en la aplicación de la verdad a la vida.

El predicador escocés David Smith, describe el sermón como «un discurso que concluye con un movimiento». Un medio eficaz de incorporar el propósito al sermón consiste en escribir la conclusión pensando en el propósito. Nos concentramos mentalmente con más eficiencia si sabemos desde el comienzo qué es lo que pretendemos lograr.

Conceptos nuevos

Propósito
Resultados observables

Definiciones

Propósito: Lo que uno espera que ocurra como resultado de escuchar el sermón.

Resultados observables: El propósito del sermón expresado en términos de conducta observable.

Tabla 1

Si la meta es:	Conocimiento	Comprensión	Actitud	Habilidad
El verbo puede ser:	hacer una lista	discriminar	determinarse	a interpretar
	expresar	entre	desarrollar	aplicar
	enumerar	diferenciar	tener confianza en	internalizar
	recitar	entre	apreciar	producir
	recordar	comparar	estar convencido de	usar
	escribir	contrastar	ser sensible a	practicar
	identificar	clasificar	comprometerse con	estudiar
	memorizar	seleccionar	tener entusiasmo	solucionar
	conocer	escoger	con	experimentar
	rastrear	separar	desear	explicar
	delinear	evaluar	condolerse de	comunicar
	tomar conocimiento de	examinar	ver	asistir en
	familiarizarse	comprender	planear	orar por
	con	reflexionar sobre	sentirse satisfecho	
	enterarse de	considerar	por	
	definir	discernir		
	describir	entender		
	reconocer	descubrir		

113

Pasos en el desarrollo del mensaje expositivo

1. Selección del pasaje.

2. Estudio del pasaje.

3. Descubrimiento de la idea exegética.

4. Análisis de la idea exegética.

5. Formulación de la idea homilética.

6. Determinación del propósito del sermón.

7. Elección del método para lograr el propósito.

8. Bosquejo del sermón.

Capítulo 6

Formas que adoptan los sermones

Samuel Johnson señaló que «la gente necesita tanto que le informen como que le recuerden». A la luz de este consejo, hagamos una pausa para examinar el territorio que recorrimos. Al estudiar un pasaje, deberíamos determinar la idea exegética estableciendo claramente de qué hablaba el autor y qué decía acerca de eso que estaba hablando.

En un esfuerzo por relacionar la exégesis con la audiencia contemporánea, debemos someter a prueba la idea con tres preguntas de desarrollo: ¿Qué significa? ¿Es realmente cierto? ¿Qué diferencia hace? A partir de esto, formulamos una idea homilética que relaciona el concepto bíblico con el hombre y la mujer modernos. Además, establecemos un propósito para el sermón.

A esta altura, por lo tanto, debiéramos saber qué tenemos que predicar y por qué lo estamos predicando. Ahora, la pregunta que tenemos por delante es: ¿Qué se debe hacer con esta idea para llevar a cabo el propósito? ¿Qué forma adoptará el sermón?

ETAPA 7. AL PENSAR EN LA IDEA HOMILÉTICA, PREGÚNTESE CÓMO DEBE TRATARLA PARA CUMPLIR CON EL PROPÓSITO QUE USTED TIENE

Las ideas, básicamente, se desarrollan alineadas con los propósitos del sermón. De la misma manera que cualquier afirmación que hacemos se desarrolla a través de la explicación, la prueba o la aplicación, también las ideas de los sermones demandan explicación, validación o aplicación.

Una idea a explicar

Algunas veces, la idea debe ser explicada. Esto ocurre cuando el predicador quiere que su congregación entienda una doctrina de la Biblia. Una verdad correctamente comprendida lleva en sí su propia aplicación.

Si su automóvil, por ejemplo, se detiene porque un neumático se reventó, debe cambiarlo. Si no sabe cómo hacerlo, su mayor necesidad es una explicación clara. Parado al costado de la carretera, consciente de que el neumático está desinflado, usted escuchará con atención la instrucción para repararla.

Una vez que escucha la explicación, se supone que se motive a sacar las herramientas, levantar el automóvil, y emprender la tarea de cambiar el neumático desinflado por el de repuesto. Todo esto es para decir que ofrecerle a una audiencia una clara explicación de un pasaje bíblico puede ser la contribución más importante que el expositor puede hacer en su sermón.

Una fórmula para desarrollar un sermón que debiera respetarse, dice: «Dígales lo que les va a decir; dígales lo que les está diciendo; luego dígales lo que les ha dicho». Si nuestro propósito requiere que expliquemos un concepto, ese es un espléndido consejo. En la introducción a ese sermón expresamos la idea en forma completa; en el desarrollo la separamos y la analizamos; y en la conclusión la volvemos a repetir. En verdad, tal desarrollo gana en claridad lo que pierde en suspenso.

A manera de ejemplo, Alexander Maclaren predicó un sermón para explicar Colosenses 1.15-18:

«Él es la imagen del Dios invisible, el primogénito de toda la creación. Porque en Él fueron creadas todas las cosas, las que hay en los cielos y las que hay en la tierra, visibles e invisibles; sean tronos, sean dominios, sean principados, sean potestades; todo fue creado por medio de Él y para Él. Y Él es antes de todas las cosas, y todas las cosas en Él subsisten; y Él es la cabeza del cuerpo que es la iglesia, Él que es el principio, el primogénito de entre los muertos, para que en todo tenga la preeminencia» *(RVR)*.

En el sermón, Maclaren afirma: «Mi tarea no es tanto probar las palabras de Pablo como explicarlas, y luego grabarlas en la mente de los que las oyen». *Su «sujeto» es por qué Jesús es supremo en todo por sobre todas las criaturas, y su «complemento» se debe a su relación con Dios, con la creación, y con la iglesia.* Al desarrollar esta idea a través de la explicación, Maclaren se propone motivar a los cristianos a hacer a Cristo relevante en sus vidas.

¿Cómo, entonces, desarrolla su sermón? Presenta su idea dos veces en la introducción. «Cristo», declara, «llena el espacio entre Dios y el hombre. No hay necesidad de tener una multitud de seres oscuros para vincular el cielo con la tierra. Cristo Jesús apoya sus manos en ambos. Él es la cabeza y la fuente de la vida para su Iglesia. Por lo tanto, es el primero, entre todo, a ser escuchado, amado, y adorado por los hombres». El sermón completo no dirá más que eso.

En el párrafo siguiente, Maclaren presenta la idea en forma abreviada, por segunda vez: «Aquí hay tres grandes concepciones en cuanto a las relaciones de Cristo. Tenemos a Cristo y a Dios, a Cristo y la creación, a Cristo y la Iglesia, y levantada sobre todo ello, la proclamación triunfante de su supremacía por sobre todas las criaturas en todos los aspectos».

En el cuerpo o desarrollo propiamente del sermón, Maclaren explica qué conllevan esas relaciones. Ajustado al bosquejo, el sermón procede de la siguiente manera:

I. La relación de Cristo con Dios es que Él es «la imagen del Dios invisible» (Colosenses 1.15).
   A. Dios, en sí mismo, es inconcebible e inalcanzable.
   B. Cristo es la manifestación y la imagen perfecta de Dios.
      1. En Él, el invisible se hace visible.
      2. Solo Él provee de una certeza lo suficiente mente firme como para que encontremos un poder que nos sostenga en contra de las pruebas de la vida.
II. La relación de Cristo con la creación es que Él es «el primogénito de toda creación» (Colosenses 1.15-17).
   A. Cristo es el agente de toda creación, y las frases que Pablo usó implican prioridad de existencia y supremacía sobre todo.
   B. Cristo sostiene una variedad de relaciones con el universo; esto se desarrolló a través de las diferentes proposiciones que Pablo usó.
III. La relación de Cristo con su Iglesia es que Él es «la cabeza del cuerpo que es la Iglesia, Él que es el principio, el primogénito de entre los muertos» (Colosenses 1.18).
   A. Lo que la Palabra de Dios antes de la encarnación era para el universo, es el Cristo encarnado para su Iglesia. Él es el «primogénito» para ambos.

B. Como «la cabeza del cuerpo», Él es la fuente y el centro de la vida de la Iglesia.

C. Como el «principio» de su iglesia a través de su resurrección, Él es el poder por el cual la iglesia comenzó y por el que será levantada.

Conclusión: «El apóstol concluye que en todas las cosas, Cristo es primero —y todas las cosas se disponen de tal manera que Él *pueda* ser primero. Ya sea por naturaleza o por gracia, la pre-eminencia es absoluta y suprema... De manera que la mayor de las preguntas para todos es: "¿Qué piensa acerca de Cristo?" "¿Es Él *algo* más que un nombre?" Somos felices si le damos a Jesús la preeminencia, y si nuestros corazones lo colocan a "Él primero, último, en el medio y sin fin"».[33]

En todo este sermón, Maclaren hace poco más que responder la pregunta: ¿Qué significa este pasaje?

Una proposición a comprobar

No obstante, los sermones adoptan otras formas y, algunas veces, una idea no requiere explicación, sino prueba. Cuando este es el caso, la idea aparece en la introducción, pero como una pro-posición que el predicador va a defender. El desarrollo de este sermón demanda verificación: ¿Es cierto? ¿Por qué debiera creer-lo? Dado que la postura del predicador se asemeja a la de uno que debate, los puntos se transforman en *razones* o *pruebas* a favor de su idea.

Un ejemplo de un sermón en el que una proposición se prue-ba puede tomarse de 1 Corintios 15.12-19, donde Pablo argu-menta la resurrección del cuerpo. En el contexto, el apóstol sos-tiene que los corintios no pueden creer que Jesús se levantó de los muertos y continúan manteniendo que no hay tal cosa como resurrección.

El sermón acerca de los versículos 12-19 defenderá la posición: *La fe cristiana carece de valor a menos que los cristianos se levanten de los muertos.* El predicador tiene que convencer a sus oyentes de que la doctrina de la resurrección es central para el cristianismo. La idea se expresa en la introducción, y los puntos principales la defienden con una serie de argumentos. El bosquejo del sermón podría ser:

I. Si los cristianos no resucitan, el contenido de la fe cristiana pierde su validez (vv. 12-14).
   A. Si los muertos no resucitan, se deduce que Cristo no resucitó.
   B. Si Cristo no resucitó, el evangelio es un engaño.
   C. Si el evangelio es un engaño, nuestra fe en ese evangelio no tiene sustancia.

(Una segunda razón de por qué la fe cristiana no tiene valor a menos que los cristianos resuciten...)

II. Si los cristianos no resucitan, los apóstoles eran unos mentirosos despreciables (v. 15).
   A. Como todos los apóstoles predicaron la resurrección de Jesús, la cual no pudo haber ocurrido si es que no hay resurrección, ellos eran entonces: «falsos testigos».
   B. Son culpables de la peor clase de falsedad, ya que dieron un testimonio falso de Dios, el cual, según pretendieron, levantó a Jesús de los muertos.

(Un tercer argumento de por qué la fe cristiana no tiene valor sin la resurrección...)

III. Si los cristianos no resucitan, entonces la fe cristiana
es fútil (vv. 16-17).

A. Si la resurrección de Cristo no ocurrió —lo cual
sería el caso si no hubiera resurrección de los
muertos—, entonces los efectos que se le atribuyen
no serían válidos.

B. Los cristianos, por lo tanto, están todavía en pecado.

Un Salvador muerto no es ningún salvador.
(Un cuarto argumento a ser considerado...)

IV. Si los cristianos no resucitan, los cristianos no tienen
esperanza (vv. 18-19).

A. Si no hay resurrección, Jesús no fue levantado, y su
muerte no logró nada.

B. La consecuencia sería que los santos muertos «han
perecido».

C. Los cristianos que sufren por Cristo anticipando una
vida venidera merecen lástima. Sin resurrección la
esperanza que los sostiene es solo una expresión de
deseo.

Conclusión: La resurrección de los muertos es una doctrina
crucial del cristianismo. Si cae, todo el sistema de la fe cristiana se
derrumba junto con ella, y el evangelio y sus predicadores no ofre-
cerían nada al mundo. Dado que Cristo fue levantado, no obstante,
la creencia en la resurrección y la fe cristiana descansan sobre un
fundamento fuerte.

Al principio, la idea explicada y la comprobada parecen idén-
ticas, ya que ambos sermones la destacan en la introducción y
luego la desarrollan. Lo que, no obstante, debe reconocerse es que
los sermones toman diferentes direcciones para lograr diversos
propósitos.

Un principio para aplicar

Un tercer desarrollo surge de la cuestión de la aplicación: ¿Y qué? ¿Qué diferencia hace? En este tipo de sermón, el expositor establece un principio bíblico, ya sea en su introducción como en su primer punto principal, y en el resto de su mensaje explora las implicaciones de ese principio.

El bosquejo de un sermón diseñado para aplicar un principio se puede extraer de 1 Pedro 2.11—3.9. La introducción al sermón plantea cómo nuestras actitudes determinan una acción y luego formula: Como hombres y mujeres cristianos ¿cuál debería ser nuestra actitud en un mundo que no es amigo de Dios ni de la gracia? El propósito subyacente al sermón es *que los cristianos desarrollen un espíritu de sumisión en sus relaciones sociales.* El principio a aplicar aparece en el primer punto.

I. Por amor a Dios debemos estar sujetos a todas las instituciones humanas (2.11-12,21-25).
   A. La sujeción trae gloria a Dios (2.11-12).
   B. Cristo ilustra la sujeción aun a instituciones que le hicieron daño (2.21-25).
      1. Él era completamente inocente (v.22). -
      2. Permaneció en silencio y se encomendó a Dios (v.23).
      3. Sus sufrimientos fueron redentores (vv. 24-25).

(¿Qué diferencia debe hacer este principio en la vida cotidiana?)

II. Este principio de asumir un espíritu de sumisión por amor a Dios nos debe gobernar en nuestras relaciones sociales (2. 13-20; 3.1-7).
   A. Por amor a Dios debemos someternos a los líderes civiles (2.13-17).

B. Por amor a Dios debemos someternos a nuestros empleadores (2.18-20).

C. Por amor a Dios debemos someternos a nuestros cónyuges (3.1-7).

   1. Las esposas deben tener un espíritu de sumisión a sus maridos (vv. 1-6).

   2. Los maridos deben tener un espíritu de sumisión a sus esposas (v. 7).

Conclusión: «Finalmente, sed todos de un mismo sentir, compasivos, amándoos fraternalmente, misericordiosos, amigables; no devolviendo mal por mal, ni maldición por maldición, sino por el contrario, bendiciendo, sabiendo que fuisteis llamados para que heredaseis bendición» (3.8-9).

Un tema a completar

Un cuarto modelo presenta solo el tema en la introducción —no la idea entera—, y los puntos principales lo completan. Sin duda, este tipo de desarrollo que completa el tema es el más común; por eso atrae a muchos predicadores que casi nunca lo varían.

El sermón diseñado de esta manera en manos de un predicador hábil, puede tener un matiz tenso y un fuerte clímax.

James S. Stewart, en una exposición de Hebreos 12.22-25, presenta un caso de estudio. En la introducción, Stewart establece su tema. «El escritor de Hebreos», dice Stewart, «está diciendo cinco cosas acerca de nuestra comunión cristiana cuando adoramos en la iglesia». El propósito del sermón es «hacer que nos percatemos de las riquezas de nuestra herencia cuando nos congregamos en nuestros lugares de adoración». Una vez expresado el tema, cada punto en el cuerpo contribuye a completarlo.

I. Es una comunión espiritual: «Os habéis acercado al monte de Sion, a la ciudad del Dios vivo, Jerusalén la celestial» (v. 22). Los cristianos tienen contacto directo con ese mundo espiritual visible, el cual es la única realidad definitiva.

(«Paso al segundo asunto que destaca nuestro texto con respecto a la comunión en la adoración».)

II. Es una comunión universal: «La congregación de los primogénitos que están inscritos en los cielos» (v. 23). Los cristianos son miembros de la comunidad más grande de la tierra: la Iglesia universal.

(«Paso a la tercera descripción que el autor da acerca de nuestra comunión en la adoración».)

III. Es una comunión inmortal: «A la compañía de muchos millares de ángeles... a los espíritus de los justos hechos perfectos» (vv. 22-23). Cuando los cristianos están en adoración, sus seres queridos del otro lado están cerca de ellos y una nube de testigos los rodea.

IV. Es una comunión divina: «A Dios el Juez de todos... a Jesús el Mediador del nuevo pacto» (vv. 23-24). En la adoración de usted, Él les dice a ellos —llegando al propio meollo del asunto—: Ustedes han venido a Dios revelado en Cristo.

(«Agrega otro hecho más acerca de nuestra comunión de adoración y así termina».)

V. Es una comunión redentora: «Y a la sangre rociada
    que habla mejor que la de Abel» (v.24). «Cuando
    nuestros pecados piden a gritos castigo y venganza
    por parte de Dios, también ocurre algo más: la san-
    gre de Cristo clama más fuerte, reprime y silencia
    el grito mismo de nuestro pecados, y Dios —por
    Cristo— perdona».[34]

Stewart no plantea ninguna conclusión formal; al contrario, su
punto final sirve para terminar su sermón de manera eficaz. Observe que cada punto independiente no se relaciona con el anterior sino
con el tema que completa.

Una historia para contar

Los sermones también comunican ideas si el expositor relata
una historia bíblica con creatividad e imaginación. Desafortunada-
mente, debido a cierto razonamiento tortuoso nos hemos persuadido de que las historias son para los niños y que los adultos obtienen
sus principios directamente, sin ningún matiz azucarado. Por lo tanto,
las relegamos a la infancia o solo las usamos durante las vacaciones
como una forma de pasar el tiempo.

Deberíamos revisar y aumentar las calificaciones que les asig-
namos a las historias si observamos cuánto nos impactan a todos.
La televisión está llena de ellas —algunas falsas, otras sombrías,
unas débiles, otras que valen la pena—, sin embargo los dramas
televisivos atraen a la audiencia y modelan sus valores. El futuro de
nuestra cultura puede depender de las historias que captan la imaginación y la mente de esta generación y sus niños.

Cualquiera que ame las Escrituras debe valorar la historia, porque —aparte de todo—, la Biblia es un libro de relatos. La teología
del Antiguo Testamento viene envuelta en narraciones de hombres y

mujeres que corrían a arreglar sus dioses hechos de manos y de otros que tomaban a Dios lo suficientemente en serio como para dar sus vidas por Él.

Cuando Jesús apareció, vino contando historias y la mayoría de ellas son parte del folklore del mundo. En realidad, era un narrador tan brillante, que a veces obviamos la profunda teología que contienen sus relatos, como el del pródigo rebelde y su hermano insufrible, el de los píos fariseos, el del tesoro enterrado, y el del negociante que tuvo una cita inesperada con la muerte.

La predicación narrativa, sin embargo, no repite meramente los detalles de una historia como contando un chiste gastado y sin propósito. A través del relato, el predicador comunica ideas. En un sermón narrativo, como en cualquier otro, la idea principal continúa siendo sostenida por otras ideas, pero el contenido que sostiene a esos puntos se extrae directamente de los incidentes en la historia. En otras palabras, los detalles de la historia se entretejen para construir un punto, y todos los puntos desarrollan la idea central del sermón. Las narraciones parecen más eficientes cuando la audiencia oye la historia y llega a la idea del orador sin que este la exprese directamente.

El director cinematográfico Stanley Kubrick discutió el poder de la idea indirecta en una entrevista publicada en *Time*: «La esencia de la expresión dramática es permitir que la idea llegue a la gente sin exponerla de manera llana. Cuando usted dice algo en forma directa, simplemente no es tan potente como cuando permite que la gente lo descubra por sí misma».[35]

Sea que se expresen los puntos o solo se impliquen, ello depende de la habilidad del predicador, del propósito del sermón y de la lucidez de la audiencia. En cualquier caso, la historia debe desplegarse de tal manera que los oyentes se identifiquen con las ideas, motivaciones, reacciones y racionalizaciones de los personajes bíblicos, y en el proceso se involucren con ellos tanto como puedan.

Otras formas que adoptan los sermones

En una organización inductiva, por otra parte, la introducción presenta solamente el primer punto del sermón, luego, con una transición brusca, cada nuevo punto se une al anterior hasta que la idea emerge en la conclusión (véase figura 1). Los sermones inductivos también pueden surgir de una serie acumulativa de ejemplos que, al ser tomados en conjunto, conducen a un principio general.

Los sermones inductivos producen una sensación de descubridores en los oyentes, como si arribaron a la idea por sí mismos. La inducción es particularmente eficaz con audiencias indiferentes u hostiles, dadas a rechazar la propuesta del predicador si la presenta al principio del sermón.

Cuando Pedro se dirigió al gentío en Pentecostés —la misma multitud que crucificó a Jesús— empleó un enfoque inductivo que Dios usó para llevar a cinco mil a aceptar a Jesús como Mesías y Señor.

La inducción y la deducción pueden combinarse en un sermón. El expositor desarrolla su introducción y el primer punto inductivamente, llegando así a la expresión de su idea. Luego, el resto del sermón continúa deductivamente para explicar, probar o aplicar la idea.

Una variación del arreglo inductivo-deductivo lo constituye la exploración de un problema. Dentro de la introducción y del primer punto, el predicador identifica un problema ético o personal, explora sus raíces y tal vez discute soluciones inadecuadas.

En el segundo punto, propone un principio o acercamiento bíblico al problema, y a lo largo del resto del sermón, lo explica, lo defiende o lo aplica. Una categoría especial en cuanto a un sermón que explora un problema es la predicación acerca de situaciones cotidianas.

En la introducción, el predicador discute —en términos personales—, una cuestión, problema o experiencia asombrosa como la depresión o la aflicción. Luego, puede demostrar que ese caso específico, en realidad, refleja un problema teológico o filosófico más amplio. Finalmente, ofrece una solución bíblica en una forma práctica y factible. El sermón, por lo tanto, llega a ser un proyecto que construye un puente que une la brecha entre las necesidades personales, por un lado, y la verdad escritural, por otro.

Los sermones pueden asumir muchas formas, y las que hemos analizado no deben considerarse exclusivas. El zapato no debe decirle al pie cuánto debe crecer: de ahí que se debería permitir que las ideas y los propósitos tomaran sus propias formas en la mente del predicador.

Para probar una forma de exponer sermones se deberían hacer al menos dos preguntas: 1) ¿Comunica este desarrollo lo que el pasaje enseña? 2) ¿Cumplirá mi propósito con la audiencia? Si comunica el mensaje, úsela por todos los medios; si es un obstáculo, diseñe una forma más acorde con la idea y el propósito de la Escritura.

ETAPA 8. DESPUÉS DE DECIDIR CÓMO DESARROLLAR LA IDEA PARA CUMPLIR CON SU PROPÓSITO, BOSQUEJE EL SERMÓN

Cuando un arquitecto diseña un edificio comienza con un concepto derivado de su función (para qué se va a usar el edificio) y su forma (qué aspecto tendrá). Para construirlo, el arquitecto vierte su idea en un plano que muestre en detalle cómo va a trasladar el concepto al acero, a la piedra y al vidrio.

El predicador, una vez que deriva un concepto de la información bíblica y la necesidad de la audiencia, debe trazar un plano: el bosquejo de su sermón. Aunque el contenido puede existir sin cierta forma, la estructura le da al sermón un aspecto de orden, unidad y progreso. En verdad, ningún sermón ha fallado jamás porque poseyera un bosquejo fuerte.

El bosquejo, por lo tanto, cumple por lo menos con cuatro propósitos. Primero, clarifica a la vista y mente del orador las relaciones entre las partes del sermón. Segundo, el orador tiene una visión de su sermón como un todo y por eso realza su sentido de unidad. Además, el bosquejo cristaliza el orden de las ideas de manera que el oyente las reciba en una secuencia apropiada. Por último, el predicador reconoce las partes del bosquejo que requieren material adicional que sirva de fundamento para desarrollar sus puntos.

Algunas veces, la distribución de las ideas en el pasaje deberá ser alterada en el bosquejo. Debido a sus lectores, el escritor bíblico puede seguir un orden inductivo; pero en cuanto a sus oyentes, el expositor puede seleccionar un plan deductivo. Los sermones sobre las epístolas se pueden bosquejar más fácilmente que los poemas, las parábolas o las narraciones.

A menos que el predicador sea flexible en sus formas de comunicar el texto, le será imposible cumplir su propósito con la audiencia. El expositor que trata el epílogo de Proverbios, por ejemplo, descubrirá que el pasaje no se puede bosquejar con lógica. Proverbios 31.10-31 consiste en un acróstico hebreo, que describe las cualidades de una buena esposa desde la *Aleph* a la *Tau*, la A a la Z del alfabeto hebreo. Aunque es una eficaz manera de memorizar para el lector hebreo, este acróstico se torna sin sentido para las personas de habla castellana. Para enseñar este pasaje, el predicador debe imponer su propio bosquejo sobre el tema.

Los bosquejos casi siempre consisten de una introducción, un cuerpo y una conclusión. Las introducciones (que se discutirán en mayor detalle) presentan el tema, la idea o el primer punto del sermón. Después, el cuerpo elabora la idea. La conclusión (que también se tratará luego) se concentra en la idea y termina el sermón.

No todos los puntos del sermón tienen igual importancia. Algunos son más esenciales que otros. Los más importantes se transforman en los puntos principales, y constituyen la estructura básica alrededor de la cual se construye el sermón. Estos puntos principales se designan con números romanos en el cuerpo del mensaje. Por ejemplo:

I. Deberíamos alabar a Dios porque Él nos eligió en Cristo (Efesios 1.4-6).

II. Deberíamos alabar a Dios porque nos trata de acuerdo a las riquezas de su gracia (1.7-12).

III. Deberíamos alabar a Dios porque nos selló con el Espíritu Santo hasta que tengamos plena posesión de nuestra herencia (1.13-14).

Simplemente enumere los puntos principales, sin desarrollar el sermón, ya que requieren explicación, y algunos necesitarán elaboración adicional mediante otros subpuntos. Estos se indican con una letra mayúscula, y deben estar sangrados.

I. Deberíamos alabar a Dios porque Él nos eligió en Cristo (Efesios 1.4-6).
   A. Nos eligió antes de la fundación del mundo (v. 4).
   B. Nos eligió porque nos hizo hijos a través de la adopción.
   C. Nos eligió para que lo alabáramos por su gracia.

Agregar estos subpuntos mejora el bosquejo haciendo que el desarrollo sea más claro y específico. El bosquejo puede ser aun más completo si presenta detalles que apoyen los puntos secundarios. Usualmente el número arábigo un poco más sangrado revela dependencia de los puntos principales y los subpuntos. Véase el siguiente ejemplo:

II. Deberíamos alabar a Dios porque nos trata de acuerdo a las riquezas de su gracia (1.7-12).
   A. Redimió nuestros pecados con la sangre de Cristo (v. 7).
   B. Nos dio sabiduría para conocer el misterio de su voluntad (vv. 8-9).
      1. Su voluntad, según su beneplácito, era llevarnos a Cristo (vv. 9, 10).

2. Al mismo tiempo, se propuso llevar todas las cosas a Cristo (v. 10).

Con cada expansión del bosquejo, la sustancia del sermón se hace más obvia. Un individuo que nunca haya visto el pasaje, podría leer el bosquejo y tener una idea de la forma en que el orador organiza y desarrolla el sermón.

Si se necesita un desarrollo adicional, se ha de indicar con el uso de letras minúsculas y su respectiva sangría. El bosquejo de un sermón, comparado con el de una tesis o el de un trabajo de investigación, debería ser simple y claro, y tener relativamente pocos puntos.

Un bosquejo complicado, dividido en varias otras partes con sangrías, puede impresionar a la vista, pero dejará perpleja a la audiencia que deba escucharlo.

Dado que cada punto en el bosquejo representa una idea, esta debe expresarse en una oración gramaticalmente completa. Cuando aparecen palabras o frases como puntos, resultan engañosas porque son incompletas o vagas. Las afirmaciones parciales hacen que el pensamiento se escurra en nuestra mente como si fuera una pelota de fútbol engrasada. Aunque el predicador lleve al púlpito un bosquejo abreviado, le resultará un fracaso si lo usa al estudiar.

Cada punto debería ser una afirmación, no una pregunta. Estas no muestran relaciones, porque no son ideas. Los puntos en el bosquejo deberían responder preguntas, no formularlas. Las preguntas pueden usarse al dar un sermón, como transiciones para introducir nuevos puntos. Tales preguntas transitorias preceden al punto y se colocan entre paréntesis.

Aunque el predicador vea su bosquejo en una página frente a él, la congregación solo oirá su contenido. No va a oír a un bosquejo. Este hecho obvio hace que las expresiones transitorias sean particularmente significativas, ya que señalan relaciones entre las partes y el todo.

Las transiciones cuidadosamente construidas ayudan al oyente a pensar con el orador, de manera que se desplacen juntos por el sermón. Una transición eficaz notifica a la audiencia que el predicador va a continuar. Puede repasar lo dicho, identificar el pensamiento que viene, relacionar lo dicho con el tema o idea principal e interesar al oyente en el nuevo pensamiento.

Dado que las transiciones claras no surgen con facilidad en el momento, deben ser planeadas de antemano. Algunas veces se expresa la idea previa y la que sigue: «Nuestra adoración no es solo una comunión divina, también es redentora». Otras veces, si explicamos el punto anterior completo, omitiremos el repaso. Aquí debe entrar en escena una frase transicional: «Pero el autor nos dice algo más acerca de nuestra adoración: es una comunión redentora».

No importa cómo lo hagamos, las transiciones expresan o implican la conexión lógica o sicológica entre la introducción y el cuerpo; los puntos dentro del cuerpo, y la conclusión. Ellas responden a la pregunta: ¿Por qué estos puntos van en este orden? Algunas transiciones logran esto con una sola palabra u oración, pero otras requieren un párrafo para establecer la unidad, el orden de los puntos y el movimiento del sermón. Aunque deberían escribirse e incluirse en el bosquejo, las frases transitorias —con frecuencia—, se ampliarán aún más en el momento mismo de predicar el sermón.

Conceptos nuevos

Algunas formas que adoptan los sermones:

una idea a explicar
una proposición a comprobar
un principio para aplicar
una historia para contar
un tema a completar
Ordenamiento deductivo
Ordenamiento inductivo
Bosquejo
Transición

Definiciones

Ordenamiento deductivo: La idea aparece como parte de la introducción y el cuerpo la explica, la prueba o la aplica.

Idea explicada: La introducción presenta solo el primer punto en el sermón. Luego, con una transición fuerte, cada nuevo punto se une al anterior hasta que la idea emerge en la conclusión.

Bosquejo: Muestra al orador la relación entre las ideas del sermón. De un vistazo, puede decir cuáles son las superiores, las subordinadas y las coordinadas.

Principio aplicado: La idea se expresa en la introducción o en el primer punto como un principio de fe o vital. El resto del sermón aplica ese principio a la experiencia diaria.

Proposición probada: La idea se expresa en la introducción como la proposición de un debate. Los puntos son las pruebas de esa proposición.

Historia relatada: Es un relato escritural narrado de tal manera que la idea se desarrolla directamente o por inferencia.

Tema completado: El tema del sermón aparece en la introducción. Los puntos principales del sermón son complementos del tema.

Transición: Es lo que notifica a la audiencia que el predicador continúa, al expresar (u ocasionalmente implicar) la conexión lógica o sicológica entre la introducción y el cuerpo, entre los puntos del cuerpo, y entre el cuerpo y la conclusión.

Etapas en el desarrollo de mensajes expositivos

1. Selección del pasaje.

2. Estudio del pasaje.

3. Descubrimiento de la idea exegética.

4. Análisis de la idea exegética.

5. Formulación de la idea homilética.

6. Determinación del propósito del sermón.

7. Elección del método para lograr el propósito.

8. Bosquejo del sermón.

9. Desarrollo del bosquejo del sermón.

Capítulo 7

Déles vida a los huesos secos

Los bosquejos son el esqueleto del pensamiento, y en muchos sermones, como en la mayoría de los cuerpos, los esqueletos no están totalmente ocultos. Sin embargo, no debemos exponer el bosquejo en una presentación pública, como si fuera la «Muestra C: Víctima de hambre del Holocausto». La manera más eficaz de ocultar los huesos desnudos de un sermón no es deshaciéndose del esqueleto sino cubriéndolo con carne. El material de apoyo es al bosquejo lo que la piel a los huesos o las paredes a la estructura de una casa.

ETAPA 9. LLENE EL BOSQUEJO CON MATERIAL DE APOYO QUE EXPLIQUE, DEMUESTRE, APLIQUE O AMPLÍE LOS PUNTOS

La audiencia no responde a ideas abstractas, ni nadie se mueve a la acción con solo leer un bosquejo. Si este no se desarrolla, los oyentes no captarán su sentido y seguirán sin convencerse. A medida que se desarrolla el sermón, los oyentes se formulan varias preguntas: «¿Qué querrá decir con eso? ¿Qué evidencias tendrá de eso en la vida diaria? Parece interesante, pero ¿cómo funcionaría eso en la vida diaria?» Para clarificar, ampliar, demostrar o aplicar sus ideas y hacerlas comprensibles y atractivas, el predicador usa una variedad de elementos de apoyo.

Reafirmación

La reafirmación usa el principio de la repetición para afirmar una idea «en otras palabras». Esto tiene dos propósitos básicos: aporta claridad, y graba la verdad en el oyente. Los oyentes, a diferencia de los lectores, tienen que captar lo que se dice, en el momento en que se lo dicen. No pueden volver atrás y escucharlo nuevamente. Si no nos entienden la primera vez, tenemos que volver a decirlo para hacernos entender. Clovis G. Chappel usa la reafirmación en la introducción a un sermón sobre la mujer descubierta en adulterio:

Los eruditos dudan que esta historia pertenezca al registro sagrado. Unos piensan que no pertenece totalmente. Que se omite en algunos de los antiguos manuscritos. Sin embargo, hablando no como erudito sino como un sencillo lector de la Biblia, estoy seguro de que en verdad pertenece a ella. Siento que es una historia verídica. Y si no es verdadera, es un relato del que la verdad misma puede aprender. No solo es cierta esta historia sino que, a mi juicio, es real. Es el registro de un hecho que realmente ocurrió. En realidad, habría hecho falta un supergenio para inventar una historia tan fiel a la vida. Ciertamente, es congruente con lo que sabemos de los escribas y los fariseos; y es más consecuente aun con lo que sabemos de Jesús mismo.[36]

La reafirmación graba la verdad en el oyente. Si decimos algo una vez, es posible que lo ignore, pero si lo repetimos varias veces, se grabará en su pensamiento y en su sentimiento. Los publicistas invierten millones de dólares en reafirmar sus ideas por la radio, la televisión y los periódicos. Peter Marshall recalca una idea por medio de la reafirmación en su sermón: «El arte de mover montañas»:

Estoy seguro de que cada uno de ustedes ha leído esta afirmación muchas veces:

«La oración cambia las cosas»

La han visto pintada en los cuadros que adornan las paredes de nuestras aulas de la Escuela Dominical; la han visto impresa en pequeñas placas metálicas; la han leído en la Biblia; la han escuchado desde el púlpito tantas veces... Pero, ¿la creen? ¿Creen realmente, con sinceridad, que la oración cambia las cosas? ¿Alguna vez han usado la oración para cambiar algo?

¿Sus actitudes?

¿Sus circunstancias?

¿Sus obstáculos?

¿Sus temores?

La reafirmación difiere de la repetición. Esta dice la misma cosa en las mismas palabras; la reafirmación dice lo mismo en diferentes términos. La repetición se puede usar provechosamente en el sermón para reforzar una idea principal, pero el predicador hábil aprende a reafirmar la misma idea con diferentes palabras varias veces.

139

Explicación y definición

La definición establece límites. Determina lo que se debe incluir y excluir en un término o una declaración. La explicación también pone límites, pero lo puede hacer ampliando las ideas para relacionarlas unas con otras o con lo que la idea implica. Observe lo que Earl F. Palmer explica acerca del significado de la palabra griega *erõs:*

> *Erõs* es un amor que no se conquista, un amor que nos gana. No es el amor instintivo que sentimos por nuestros padres, nuestros hijos, nuestra familia o estructura racial o social. No es la clase de amor que tenemos por algo como la sabiduría o la humanidad. Es un amor que la excelencia convincente de la persona, la cosa o la realidad, gana de nosotros. Es el amor por la belleza, por el poder, por la fortaleza.[37]

Las definiciones y las explicaciones operan en diferentes formas. Por lo general, definimos un término o una idea al ubicarla en una clase más amplia que a la que pertenece. Sin embargo, a la vez debemos mostrar cómo se diferencia de las otras cosas de esa clase. En consecuencia, la clasificación explica las diferencias y semejanzas. Palmer afirma que: «*Erõs* es un amor [la clase más amplia a la que pertenece] que nos conquista; un amor que nos gana [es lo que lo diferencia de las otras clases de amor]».

A veces explicamos y definimos algo por medio de sinónimos. Sin embargo, ellos funcionan solamente si atañen a una experiencia previa del oyente y lo hacen entender y sentir el significado que pretendemos. Supuestamente, todo el mundo conoce qué son las sectas; pero tal vez no lo saben en la forma específica que queremos, entonces podemos decir: «Las sectas son las cuentas pendientes de la iglesia».[38]

La comparación y el contraste también desarrollan y explican ideas. Palmer usa ambas cosas en su explicación acerca de *erõs.*

Los predicadores también usan ejemplos en la explicación. Ray C. Stedman lo hace cuando pregunta en su sermón: «¿Qué queremos significar cuando decimos que algo es santo?» Y él mismo responde: «Miren, sus Biblias dicen "Santa Biblia". ¿Qué la hace santa? La tierra de Israel fue llamada "Tierra Santa" y la ciudad de Jerusalén, "ciudad santa". ¿Por qué? ¿Cuál es la característica que estas tres cosas tienen en común? Todas pertenecen a Dios. La Biblia es el libro de Dios, Israel es la tierra de Dios, Jerusalén es la ciudad de Dios. ¡Son propiedad de Dios! Por eso es que son santas; pertenecen a Dios».

La explicación parecerá difícil si el expositor no conoce a su auditorio. Cuanto más familiarizado esté con un asunto, menos conciencia tendrá del desconocimiento de su congregación respecto al mismo. La gente de los bancos de la iglesia vive en un mundo intelectualmente diferente al de su pastor.

En efecto, lo sostienen en lo económico para que él pueda estudiar lo que ellos no pueden. Entonces, el pastor no debe suponer que sus oyentes entienden inmediatamente lo que él está hablando. Les debe una clara explicación de lo que exactamente quiere decir. Por principio, el expositor debiera definir cada término importante que use, en un lenguaje que sus oyentes puedan entender.

Desde luego que es mejor definir términos de más que de menos. Para explicar la relaciones y las implicaciones de las ideas, tenemos que saber nosotros mismos la explicación en una forma tan clara que no haya lugar en nuestra mente para la imprecisión. Luego debemos trabajar paso a paso en la explicación para que salga en un orden lógico o sicológico correcto. La neblina en el púlpito se convierte en niebla en los bancos de la iglesia.

Información objetiva

Los hechos consisten en observaciones, ejemplos, estadísticas y otros datos que se pueden verificar independientemente del expositor. El predicador hace una afirmación objetiva cuando declara: «El griego es un idioma rico y variado que tiene diversos términos para la palabra amor. Pero de ellos, solo dos —*philia* y *erōs*—, influyeron mucho en la literatura y el pensamiento griegos del primer siglo».

Si el oyente quisiera, podría verificar la exactitud de esa afirmación haciendo un estudio de las palabras que los griegos usaban para el vocablo amor. En un sermón expositivo las observaciones acerca del contenido de un pasaje son objetivas, porque el oyente puede constatar por sí mismo lo que dice la Biblia.

Mucho de lo que alardea de objetividad no es más que opinión disfrazada. «En realidad», dice el predicador, «la principal amenaza a la moralidad de la nación es el aparato de televisión». Por supuesto, ese no es un hecho real en absoluto, es un asunto de opinión. Esa opinión puede ser válida o no, depende de los hechos.

Los hechos, obviamente, son tonterías a menos que se establezcan relaciones entre ellos y se saquen conclusiones. Las opiniones, por otra parte, también son tonterías a menos que se basen en hechos. El expositor, como cualquier orador honrado, tiene que conocer los hechos que maneja y estar seguro de su validez. «Todo hombre tiene derecho a opinar», observa Bernard Baruch, «pero ninguno tiene derecho a errar en los hechos». Estos, no solo ayudan al oyente a entender, aseguran su respeto hacia el predicador.

Las estadísticas son una clase especial de hechos que nos ayudan a estudiar un gran territorio en poco tiempo. Atraen sobre todo a los ciudadanos de una sociedad consciente de los números. Efectivamente, el apetito norteamericano por las estadísticas es insaciable, y los encuestadores muestran una provisión interminable, que va desde el número de horas que la familia promedio ve televisión hasta el porcentaje de familias descontentas de nuestra cultura.

Esa lealtad a los números crea sus trampas para los inocentes, así como oportunidades para los deshonestos. Un aire de certeza rodea a la coma decimal y al porcentaje fraccionario, incluso donde la medición es indeterminable o absurda. Un ejemplo clásico es un informe hecho hace algunos años, de que 33,3% de las alumnas de Johns Hopkins University se casaron con miembros de la facultad. El porcentaje era correcto. En ese momento la universidad solo tenía tres estudiantes mujeres, una de las cuales se casó con un miembro del profesorado.

Los predicadores ansiosos por ganar la aceptación de sus ideas pueden ser particularmente susceptibles a las estadísticas infundadas. Un conocido evangelista informó: «No hace mucho, leí que 50% de los grupos de rock practican el culto a Satanás, y la brujería, y que la cifra aumenta día a día». ¿Quién los contó? ¿A quiénes contaron? ¿Cuándo? ¿Dónde?

Cuando se introducen cifras en un sermón, tienen que ser lo más sencillas posible, y que no sacrifiquen la exactitud. Los números redondos casi siempre son mejores. Aunque un contador se impresione con la información de que en 1950 la población de Chicago era de 3.620.962, la mayoría de nosotros encontramos que la expresión «un poco más de tres millones y medio» es más fácil de captar.

Al trabajar con las estadísticas, los datos pueden adquirir sentido y vitalidad comparándolos con cosas comunes a la experiencia de los oyentes. Para describir el templo de Diana, en Éfeso, podríamos decir: «Tenía 59 metros de ancho, y más de 125 de largo, con columnas que alcanzaban los 35 metros de alto», o podríamos indicar: «El templo era más largo que una cancha de fútbol, y las columnas más altas que un edificio de cinco pisos».

Un orador hizo comprensible el minúsculo tamaño de un electrón al dar primero la cifra decimal, que era incomprensible, y luego agregar: «Si un electrón aumentara su tamaño hasta alcanzar el de una manzana, y el ser humano creciera en la misma proporción, esa persona podría sostener todo el sistema solar en la palma de su mano y tendría que usar una lupa para poder verlo».[39]

Citas

Introducimos citas para apoyar o extender una idea por dos razones: por la impresión que causamos y por la autoridad que nos da. Cuando descubrimos que alguien la expresa mejor que nosotros, usamos sus palabras.

James S. Stewart introduce un sermón sobre Isaías 5:30 con una frase de Robert Browning: «De todas las dudas que, al decir de Browning, pueden "golpear, llamar y entrar en nuestra alma", la más devastadora es la duda acerca del propósito final de Dios». Stewart desarrolla su introducción con una serie de citas más, todas elegidas por el poder de su estilo. Y dice:

Esa es, precisamente, la duda que yace —con un peso abrumador— sobre numerosas vidas hoy. Lo pensarían dos veces antes de adherirse a la fe de Tannyson, que afirma:

No dudo, sin embargo, que a través de los tiempos surja un propósito creciente.

Y los pensamientos de los hombres se ensanchen con el curso de los soles.

«¿Dónde hay alguna evidencia de ese propósito?», querrán preguntar.

Volvieron a donde estaba Eclesiastés: «Vanidad de vanidades, todo es vanidad». ¿De qué sirven —exclamó Tomas Hardy—, todas vuestras oraciones, vosotros, gente de oración, cuando no tenéis nada mejor a lo cual orar que

A la cosa oscura, muda, ilusa,
que le da cuerda a este estúpido espectáculo?

«Una broma pesada», fue el veredicto final de Voltaire sobre la vida. «Bajen el telón —dijo el actor agonizante— la farsa ha terminado».[40]

Hay muchas maneras de hablar sobre el papel que juega el dolor en nuestra vida. Un predicador resume una perspectiva citando palabras que impresionan más que las propias: «El dolor planta la bandera de la realidad en la fortaleza de un corazón rebelde».

Fijar una idea con una frase que se hunda en la mente es tal vez la razón principal por la que los predicadores usan citas en los sermones. Cuando le damos crédito a una cita, lo hacemos principalmente por ética.

También las incluimos por la autoridad. En este caso, cuando damos crédito por lo que citamos, lo hacemos porque la persona que lo dijo está en mejores condiciones que nosotros para hablar. Ernest T. Campbell lo hace al hablar de los momentos en que la aparente futilidad de lo que hacemos nos hace retirarnos del compromiso en la acción social. Campbell afirma:

> El otro día me dejó pasmado la visión que tiene Leonard Woolf acerca de su obra. «Veo con claridad que no he logrado prácticamente nada. El mundo hoy, y la historia del hormiguero humano en los últimos 5 a 7 años, sería exactamente igual si lo hubiera pasado jugando al ping-pong en vez de participar en comisiones y escribir libros y notas. En consecuencia, tengo que hacer una confesión un poco vergonzosa: Debo haber pasado, a lo largo de la vida, entre 150 y 200 mil horas de trabajo totalmente inútil».[41]

También citamos a otras personas porque están en mejor posición para conocer los hechos e interpretarlos, o porque es más probable que el auditorio esté más dispuesto a aceptar esas referencias que la nuestra. El expositor que conoce la Biblia y cree en el pecado original, podrá citar, por ejemplo, el informe de la «Comisión de Minnesota para la Prevención del Crimen» a un auditorio escéptico:

> Todo bebé comienza su vida como pequeño salvaje. Es totalmente egoísta y egocéntrico. Quiere lo que quiere en el momento que lo quiere: su biberón, la atención de su madre, el juguete de su amigo, el reloj de su tío. Si se le niegan esos

caprichos, hierve de rabia y agresividad, lo que podría ser fatal si no fuera tan indefenso. Es sucio. No tiene ningún principio moral, ni conocimientos, ni habilidades. Eso significa que todos los niños, no solo algunos, nacen delincuentes. Si se les permite continuar en el mundo egocéntrico de su infancia, si se les deja totalmente librados a sus acciones impulsivas para satisfacer sus caprichos, todo niño llegaría a ser un criminal, un ladrón, un asesino, un secuestrador.

Otras veces los expertos están mejor calificados que uno para hablar con autoridad acerca de un tema. D.M. Baillie cita a un historiador para demostrar que los primeros cristianos tenían una cualidad intelectual en su fe:

El doctor T.R. Glover, que era una autoridad en ese período [los primeros siglos], nos dice que una de las razones por las que el cristianismo conquistó el mundo fue porque pensaba mejor que el resto de él. No solo sabía cómo vivir y cómo morir mejor: sabía cómo pensar mejor. Eclipsó al pensamiento del mundo. Aquí hay un pasaje muy interesante: «Los cristianos leían los mejores libros, los asimilaban, y vivían la vida intelectual más libre del mundo. Jesús les había dado libertad para ser fieles a los hechos. No había lugar para un cristiano ignorante. Desde el comienzo mismo, todo cristiano tenía que conocer y entender, tenía que leer los Evangelios, y tenía que poder dar razón de su fe. Leían acerca de Jesús, y lo conocían, y sabían sobre qué estaban parados... ¿Quién pensaba en ese mundo antiguo? Una y otra vez era el cristiano. Los cristianos superaron el pensamiento del mundo.[42]

Las autoridades deben portar credenciales. Deberíamos hacer una serie de preguntas acerca de cualquier experto para asegurar su competencia: 1) Su experiencia y preparación, ¿lo habilitan para hablar con autoridad sobre este tema? 2) El testimonio, ¿se basa en un conocimiento de primera mano? 3) ¿Es parcial tal autoridad? Una autoridad prejuiciada no inspira confianza porque tiende a favorecer las evidencias que apoyan sus opiniones, y a desconocer el resto. Evidentemente, una autoridad parcial que hable contra su tendencia puede ser un excelente testimonio. Si Bernard Shaw hablara a favor del cristianismo, sería un fuerte apoyo, ya que casi siempre hablaba en contra. 4) ¿Qué concepto tiene el auditorio de su testimonio? ¿Lo conocen? ¿Lo respetan? Cuando se usa como autoridad algún individuo desconocido, se tendría que explicar a la congregación las calificaciones que tiene para hablar sobre el tema.[43]

Las citas deben ir esparcidas por el sermón. Un mensaje desde el púlpito no tiene que sonar como un examen semestral. Por lo general, convienen las citas breves. Las largas a menudo se vuelven confusas e impiden la comunicación. A veces se puede parafrasear una cita larga, y luego leer directamente una o dos frases de ella.

Las citas se verán realzadas si las introducimos en el sermón con un toque de frescura. No cuesta mucho introducir una cita con un «Spurgeon dijo», «Pablo escribió», o «la Biblia dice». Se requiere más imaginación, pero se logra más, si se las reelabora. «En la Biblia aparece con audacia esta frase...», «Pablo advertía agudamente que...», «Esto es lo que estaba tratando de decirnos Charles Dickens cuando observó que...», «Podemos ver entonces la importancia de aquellas palabras expresadas en el versículo 10...»

Narración

Cuando contamos chismes, no lo hacemos acerca de ideas sino de personas. Cuando revistas populares, como *Time*, tratan temas complicados y complejos como la economía o los problemas políticos de China, lo hacen, en parte, comentando acerca de las personas que están involucradas.

La narrativa de un sermón también describe los individuos y los hechos contenidos en el registro bíblico. Cada pasaje tiene sus personajes; unas veces ríen, maldicen, oran, y otras están ocultos, por lo que debemos buscarlos. Sin embargo, en todo versículo siempre hay uno que escribe y otro que lee.

La gracia, por ejemplo, no está almacenada en un frigorífico en el cielo. Lo que sí hay es alguien dando gracia y alguien recibiéndola. El Espíritu Santo sabía el valor de los relatos cuando llenó las Escrituras con ellos, y Jesús manifestó su impacto en las parábolas que contó.

La narración puede proporcionar el trasfondo de un sermón completando la historia, el escenario, las personas involucradas. John Hercus usa esto provechosamente para hacernos vivir con David mientras escribía el Salmo 24:

> David se irguió, estiró los brazos y bostezó. Había sido un día de ensayo, repitiendo toda la rutina de la procesión con los músicos, los cantores y el ballet. La partitura y la coreografía estaban progresando, y David se sentía más que satisfecho. El salmo estaba bien, era corto, claro, apropiado para la circunstancia. Ahhh, pero esa frase: «*¿Quién subirá al monte de Jehová? ¿Y quién estará en su lugar santo?*», era su favorita. Sería una buena base para el trabajo con los címbalos, trompetas y el coro. Además, el ballet tendría oportunidades fantásticas, bajo su dirección, de expresar el sentimiento creciente de un drama espiritual.

> Y esas condiciones para entrar al lugar santo, eran las correctas. Compacto, justo, prolijo. Manos limpias, corazón puro, nada de valores inútiles (eso era lo que quería decir realmente con lo de «*el que no ha elevado su alma a cosas vanas*») y no jurar con engaño. Sí, en realidad, eso prueba al hombre en forma tan plena y completa como a uno le gustaría.

Manos limpias... como las suyas...

Repentinamente, un recuerdo relampagueó en su mente. Recordó que se lavaba y lavaba aquellas «limpias» manos suyas, tratando de borrar un asunto sangriento que no podía repararse. ¿Cómo sucedió eso? Ah, sí... fue por Mical.[44]

Las narraciones toman fuerza cuando los nombres y los verbos trazan figuras en nuestra mente. A veces, un punto de vista diferente trae frescura a un relato trillado. ¿Qué pensaron la mujer descubierta en adulterio o la mujer junto al pozo, acerca de Jesús cuando se encontraron con Él por primera vez? En las epístolas, Pablo describe un opositor que sale a discutir con él: «*¿Qué ventaja tiene, pues, el judío?*» (Romanos 3.1), pregunta alguien. «*Las viandas para el vientre, y el vientre para las viandas*», afirma un hedonista de la época. ¿Cómo eran? ¿Puede describir cómo seguiría la discusión?

Use el diálogo. Los relatos y las parábolas de los evangelios están llenos de diálogo. Ponga palabras en boca de las personas. Cuando aparece un solo personaje, use el soliloquio, esto es: «hablar consigo mismo». Eso fue lo que Hercus hizo con David, y lo que Jesús hizo con el mayordomo infiel (Lucas 16.27) y con el hijo pródigo en la provincia lejana (Lucas 15.11-32). El muchacho se preguntó a sí mismo: «*¡Cuántos jornaleros en la casa de mi padre tienen abundancia de pan, y yo aquí perezco, de hambre!*» (v. 17).

La narración implica comunicación con imaginación, y esta refleja la comprensión de la fe. La imaginación es hermana de la interpretación ya que ambas se relacionan con el texto. Determinamos lo que significa un pasaje a partir de lo que él dice. De manera que la imaginación va un paso más allá que los hechos bíblicos y, sin embargo, se mantiene ligada a ellos.

Ilustraciones

El consejo de S.I. Hayakawa para los predicadores que quieran cultivar la claridad es estudiar un libro de recetas culinarias, ya que las recetas explican conceptos generales parte por parte. Por ejemplo, una receta para preparar una «Carne con papas» dice: «Corte la carne, las papas, el pimiento, y las cebollas en trozos pequeños. Sofría todo en aceite de oliva durante 15 minutos. Agregue sal y especias al gusto. Prepare un arroz blanco para acompañar. Y sírvalo a sus comensales».

La exhortación de Hayakawa es particularmente útil para los eruditos, cuyo profundo conocimiento de un tema puede impedirles ser comunicadores eficientes. Su especialización los aleja de los detalles al campo impreciso de la abstracción.

El teólogo, por ejemplo, habla de *hamartiología* en vez de pecado, porque el término especializado sirve mejor como sombrilla para los diversos aspectos del tema. Cuando ese señor se dirige a un auditorio poco familiarizado con su disciplina, debe bajar de su abstracción y hablar de asesinato, mentira, robo, o adulterio. Si no lo puede o no lo quiere hacer, fracasará como comunicador, aunque obtenga buenas calificaciones como erudito.

Sören Kierkegaard se quejó una vez de que cuando le pidió al filósofo Georg Hegel instrucciones para llegar a una dirección en Copenhague, todo lo que recibió fue un mapa de Europa.

Los predicadores hábiles se desenvuelven igual tanto a alto como a bajo nivel de abstracción; suben y bajan cual obrero por una escalera. Los detalles —para que tengan sentido—, deben reunirse en generalizaciones, y las abstracciones deben bajar al nivel de los detalles para que sean comprensibles. «El escritor acucioso, el orador que informa, el buen pensador, así como el individuo sano, operan en todos los niveles de abstracción, moviéndose con gracia y rapidez, en forma ordenada de arriba hacia abajo, de abajo hacia arriba —con mentes tan prestas y ágiles; valga la comparación: como monos en un árbol».[45]

Una manera de anclar en tierra nuestros sermones reside en el uso de las ilustraciones. Las que se eligen bien y se usan con habilidad, reafirman, verifican o emplean las ideas, relacionándolas con experiencias tangibles.

Clavar una verdad en la mente de alguien requiere varios martillazos. Aunque la mayor parte de la reafirmación viene con la repetición de afirmaciones proposicionales, las ilustraciones pueden presentar la verdad de otra manera, sin cansar a los oyentes. También se puede aumentar la comprensión con analogías y anécdotas. La ilustración, como la imagen en la televisión, aclara lo que explica el predicador.

Las ilustraciones también dan más credibilidad a la verdad. Por supuesto, en sentido lógico los ejemplos no pueden convertirse en demostraciones, pero sicológicamente operan junto con los argumentos para lograr la aceptación. El predicador que afirma que toda verdad es igualmente válida, pero no siempre es igualmente valiosa, puede usar una analogía para lograr que sus oyentes acepten lo que dice.

Una moneda de un centavo y una de un dólar son igualmente genuinas, aunque no tienen el mismo valor. Entonces, tenemos que distinguir entre las verdades de un centavo y las de un dólar. La analogía logra la aceptación tanto como un argumento racional. Las ilustraciones aplican las ideas a la experiencia. El oyente necesita no solo entender y aceptar el concepto, sino también saber qué alcance tiene.

Los ejemplos manifiestan la verdad a través de la acción. William E. Sangster predicó un sermón basado en Génesis 41.45, desarrollando la siguiente idea: «Recordemos olvidar». Y concluyó su sermón con una anécdota:

Era la época de Navidad. Uno de mis invitados vino unos días antes a casa y me vio cuando enviaba la última de mis tarjetas navideñas. Le sorprendió observar cierto nombre y dirección en el sobre.

— Supongo que no le estás enviando una tarjeta de
Navidad... —acotó.

—¿Por qué no? —le contesté.

—Pero, recuerda —replicó—, hace dieciocho meses...

Entonces vino a mi mente lo que ese hombre dijo públi-
camente acerca de mí, pero también pensé que en ese momento resolví que —con la ayuda de Dios—, tenía que recordar que debía olvidar. ¡Y Dios me «hizo» olvidar!

Así que llevé la carta al correo.

Las ilustraciones también sirven al predicador y su congregación de otras maneras. Ayudan, mantienen la atención y establecen
contacto entre el predicador y sus oyentes.[46]

El principio básico para usar ilustraciones es que ellas deben
ilustrar. Según su etimología, ilustrar significa: «arrojar luz sobre
un asunto». En consecuencia, no hay tal cosa como «una buena
ilustración», solamente hay buenas ilustraciones de una verdad
particular.

Las ilustraciones se parecen a una hilera de focos que iluminan
la acción en el escenario. Si uno de los focos alumbra los ojos del
auditorio, lo enceguece respecto a lo que debe ver.[47]

Un relato contado sin razón, podrá entretener o divertir, pero
estorba al sermón. La anécdota opera a favor de la verdad solo
cuando centra la atención en la idea y no en sí misma.

Las ilustraciones deben ser comprensibles. Por medio de los
ejemplos aclaramos lo desconocido con algo conocido. Si la ilustración misma necesita ser explicada, no se debe utilizar. Explicar una
ilustración, que a su vez hay que explicar, es tratar de aclarar algo
desconocido con algo desconocido. Los ejemplos tomados de la Biblia
a veces violan esta regla.

En una época de analfabetos bíblicos, los relatos bíblicos pueden resultar tan remotos como la historia china para los oyentes.

Usarlas como ilustraciones para otros pasajes bíblicos puede ser un ejercicio inútil. Si relata historias de la Biblia, el expositor debe dedicar tiempo para relacionarlas, de modo que el auditorio entre en ellas y advierta su fuerza.

Como el comunicador ilustra lo desconocido con algo conocido, las ilustraciones más eficaces son las que llegan lo más cerca posible de las vidas de los oyentes. Entre las mejores están las «narraciones de interés humano» que tratan temas de nuestra vida cotidiana, como los niños, los animales y las tiras cómicas.

Las ilustraciones tienen que ser convincentes. Hasta donde le sea posible, el predicador debe estar seguro de los hechos. Aunque un relato inexacto pueda ilustrar claramente una idea, el predicador que lo use con un auditorio consciente de su imprecisión socavará su credibilidad. Es más, las ilustraciones no deben ofender el buen sentido del auditorio. La verdad puede ser más extraña que la ficción, pero las anécdotas improbables solo llevan a que el oyente sospeche que el predicador está desquiciado. Si algún incidente luce rebuscado, hágalo saber y luego arguméntelo.

Hay ministros que parecen inventar ilustraciones como los niños. Cuando el sermón se interrumpe por exceso de relatos, las congregaciones escépticas no pueden menos que dudar si el predicador dice la verdad. Como las ilustraciones personales atraen, muchos expositores caen en la tentación de relatarlas como si les hubiera ocurrido a ellos, cuando en realidad no fue así.

El evangelio se erige como juez sobre los métodos usados para proclamarlo; además, la verdad de Dios no se puede beneficiar con mentiras. Si la congregación sospecha que mentimos para afirmar una idea, tendrá razones para creer que mentiremos para ganarnos un convertido.

Las ilustraciones tienen que ser apropiadas al tema del sermón. A veces, los grandes temas pueden verse menoscabados por las ilustraciones. Un predicador, ansioso por destacar la omnipotencia de

Dios, declaró: «¡Dios está, incluso, en el cubo de la basura!» Lo que la ilustración tenía de exacta, le faltaba en propiedad.

Algunas ilustraciones que son aceptables para una congregación podrían no serlo para otra. Por ejemplo, el siguiente relato, aunque refleja la moralidad de nuestra época, tendrá que ser considerado según su conveniencia para diferentes grupos de oyentes.

Un hombre estaba sentado en un restaurante charlando con una joven atractiva. En el curso de la conversación, señaló a un joven apuesto que estaba sentado en una mesa en la esquina del salón.

—¿Ves ese joven que está allí? Si te ofreciera 500 dólares para que te acostaras con él esta noche, ¿lo harías?

—¿Quinientos dólares? —preguntó la joven—, bueno, supongo que lo haría.

Unos minutos después el hombre señaló a otro joven sentado en otra parte del salón.

—¿Ves aquel joven? Supónte que te ofreciera 20 dólares para que pasaras la noche con él. ¿Lo harías?

—¿Veinte dólares? —dijo con desprecio la joven—, claro que no. ¿Qué crees que soy?

—Bueno, ¡Ya lo averigüé! ¡Justamente estaba tratando de determinar tu valor!

Esa ilustración puede ser perfectamente aceptable en un recinto universitario, o en una charla para comerciantes, pero un ministro tendrá que pensar cuidadosamente si lo es para los asistentes a la escuela dominical.

Las ilustraciones tienen que presentarse en forma dramática. A un escultor se le preguntó cómo había tallado la estatua de un león sin tener un modelo. Explicó: «Sencillamente, quité todo lo que no se parecía a un león». Ese también es un buen consejo para predicadores. Un narrador habilidoso quita todos los detalles sobrantes que no contribuyen a la esencia de la historia.

Las ilustraciones narrativas deben usar el diálogo y las citas directas para que el predicador reviva la historia, más que simplemente relatarla. Hay que contarla en la forma más dramática posible para que el oyente entre en la ilustración y sienta, además de entender, el punto que quiere comunicar el predicador.

En todas partes se pueden encontrar buenas ilustraciones. Las experiencias personales son una fuente particularmente prolífica. Cada vida es un circo, pero algunas personas pueden reunir más material en un paseo por su barrio que lo que otros pueden hallar en un viaje alrededor del mundo. La diferencia radica no en lo que experimentamos, sino en lo que vemos en nuestras experiencias.

Tenemos que observar para poder ver. El mundo puede ser el libro de imágenes de Dios si vemos en los simples sucesos de la vida, analogías y aplicaciones espirituales.

Las ilustraciones personales agregan calor y vitalidad al sermón, pero hay tres reglas generales que deben gobernar su uso. Primera, la ilustración tiene que ser cierta. Segunda, debe ser equilibrada. A las congregaciones no les gustan las historias en primera persona cuando el predicador se presenta como el héroe.

Naturalmente, reaccionamos en forma negativa ante un brillante conversador que se jacta de lo inteligente, humorista o espiritual que es. Y más cuando procede del púlpito. Por supuesto, la mayoría de las experiencias no nos hacen ni héroes ni villanos, y se pueden relatar con modestia y gran beneficio. Si se usa una experiencia personal como ilustración, no se deben pedir disculpas.

Cuando un predicador dice: «Si me permiten un ejemplo personal...» pone la atención en lo que no corresponde. Si hay que usar el incidente, no hará falta pedir disculpas. Si no se debe usar, tampoco ayudarán las disculpas.

Una tercera regla que se debe observar con cuidado es que no debemos violar las confidencias. A las personas les molesta expresarle una preocupación a su pastor si piensan que después pueden ser parte de su sermón. Incluso aunque no se presente de manera personal ni afecte a nadie; hay que pedir autorización para usarlo. Aun cuando tal vez sienta que le está alabando, la persona aludida puede molestarse por la exposición pública.

Las ilustraciones también vienen de las lecturas. Pocos ministros pueden darse el lujo de leer sin un lápiz y papel a mano para registrar los materiales que podrían ilustrar sus sermones. Tiras cómicas, poesías infantiles, revistas, diarios, novelas, relatos históricos, todos proveen material para los mensajes. Los sermones preparados por expositores dotados proveen ilustraciones superiores a las que pretenden ilustrar las fuentes de donde son recopiladas.

Es un hecho que cuando el predicador prepara su sermón le llegan a la memoria muchas ilustraciones. Es entonces que debe establecer con claridad el punto que quiere señalar, y pensar en qué se relaciona con la ilustración. A menudo su mente y su memoria proveerán lo necesario. La habilidad para hallar ilustraciones apropiadas o plantear aplicaciones adecuadas se desarrolla con la práctica.

Sin duda, el lugar al que el expositor va con más frecuencia para buscar material de apoyo es su archivo. Lo que pueda extraer de allí para un sermón determinado depende de lo que ha ido colocando en él. Muchos sistemas se han desarrollado para permitir que el ministro aproveche el resultado de su estudio y su lectura.

Por lo general, conviene tener dos clases de archivo. Uno para almacenar notas de sermones, hojas de papel grandes, folletos, incluso páginas extraídas de libros en desuso. Este archivo se puede dividir por temas y por libros de la Biblia. El sistema decimal de Dewey, que se usa en la mayoría de las bibliotecas, puede ser la base del archivo por temas. La lista Rossin-Dewey relaciona el sistema de Dewey con las necesidades del pastor.[48]

Otro sistema simple y eficiente destinado a los ministros es el *New Baker's Textual and Topical Filing System* [Nuevo sistema de archivo textual y temático de Baker].[49]

Además de un fichero grande, tamaño carpeta, el ministro debería organizar también uno más pequeño de 8cm x 15cm (tamaño tarjeta). Una sección de este fichero puede estar dividida según los libros de la Biblia, con las tarjetas dispuestas por libro según los capítulos y versículos que contenga. Aquí se irán almacenando las ilustraciones, notas exegéticas y bibliografía relacionada con pasajes particulares de las Escrituras.

Otra sección del fichero debe estar organizada por tema. Este fichero se podrá clasificar según la primera letra y la primera vocal del tema. El sistema se dispone de la siguiente manera:

Aa	Ae	Ai	Ao	Au
Ba	Be	Bi	Bo	Bu
Ca	Ce	Ci	Co	Cu
Da	De	Di	Do	Du
Ea	Ee	Ei	Eo	Eu
etc.				

Ilustraciones sobre el tema «amor» deben ficharse bajo las letras Ao (A es la primera letra de la palabra amor, y o la primera vocal); «ejemplo» bajo Ee; «expiación», bajo Ei; etc. La ventaja de este sistema radica en su simplicidad y versatilidad. La mayoría de la información que conviene guardar como material de apoyo para el sermón —como: anécdotas, citas, poemas, notas exegéticas, analogías, referencias bibliográficas—, se puede archivar en tarjetas de 8cm x 15cm.

El ministro requiere de un sistema de fichas. Cualquier sistema que le permita almacenar la información es mejor que no tener ninguno. El sistema de archivo también necesita al ministro. Ningún sistema funcionará a menos que el pastor se decida a hacerlo funcionar.

Agur, un escritor de los Proverbios, alaba a las hormigas por su gran sabiduría: *«Las hormigas, pueblo no fuerte, y en el verano preparan su comida»* (Proverbios 30.25). Sabio el predicador que aprende la lección de las hormigas.

Conceptos nuevos

Repetición
Reafirmación
Explicación
Definición
Información objetiva
Citas
Narración
Ilustraciones

Definiciones

Definición: establece lo que debe ir incluido y excluido acerca de un término o afirmación.

Explicación: fija límites al ampliar respecto a cómo se relacionan las ideas, y lo que implican.

Información objetiva: consiste en observaciones, ejemplos, estadísticas, y otros datos que se pueden verificar independientemente del expositor.

Narración: describe quién hizo qué a quién y con qué efecto, en los relatos bíblicos. Se puede usar para proveerle trasfondo a un sermón, al comentar la historia, el escenario, las personalidades involucradas en un pasaje.

Ilustraciones: reafirman, explican, demuestran o aplican ideas al relacionarlas con experiencias tangibles.

Etapas en el desarrollo de mensajes expositivos

1. Selección del pasaje.

2. Estudio del pasaje.

3. Descubrimiento de la idea exegética.

4. Análisis de la idea exegética.

5. Formulación de la idea homilética.

6. Determinación del propósito del sermón.

7. Elección del método para lograr el propósito.

8. Bosquejo del sermón.

9. Desarrollo del bosquejo del sermón.

10. Preparación de la introducción y la conclusión.

Capítulo 8

Comience de un golpe y termine de una vez

La importancia que las introducciones y las conclusiones tienen en el sermón no es proporcional a la extensión de las mismas. Durante la introducción el oyente recibe impresiones sobre el predicador que casi siempre determinan si aceptará o no lo que él diga. Si se presenta nervioso, hostil, o mal preparado, el oyente se verá inclinado a rechazarlo. Si da la impresión de ser una persona despierta, amigable e interesante, percibirá que es capaz, que tiene una actitud positiva hacia sí mismo y hacia los demás.

ETAPA 10. PREPARE LA INTRODUCCIÓN Y LA CONCLUSIÓN DEL SERMÓN

La introducción le presenta a la congregación la idea y su desarrollo. Las características de las introducciones eficaces surgirán del propósito.

Capte la atención

La introducción debe llamar la atención. Cuando un ministro se para detrás del púlpito, no debe suponer que la congregación está esperando el sermón con expectación. En realidad, es probable que esté un poco aburrida y abrigue la sospecha de que el predicador empeorará las cosas.

Un proverbio ruso ofrece un sabio consejo para el predicador: «Es igual con los hombres que con los burros, el que quiera sujetarlos bien, tiene que aferrarse con fuerza a sus orejas».

Las palabras de apertura de un sermón no tienen que ser dramáticas; tampoco necesitan ser sencillas, pero deben captar la mente de los oyentes para forzarla a escuchar. Si el predicador no capta la atención en los primeros segundos, probablemente nunca lo haga.

Las posibilidades de que una frase de apertura llame la atención son tan variadas como la creatividad del predicador. Puede comenzar con una paradoja: «Muchos hijos de Dios viven como si fueran huérfanos».

Puede usar un pensamiento conocido en un marco desconocido: «La honestidad es la mejor póliza. Cuando una persona dice eso, puede no ser honesto en absoluto. Quizá sea más bien astuto».

Las preguntas retóricas captan la atención: «Si fuese posible que Dios muriera, y si muriera esta misma mañana, ¿cuánto demoraría usted en enterarse?»

Un hecho sorprendente o un dato estadístico hacen que la audiencia preste atención: «Uno de cada tres matrimonios termina en divorcio. Solo uno de cada seis matrimonios es feliz».

Después de leer el pasaje, el predicador puede hacer un comentario que llame la atención: «Hay un gracioso toque humorístico en este pasaje. Jesús está terriblemente serio, pero eso no impide que se ría».[50]

En algunas ocasiones el humor puede llamar la atención: «Un médico le aseguró a su paciente —que era empresario—, al completarle un chequeo anual: Señor, ¡usted está tan fuerte como el dólar! El hombre se desmayó».

El propio pasaje puede ser el punto de atención: «Para muchas personas el capítulo 6 de Hebreos es el pasaje más desconcertante de la Biblia».

El expositor podrá ir directamente al texto: «Esta mañana me gustaría comenzar haciendo una confesión. Quiero traerles el mensaje de otro predicador. Esa es, después de todo, la forma en que Salomón, el autor de Eclesiastés, se presenta a sí mismo».

Las personas asumen una actitud atenta ante el anuncio de un relato: «Mary Watson era un ama de casa de unos cuarenta años. Aún se consideraba joven y atractiva, pese a que tenía quince años de casada y era madre de tres hijos. Pero en el transcurso de un mes envejeció y perdió toda su belleza».

En otras oportunidades el predicador irá directo a su tema: «Si dicen ser cristianos, tienen que creer en la Trinidad».

Cualquiera sea la forma en que comience, el ministro tiene que hacer todo lo posible para atraer la atención en las primeras 25 palabras. Una introducción que atrape el oído asegura que lo que sigue valdrá treinta minutos del tiempo de cada persona.

Haga aflorar las necesidades

Una introducción eficaz también hace emerger las necesidades. El predicador tiene que saber convertir la atención involuntaria en interés espontáneo, para que las personas no solo escuchen por obligación, sino porque quieren oír.

Paul O'Neil, escritor de la revista *Life*, desarrolló la Ley O'Neil: «Agarre al lector por la garganta durante el primer párrafo, hunda sus dedos en su tráquea en el segundo, ¡y manténgalo entre la espada y la pared hasta la última línea![51]

El científico social Arthur Cohen llegó a la conclusión de que cuando un auditorio recibe cierta información que afecta sus necesidades, ocurren dos cosas: 1) Hay más aprendizaje. 2) Cambian las opiniones en forma más rápida y permanente que cuando se da la información y no se la aplica a la vida.[52]

Todo esto implica que el punto de contacto más importante con una congregación radica en contestar: «¿Por qué dice esto? ¿Por qué necesito escucharlo?»

Charles R. Swindoll comenzó un sermón sobre 2 Corintios 1.3-11 planteando la cuestión que expone el meollo de la necesidad:

El Tablazo parecía cerca. Muy cerca. Y ocurrió demasiado rápido. Estrellándose contra el dentado pico de 4,500 metros, el DC4 se desintegró con un aullido metálico.

Lo que quedó del vuelo de la línea Avianca con destino a Quito, Ecuador, se abalanzó alocadamente por la ladera de la montaña hacia un profundo abismo. Por un terrible instante se iluminó la fría montaña colombiana en la oscuridad de la noche, luego volvió la penumbra. Y el silencio.

Antes de salir del aeropuerto, temprano ese día, un joven neoyorquino llamado Glen Chambers garabateó una nota, apresuradamente, en un trozo de papel que recogió del piso. El pedazo de papel era parte de un aviso de dos palabras: «¿Por qué?», que se desplegaba para mostrar el resto del mensaje.

Apurado, Chambers escribió una notita a su madre alrededor de esas palabras. Dobló la nota de último momento, la metió en un sobre y la puso en un buzón. Desde luego, habría más por venir. Más sobre el comienzo de un sueño de toda su vida: Iniciar un ministerio con *La Voz de los Andes*, en Ecuador.

Pero no habría más. Entre el envío y la entrega de la nota de Chambers, se atravesó el Tablazo en pleno vuelo y en sus sueños, en la oscuridad de la noche. El sobre llegó después de la noticia de su muerte. Cuando su madre lo recibió y lo abrió, una pregunta ardió en sus ojos: ¿Por qué?[53]

Esa es la pregunta que sacude primero y persiste hasta el final. ¿Por qué? ¿Por qué a mí? ¿Por qué ahora? ¿Por qué esto?

La necesidad se puede tocar rápidamente. «Una mujer que trabaja, ¿puede ser una buena madre? ¿Qué opina usted? ¿Qué dice la Biblia?», es un planteamiento que toca una necesidad con menos de veinte palabras.

Los sermones se encienden como cuando el pedernal golpea el acero. Cuando el pedernal del problema de una persona golpea el acero de la Palabra de Dios, se enciende una chispa que arde en la mente. Encauzar nuestra predicación hacia las necesidades de la gente no es simplemente una técnica persuasiva, es la meta de nuestro ministerio.

Leslie J. Tizard entendió lo que debe ser la predicación cuando declaró: «El que quiera ser predicador tiene que sentir que las necesidades de los hombres se convierten en la obsesión de su alma».[54]

Las necesidades vienen en muchas formas y a todos por igual. Los creyentes difieren de los incrédulos en el modo en que las encaran.

Abraham H. Maslow, un destacado sicólogo, cree que las necesidades están ordenadas según una escala jerárquica. A lo largo de nuestra vida pasamos de un nivel de necesidades al siguiente, lo cual sirve de motivación para nuestras acciones.[55] Un grupo básico de necesidades, argumenta Maslow, surge de nuestro cuerpo. Son las necesidades fisiológicas, que se satisfacen con comida, bebida, recreación, expresión sexual y eliminación; pero si no se satisfacen, dominan nuestro pensamiento y nuestra vida.

También hay otras necesidades que surgen de interactuar con otras personas. Las necesidades de dependencia social incluyen el deseo de ser estimado, de tener el amor y el afecto de los demás, seguridad, autorrealización y autoexpresión.

Las personas necesitan saber que son amadas, que valen, que pueden crecer, desarrollar y realizar su potencial. También necesitan saber y entender. Maslow sostiene que la curiosidad, como motivación fuerte, viene solo después que se satisfacen las necesidades fisiológicas y las de dependencia social.

Por eso, la curiosidad puede captar la atención al comienzo de un sermón, pero no hará que la gente responda con la misma intensidad que cuando entienden que Dios satisface sus anhelos de autoestima, seguridad, afecto y amor.

En consecuencia, al comienzo del sermón los oyentes tienen que comprender que el expositor les está hablando a ellos, acerca de ellos mismos. Él plantea un interrogante, detecta un problema, identifica una necesidad, introduce un tema vital del cual habla el pasaje. Además, la aplicación o utilidad del sermón comienza en la introducción, no en la conclusión.

Si un predicador, y puede ser uno con poca habilidad, trae a la superficie los problemas, preguntas y heridas, y muestra el deseo de encararlos desde el punto de vista bíblico, será aclamado como un genio. Es más, a través de esa predicación hace que la gracia de Dios se acerque a las agobiantes preocupaciones y tensiones de la vida diaria.

Introduzca el cuerpo del sermón

Las introducciones deben orientar a la congregación hacia el cuerpo del sermón y su desarrollo. La introducción debe presentar el asunto a tratar. Tiene que introducir el tema del sermón en esencia, para que nadie tenga que andar adivinando de qué va a hablar el predicador.

Si se introduce solo el tema, los puntos principales lo completarán luego. Por ejemplo, si el ministro plantea la pregunta: «¿Cómo podemos saber la voluntad de Dios?», la congregación espera que las afirmaciones principales del cuerpo del sermón respondan a ese cuestionamiento.

La introducción puede ir más allá del asunto y orientar a los oyentes hacia la idea principal. Una exposición de Romanos 1.1-17 —que plantea qué se debe hacer para evangelizar la sociedad— puede conducir a la afirmación siguiente: «Cuando el efecto del evangelio es lo más importante para la iglesia, su fuerza es incontenible en el mundo».

No obstante, una vez que se afirma la idea, el predicador debe formular una de las preguntas básicas acerca de ella: ¿Qué significa esto? ¿Es verdad? ¿Qué efecto tiene? Aunque puede que no use esas palabras, debe plantear alguna de esas preguntas. Si no lo hace, directa o indirectamente, el sermón concluye allí, aunque hable durante otros treinta minutos.

Los sermones eficaces mantienen una sensación de tensión, como si faltara algo por decir para que se complete. Cuando la tensión pasa, concluye el sermón. Por eso el predicador —usando preguntas relativas al desarrollo—, explora lo que debe hacer con la idea en el resto del sermón. Esto puede desarrollarse como la explicación de una idea, la demostración de una proposición, la aplicación de un principio.

En los sermones que se desarrollan de manera inductiva, la introducción conduce al primer punto esencial. Por lo que respecta a la congregación, ese primer punto puede parecer el mensaje total. Pero luego debe ligarse a un segundo punto con una fuerte transición; de la misma manera el segundo con el tercero, y así hasta que la idea completa del mensaje emerja.

Muestre otras características

Se pueden decir otras cosas acerca de la introducción. Por ejemplo, el sermón no debe iniciarse con una disculpa, con la cual el predicador busque ganarse la simpatía del auditorio. En el mejor de los casos lo que se gana es la compasión. Esa clase de expositor no convence a sus oyentes. Si usted no se preparó, deje que la congregación lo descubra por sí misma, aunque muchas veces ni lo nota.

La introducción debe ser breve. Después que uno saca agua del pozo, deja de bombearla. Por desgracia, aquí no nos ayudan los porcentajes. La introducción debe ser suficientemente larga como para captar la atención, plantear las necesidades y orientar a la congregación hacia el tema, la idea, o el punto principal. Mientras eso no se haga, la introducción no está completa; pero después que se logra, comienza a ser demasiado larga.

Una anciana, refiriéndose al predicador inglés John Owen, dijo que él se demoraba tanto en poner la mesa, que ella perdía el apetito por la comida.

La introducción no debe prometer más de lo que va a dar. Cuando lo hace, es como preparar un cañón para disparar un frijol. Las introducciones sensacionales en los sermones mediocres se parecen a las promesas incumplidas. Cuando el predicador no alcanza la meta que se propuso, la congregación se siente burlada.

En algún momento, al comienzo del sermón, el que expone tiene que leer el pasaje bíblico. Algunos predicadores hacen la lectura de la Biblia justo antes del sermón ya que este debe ser la exposición del pasaje. A menos que el texto se lea con cierta habilidad, es lamentable que las congregaciones lo puedan considerar un fastidio necesario antes de dedicarse a escuchar lo que se diga sobre la Biblia.

Los pasajes cortos, por regla general, tienen que venir después de la introducción. Cuando el texto bíblico sigue a la introducción, la congregación tiene una disposición mental que la ayuda a poner la atención en la lectura de la Biblia.

Use el sentido del humor con precaución. Si la risa enfoca la atención hacia la idea, sirve como una espléndida herramienta. Cuando solo entretiene, el humor hace que el sermón decepcione al oyente. Al enfrentarse a un auditorio nuevo, el sentido del humor ayuda al predicador a tender un puente, pero demasiadas bromas pueden hacer que lo tachen de cómico. Por eso, el humor debe relacionar al auditorio con el predicador o con el mensaje.

La forma en que el ministro entra al púlpito le dice mucho a la congregación. Si se mueve en una forma pausada, tranquila, el lenguaje de su cuerpo comunica que tiene algo importante que decir y que la congregación haría bien en escucharlo. Antes de hablar, el predicador debe hacer una pausa para captar la atención. Él y la congregación tienen que comenzar juntos, incluso cuando puedan terminar a destiempo. Él tiene que ver a la gente, no a su bosquejo ni a la Biblia.

El nerviosismo, por lo general, aumenta el volumen de la voz. Por eso, el predicador necesita controlarse para poder pronunciar sus palabras iniciales en una manera segura y relajada. Pegar la lengua al fondo de la boca o bostezar con la boca cerrada mientras se hace la pausa antes de hablar, reduce la tensión en la garganta.

Una profunda inhalación antes de comenzar también ayuda al expositor a sentirse más cómodo. Un ademán prolongado y definido después de las primeras frases puede dirigir la energía nerviosa hacia un movimiento positivo del cuerpo. La nerviosidad y la tensión disminuirán, sobre todo, si el ministro sabe de antemano cómo va a iniciar su sermón.

Hay tres clases de predicadores: aquellos a los que no se les puede escuchar; los que se pueden oír; y los que no se pueden dejar de escuchar. Y es en la introducción donde casi siempre la congregación descubre qué clase de orador es el que tiene delante.

La conclusión

Como lo sabe cualquier piloto experimentado, hacer aterrizar un avión requiere una concentración especial. Así también, el predicador capaz sabe que las conclusiones requieren una tremenda preparación. Al igual que el piloto, el predicador hábil nunca debe tener dudas respecto a dónde aterrizará su sermón.

En efecto, la conclusión es tan importante que muchos artífices la preparan primero, para que el sermón se dirija hacia ella por un sendero directo. Ya sea que el ministro use o no esta técnica, debe trabajar en su conclusión con cuidado especial. De otra manera, todo puede terminar en nada.

El propósito de la conclusión es —como lo expresa la propia palabra— concluir, no simplemente parar. Debe ser más que un medio para salir de una situación: «Que Dios nos ayude a vivir a la luz de estas verdades». Tiene que ser más que pedirle a la congregación que se incline en oración para que el predicador pueda escaparse del púlpito sin que lo vean. Tiene que concluir, y producir una sensación de finalidad.

Como el abogado, el ministro pide un veredicto. La congregación tiene que poder ver la idea completa, saber y sentir qué es lo que Dios les demanda de acuerdo con la misma. Directa o indirectamente la conclusión responde a la pregunta: «¿Estoy dispuesto a permitir que Dios traiga este cambio a mi vida?» Paul Whiteman entendía las exigencias de la introducción y la conclusión, por eso aconsejó: «Cuando empiece, comience con un golpe, y cuando concluya, ¡termine de una vez!»

Las conclusiones toman diferentes formas, dependiendo del sermón, el auditorio y el ministro. Como el elemento novedoso añade interés a la predicación, el ministro tiene que procurar variar sus conclusiones. ¿Cuáles son algunos de los elementos que se emplean para terminar el sermón?

El resumen

El predicador, en muchas conclusiones, regresa a reafirmar los puntos que trató en el cuerpo del mensaje. Con ello, sin embargo, revisa las afirmaciones importantes con la intención de vincularlas a la idea principal del sermón. El resumen ata los cabos sueltos. Nunca debe ser una segunda predicación del sermón.

Una ilustración

Una anécdota que resuma la idea o que muestre la forma en que opera en la vida, agrega impacto a la conclusión. La ilustración debe dar exactamente en el blanco para que los oyentes capten el sentido en un segundo, sin necesidad de explicación.

Después de presentar la ilustración, concluya. Hágala tan transparente que solo requiera agregar una o dos frases. En realidad, es mejor si no requiere agregar algo.

Peter Marshall termina un sermón sobre Santiago 4.14 con esta emotiva historia:

> Una antigua leyenda cuenta acerca de un comerciante en Bagdad que envió a su esclavo al mercado. No pasó mucho tiempo antes que regresara, pálido y todo tembloroso, y le dijera a su amo con gran agitación:
>
> —Allá, en el mercado, una mujer entre la multitud me dio un empujón, y cuando me volví, vi que era la Muerte quien me había golpeado. Me miró con un gesto amenazador. Amo, por favor, présteme su caballo porque debo marcharme para escapar de ella. Iré a Samarra y allí me esconderé, la Muerte no podrá encontrarme.
>
> El comerciante le prestó su caballo y el esclavo huyó a toda prisa. Más tarde el amo fue al mercado y vio a la Muerte parada entre la multitud. Se dirigió hacia ella y le preguntó:
>
> —¿Por qué asustaste a mi esclavo esta mañana? ¿Por qué lo amenazaste?
>
> —No fue una amenaza —dijo la Muerte—, fue solo una sorpresa. Me asombró verlo en Bagdad, porque tengo una cita con él esta noche en Samarra.
>
> Cada uno de nosotros tenemos una cita en Samarra. Pero, si ponemos nuestra confianza en Aquel que tiene las llaves de la vida y de la muerte, será un motivo de gozo, no de temor.[56]

Una cita

Una cita bien escogida para la conclusión, a veces expresa la idea del sermón en palabras más fuertes y vívidas que las que el predicador mismo pueda encontrar. La cita debe ser breve, y el expositor debe sabérsela de memoria. Unas pocas líneas de una poesía o un himno expresan la verdad en forma dramática. En general, la poesía tiene que ser breve, a la vez que clara y directa.

Cuando un himno que se ha citado, se canta al finalizar, su impacto puede multiplicarse. Una oración tomada de las Escrituras expuestas, puede resumir todo el pasaje y también aplicarlo. Cuando ese versículo se vuelve a citar, su fuerza, confirmada por el sermón, puede clavar la verdad en la mente del oyente.

Una pregunta

Una pregunta apropiada, o incluso una serie de ellas, pueden concluir un sermón con eficiencia. Un mensaje sobre el buen samaritano concluyó de la siguiente manera: «Quiero terminar donde comencé. ¿Aman a Dios? Muy bien. Me alegra saberlo. Pero, ¿aman a su vecino? ¿Cómo podemos hablar de amar a Dios al que nunca hemos visto si no amamos a nuestros hermanos o a nuestros vecinos a quienes vemos?»

Una oración

La oración es una buena conclusión solo cuando es un pedido honesto y no un medio de resumir el sermón o de expresar una aplicación indirecta para la congregación. Cuando el deseo de que Dios obre surge como respuesta al sermón mismo, entonces se puede expresar en una oración fervorosa.

Instrucciones específicas

Como dijera un compositor de versos:

Mientras Pepito el domingo
Con Paquita estudiaba
Dijo Pepito a Paquita
¿Qué quieres hacer mañana?

Aunque alguien crea que ese verso es el peor tema a tratar, el predicador puede sacarle provecho. ¿Qué pueden hacer las personas el lunes para actuar —en el mundo— según el sermón del domingo? La conclusión puede responder a esa pregunta, y si el predicador no la enfrenta con la congregación, tal vez quede sin responder.

No todos los sermones pueden terminar con un «Hágalo usted mismo». Algunas predicaciones exploran grandes preguntas, y logran su propósito cuando las personas entienden el problema y la solución bíblica del mismo. No se puede establecer ninguna tarea clara y específica al respecto. Sin embargo, la predicación puede incorporarse a la vida cuando el ministro ofrece instrucciones prácticas respecto a cómo aplicar la verdad a la experiencia diaria.

Visualización

En ciertas rutas montañosas, las señales del camino advierten a los conductores: «Precaución, peligro de derrumbe». Por desgracia, cuando esos peñascos se desprenden desde arriba, casi nunca se pueden esquivar. No se puede actuar sobre toda la verdad de inmediato. Muchas predicaciones preparan a la gente para que las rocas no les caigan por sorpresa.

La visualización proyecta una congregación futura y esboza una situación probable en las que puedan usar lo aprendido. La visualización tiene que ser lo suficientemente probable como para que cualquiera pueda imaginarse a sí mismo en la situación, antes de que realmente ocurra.

Al cerrar un sermón, el predicador podría decir: «No sé cuándo le ocurra a usted, ni cómo. Alguna oscura noche despertará de su sueño por el insistente sonido del teléfono. Alzará el auricular solo para oír una voz desde el otro extremo diciendo: "Prepárate para un golpe. Tengo noticias terribles".

»En ese momento verá destrozado algo por lo que ha dado la vida, o a algún ser querido muerto. Cuando la vida se derrumbe a su alrededor, necesitará aferrarse a esta verdad inconmovible: Dios es demasiado bueno como para ser cruel, y demasiado sabio como para cometer un error».[57]

Hay que hacer algunas observaciones generales en relación a las conclusiones, cualquiera sea su forma. No se debe introducir material nuevo en la conclusión. Estos momentos finales tienen que recalcar lo que se ha dicho, y no deben llevar a la congregación a nuevas ideas. El sermón pone en posición los rifles, ahora es el momento de disparar a la mente y las emociones del oyente.

Si queremos ser sinceros, no debemos decirle a la congregación que pretendemos concluir y no lo hacemos. Expresiones como: «Finalmente» o «En conclusión», muy a menudo prometen lo que no cumplimos. En realidad, esas palabras solo deben usarse ocasionalmente. En un sermón bien preparado, las conclusiones arriban sin anunciarse.

Las conclusiones repentinas a veces causan un efecto penetrante. No tienen que ser largas. Pero las que no se preparan bien, y no hallan en que concluir, hacen que la gente añore la salida. En los términos de un anciano granjero: «Una vez que el agua salga, deje de bombear».

William E. Sangster lo expresa claramente:

«Una vez que llegue al final, deténgase. No siga buscando un lugar donde aterrizar. No haga como el nadador exhausto que viene chapoteando por el mar buscando una orilla mejor para alcanzarla.

Entre directo y aterrice de una vez. Termine lo que tiene que decir y concluya al mismo tiempo. Si la última frase tiene alguna característica que la destaque memorablemente, mucho mejor, pero no busque eso siquiera. Deje que su sermón tenga la cualidad que Carlos Wesley anheló para su vida: "Que su obra y su vida terminen juntos"».[58]

Conceptos nuevos

Introducción
Principales características de una introducción eficaz
Conclusión

Definiciones

Conclusión: Da a la congregación la visión cabal y completa de la idea, y destaca su verdad en toda la existencia.

Introducción: Expone a la congregación el tema, la idea principal o el primer punto del sermón.

Principales características de una introducción eficaz: Atrae la atención a la idea, hace surgir necesidades, orienta a la congregación hacia el cuerpo del sermón y su desarrollo.

Capítulo 9

La vestimenta del pensamiento

El autor de Eclesiastés espera hasta la conclusión para asentar sus credenciales: «*Y cuanto más sabio fue el Predicador, tanto más enseñó sabiduría al pueblo; e hizo escuchar, e hizo escudriñar, y compuso muchos proverbios. Procuró el Predicador hallar palabras agradables, y escribir rectamente palabras de verdad*» (Eclesiastés 12.9,10). Para impartir conocimiento, buscar y hallar las palabras adecuadas, el antiguo predicador escribió un manuscrito.

No todos los predicadores escriben sus sermones. Ni los que hacen esto escriben todos sus sermones, pero la disciplina de preparar un manuscrito mejora la predicación. Escribir elimina el moho del pensamiento, pone las ideas en orden, y destaca las más importantes. «Escribir —para citar a Francis Bacon—, hace que el hombre correcto sea exacto en su pensamiento y su habla».

Más que cualquier otra persona, el predicador expositivo que considera la inspiración, tiene que respetar el lenguaje. Afirmar que las palabras individuales de las Escrituras son inspiradas por Dios, e ignorar luego la propia elección de términos, peca de total incoherencia. Su teología, si no su sentido común, debiera decirle que las ideas y las palabras no pueden estar separadas. Como la gelatina, los conceptos adoptan el molde de las palabras en las que se vierten. Así como los colores definen los conceptos del artista, también las palabras captan y tiñen el pensamiento del autor.

El sabio de los proverbios compara las palabras dichas adecuadamente con «*manzanas de oro con figuras de plata*» (25.11). «La diferencia entre la palabra correcta y la casi correcta —dijo Mark Twain—, es como la que hay entre un relámpago y una luciérnaga». Como cualquier autor hábil, el poeta inglés John Keats comprendió la manera en que el estilo moldea las ideas. Una noche, mientras estaba en su estudio —trabajando en un poema—, su amigo Leigh Hunt leía. En cierto momento Keats levantó la vista y preguntó:

—Hunt, ¿qué te parece esto? «Lo bello es un deleite sin fin».

—Bueno —dijo Hunt—, pero no del todo.

—¿Y ahora? «Un objeto bello es un deleite sin fin».

—Mejor —respondió su amigo—, pero todavía no es perfecto.

Una vez más Keats se inclinó sobre su escritorio. Su pluma garabateaba con suavidad sobre el papel. Al fin preguntó:

—¿Qué te parece ahora? «Un objeto bello es un deleite perdurable».

—Eso —dijo Hunt—, vivirá mientras se hable inglés.

¿Quién podría subestimar el poder de las palabras? La mayoría de las Escrituras más queridas son aquellas que expresan la verdad en un lenguaje agradable: el Salmo 23, 1 Corintios 13, Romanos 8. Aun cuando Pablo desdeñaba la elocuencia como valiosa en sí misma, escribía sus cartas inspiradas en un lenguaje también inspirado. Aunque una pintura como el «Cristo en Emaús», de Rembrandt, nos pueda dejar sin habla, cualquiera que generalice que un «cuadro vale más que cien palabras», nunca trató de expresar Juan 3.16 en una pintura (una oración de 30 palabras).[59]

Hay palabras brillantes, tan luminosas como un amanecer tropical; las hay monótonas, sin atractivos, como una mujer anémica. Hay palabras fuertes que golpean como un boxeador profesional, y las hay insípidas como té medicinal. Hay palabras reconfortantes, como las almohadas; y las hay amenazadoramente frías como el acero. Algunas llevan al oyente, al menos por unos instantes, cerca del trono de Dios, y otras lo empujan hacia la cuneta. Vivimos por las palabras, amamos con palabras, oramos con palabras, y morimos por palabras. Joseph Conrad no exageró cuando dijo: «Denme la palabra correcta y el tono adecuado, ¡y moveré el mundo!»

«Pero el lenguaje no es mi don», protesta el siervo con un solo talento enterrando su ministerio. Dotados o no, tenemos que usar las palabras, y la única pregunta que queda por hacer es si las usaremos pobremente, o bien. Si un ministro se toma el arduo trabajo de procurarlo, puede llegar a ser más hábil con las palabras de lo que es.

Desde luego, si se compara con C.S. Lewis, Malcolm Muggeridge, o James S. Stewart, se sentirá tentado a declararse arruinado. Permitamos que autores como ellos provean los ideales hacia los cuales apuntar. Pero en cada sermón, cualquier ministro puede ser exacto y claro en lo que dice.

Nuestra elección de las palabras se llama *estilo*. Todo el mundo tiene uno —sea débil, sombrío, enérgico, o preciso—, pero según cómo tratemos o maltratemos las palabras, así será nuestro estilo. El estilo refleja cómo pensamos y cómo vemos la vida.

El estilo varía según el orador, y a su vez, este lo cambia de acuerdo con el auditorio y las ocasiones. Hablar en una clase de secundaria, por ejemplo, permite usar un estilo diferente del que se emplearía en un culto el domingo por la mañana. El estilo elegante que se usa en un sermón de graduación estará completamente fuera de contexto en un pequeño grupo de estudio bíblico.

Aunque las reglas que rigen el arte de escribir también se aplican a los sermones, un sermón no es un ensayo disfrazado. Puesto que lo que el predicador escribe solo sirve como una preparación general para lo que realmente va a decir, el manuscrito no es su producto final. El sermón no se debe leer a la congregación. Eso le quita el sentido vital a la comunicación. Tampoco hay que memorizarlo. Eso no solo agrega una pesada carga sobre el predicador que habla varias veces por semana, sino que también el auditorio percibe cuando él lee las palabras en el pizarrón de su mente.

Si el predicador lucha con los pensamientos y las palabras en su estudio, lo que escribe se internalizará en él. Luego podrá repetir varias veces el bosquejo en voz alta, o lo que recuerde de él, sin esforzarse mucho por memorizar el manuscrito exacto. Cuando suba al púlpito, el texto escrito habrá hecho su obra en el lenguaje del expositor.

Mucha de la fraseología le vendrá a la memoria mientras predica, aun cuando no toda. Al calor de la presentación, cambiará la estructura de las oraciones, se le ocurrirán nuevas frases, y su mensaje brillará como una conversación espontánea. En efecto, el manuscrito contribuye al pensamiento y al estilo del sermón, pero no lo determina.

Redactar un sermón es diferente de escribir un libro. El predicador debe escribir como si estuviera hablando con alguien y, al igual que en la conversación, debe luchar para obtener una comprensión inmediata. El escritor sabe que el lector puede estudiar la página en su tiempo libre, reflexionar en lo planteado, discutir las ideas, y continuar al ritmo que le resulte cómodo.

Si se encuentra con una palabra desconocida, puede levantarse y consultar un diccionario. Si pierde la línea de pensamiento del autor, puede volverse y rastrearlo. En resumen, el lector es quien controla la experiencia. El oyente, en cambio, no se puede dar el lujo de meditar pausadamente, no puede volver atrás para escuchar por segunda vez. Si no capta lo que se dice, cuando se lo dicen, lo pierde definitivamente.

Si no toma tiempo para revisar el argumento del predicador, perderá lo que dice en el momento. El oyente está sentado a merced del predicador, y este, a diferencia del escritor, tiene que hacerse entender al instante.

Varias técnicas ayudan al predicador a pensar con intensidad y hablar con claridad. Algunos dividen y titulan sus manuscritos según el bosquejo. Al hacerlo, imprimen en sus mentes la coordinación y la subordinación de sus ideas. Además, como las transiciones juegan un papel importante en la comunicación hablada, ocupan más espacio en el manuscrito del sermón.

La congregación oye el sermón, no como un bosquejo, sino como una serie de oraciones. Las transiciones hacen las veces de señales viales para indicar dónde estaba el sermón hasta ese momento y hacia dónde se dirige y, en consecuencia son más largas y más detalladas que al escribirlas.

Las transiciones menores, que unen subpuntos, pueden ser más cortas, a veces pueden consistir en una sola palabra (además, entonces, ahora); otras veces son frases (por otra parte, por consiguiente, como resultado de esto, sin embargo, con todo), o una o dos oraciones.

Aunque el escritor puede dejar implícitas las transiciones, el predicador tiene que desarrollarlas. Las transiciones claras, completas y definidas pueden parecer pesadas en el papel, pero salen con facilidad en el sermón y le permiten a la congregación pensar las ideas del predicador junto con él.

Un estilo claro

¿Qué características de estilo debe cultivar el predicador? Antes que nada, tiene que ser claro. Talleyrand afirmó una vez que el idioma fue creado para ocultar —no para revelar— los pensamientos de los hombres. Las personas cultas, a veces, hablan como si Talleyrand fuera su maestro de oratoria. Tratan de impresionar al auditorio con la profundidad de su pensamiento y a través de lo oscuro de su hablar.

Un sermón no es profundo porque sea turbio. Todo aquello que se piensa a fondo, se puede expresar de manera sencilla y clara. Poincaré, el brillante matemático francés, insistía en que «ningún hombre sabe nada de alta matemática, si no puede explicarlo claramente al hombre de la calle». De la misma manera, ningún predicador entiende un pasaje de la Biblia o un punto teológico a menos que pueda expresarlo claramente a la congregación que tiene delante.

Para el predicador, la claridad es una cuestión moral. Si lo que predicamos conduce a la gente a Dios o la aparta de Él, por amor a Dios y a la gente, debemos hablar claro. Helmut Theilicke nos recuerda que las ofensas surgen, no porque las personas no entiendan, sino porque entienden demasiado bien, o al menos, temen tener que entender.[60]

Imaginemos una reunión masiva en Rusia donde un comunista emprende una diatriba contra el cristianismo. Alguien se para y grita: «¡Jesús es el Mesías!» La audiencia quedaría perpleja y echarían a esa persona por perturbar la reunión. Pero, ¿qué habría pasado si hubiera gritado: «¡Jesús es Dios. Es el único Señor, y todos los que convierten el sistema en su Dios irán al infierno junto con sus líderes comunistas!» Esa persona se hubiera arriesgado a que la multitud la descuartizara. La claridad revela lo ofensivo del evangelio. También trae vida y esperanza.

Un bosquejo claro

¿Cómo, pues, traemos claridad a nuestros sermones? Los manuscritos claros surgen de bosquejos transparentes. La comunicación se origina en la mente; no en los dedos, ni en la boca, sino en la cabeza. Algunos predicadores tienen mentes toscas. Aunque sus ideas son estimulantes, no siguen ninguna secuencia y su pensamiento zigzagueante mata a sus oyentes.

Después de una desconcertante media hora de tratar de seguir a un predicador tosco, escuchar a un amigo tonto resulta un dulce alivio, es como tener un gato sobre las rodillas luego de haber tenido una ardilla. El pensamiento zigzagueante se puede enderezar únicamente destacando la idea fundamental antes de trabajar en los detalles.

Trabajar en un párrafo o una oración carece de sentido, a menos que el predicador sepa muy bien lo que quiere decir. Los manuscritos claros se desarrollan a partir de bosquejos transparentes.

Oraciones breves

Además, para ser claro, uno debe desarrollar oraciones cortas. Rudolph Flesch, en *The Art of Plain Talk* [El arte de hablar llano], insiste en que la claridad aumenta a medida que la longitud de la frase disminuye. Según su fórmula, un escritor claro redacta oraciones que tengan un promedio de diecisiete o dieciocho palabras, y no permite que ninguna de sus oraciones exceda las treinta palabras.[61]

En el manuscrito del sermón, las oraciones cortas evitan que la idea se enrede y, en consecuencia, son más fáciles de recordar. Cuando el predicador presenta su sermón, ya no se preocupa en absoluto por la longitud de sus oraciones, así como no piensa en las comas, puntos, ni signos de exclamación.

Tratando de hacerse entender, el expositor vierte sus palabras en frases entrecortadas, incluso breves, marcadas por pausas, vocales aisladas y variaciones en el tono, el ritmo y la intensidad. Aunque las oraciones cortas del manuscrito sirven a la mente del predicador, tienen poco que ver con la presentación misma del sermón.

Oraciones estructuralmente sencillas

Mantenga oraciones con estructuras sencillas. Un estilo claro y más enérgico surge cuando seguimos la siguiente secuencia: sujeto principal, verbo principal, y (en caso necesario) objeto principal. En la jerga gramatical significa concentrarse en la cláusula independiente antes de agregar otras dependientes. (Una cláusula independiente puede —por sí misma— hacer las veces de una oración completa, la cláusula dependiente no.)

Cuando comenzamos una oración sin precisar lo que queremos destacar, casi siempre terminamos destacando detalles insignificantes. Si agregamos demasiadas cláusulas dependientes, complicamos nuestras oraciones, haciéndolas más difíciles de entender y de recordar.

Arthur Schopenhauer reprendió a los alemanes: «Si es una falta de cortesía interrumpir a otra persona cuando está hablando, no lo es menos interrumpirse a sí mismo». Las oraciones complicadas tienen una desventaja adicional: disminuyen la velocidad del sermón. Como lo indicó Henry Ward Beecher: «Una ramita con hojas no hace cosquillas».

Palabras sencillas

Las palabras sencillas también contribuyen a un estilo claro. Ernest T. Campbell nos dice del bromista que en un momento de frustración declaró: «Toda profesión es una conspiración contra el lego».[62] Cualquier ciudadano que ha luchado por entender un formulario de solicitud de un documento, por ejemplo, se pregunta por qué la oficina correspondiente no explica lo que significa.

Los abogados se aseguran el puesto embalsamando la ley en una jerga legal. Los científicos mantienen a raya al hombre común al recurrir a símbolos y términos que solo los iniciados entienden. Los teólogos y los ministros también parecen mantenerse en sus puestos recurriendo a un lenguaje que desconcierta a los mortales comunes.

Tenga cuidado con la jerga. El vocabulario especializado ayuda a los profesionales dentro de una disciplina a comunicarse entre sí, pero se convierte en pura jerga cuando se usa sin necesidad. Aunque lleva tres o cuatro años hacer el seminario, puede llevar diez deshacerse de él. Si un predicador salpica sus sermones con palabras como escatología, neumatología, exégesis, existencial, joanino, etc., levanta barreras para la comunicación.

La jerga combina lo ostentoso de las «grandes» palabras con la inercia de los clichés y, casi siempre, se la usa para impresionar más que para informar a la congregación.

Use una palabra corta a menos que sea absolutamente necesario emplear una larga. Josh Billings da un golpe a favor de la sencillez y la claridad al señalar: «Joven, cuando busque el diccionario con el fin de encontrar palabras suficientemente grandes para contener lo que quiere significar, puede imaginarse que no tiene mucho que decir».

Las palabras extensas sufren parálisis en el final. Se cuenta que hace algunos años un joven escritor de material publicitario desarrolló una propaganda para un nuevo tipo de jabón: «Los elementos alcalinos y las grasas de este producto se combinan de tal manera que aseguran la mayor calidad de saponificación, además de un peso específico que lo mantiene en la superficie del agua, aliviando al bañista del problema y la molestia de andar pescando el jabón en el fondo de la bañera durante su lavado». Un hombre más experimentado expresó la misma idea en tres simples palabras: «Este jabón flota».

George G. Williams dice que setenta a ochenta por ciento de las palabras que usan —por supuesto, en el idioma inglés—

Somerset Maughman, Sinclair Lewis, Robert Louis Stevenson, y Charles Dickens son monosílabas. Setenta y tres por ciento de las palabras del Salmo 23, y setenta y seis por ciento de 1 Corintios 13 —también en idioma inglés— son monosílabas, y en castellano el setenta por ciento de las palabras son monosílabas y bisílabas.[63]

No importa el acierto con que una frase o una palabra exprese la idea del predicador, no vale la pena si el oyente no sabe qué quiere decir. «Habla —dijo Abraham Lincoln—, de manera que el más humilde te pueda entender, y el resto no tendrá ninguna dificultad».

Billy Sunday, el conocido evangelista, entendió el valor de la sencillez cuando dijo:

> «Si un hombre agarrara un trozo de carne y lo oliera e hiciera un gesto repulsivo, y su hijito le dijera: "¿Qué tiene, papá?", y el padre respondiera: "Está experimentando un proceso de descomposición en la formación de nuevos compuestos químicos", el niño quedaría perplejo. Pero si el padre le respondiera: "Está podrido", el niño entendería y se taparía la nariz. Podrido es una palabra comprensible, y no hace falta ir al diccionario para averiguar qué significa».[64]

Esto no quiere decir que un ministro deba darse aires de superioridad frente a la congregación. Al contrario, su regla de oro debiera ser: No sobrestime el vocabulario de la gente, pero tampoco subestime su inteligencia.

Un estilo directo y personal

Además de la claridad, una segunda característica fundamental del estilo es que debe ser directo y personal. Mientras que lo que se escribe se enfoca a «aquellos que tengan interés», el sermón se dirige, por ejemplo, a los hombres y mujeres que están sentados en la Primera Iglesia Bautista, el 15 de julio, en la calle España, entre Bolívar y Colón, en el culto matutino dominical. El autor y el lector —por otra parte— están solos, alejados y no se conocen entre sí. Pero el predicador habla a sus oyentes cara a cara y los conoce por nombre.

El pensamiento escrito comunica los resultados del pensamiento, mientras que el lenguaje hablado representa la espontaneidad del pensamiento que Donald C. Bryant y Karl Wallace describen como «comprensión vívida de la idea en el momento de pronunciarla».[65]

En consecuencia, el sermón no debe parecer una tesis leída a la congregación. Tiene que oírse como una conversación en la que se está pensando y donde el predicador habla a, y con, sus oyentes. El expositor y el oyente sienten que están en contacto.

El sermón emplea el estilo del discurso directo. Aun cuando un escritor podría afirmar: «El cristiano debe cuidarse mucho de cómo habla de otros en su conversación»; el predicador tal vez diga: «Deben tener mucho cuidado respecto a cómo hablan de otros». El pronombre personal le da al predicador y al público una sensación de unidad. Aunque el vosotros tácito puede ser muy eficaz, otras veces el ministro dirá nosotros, refiriéndose a «vosotros y yo».

El nosotros del discurso directo contrasta con el tácito vosotros editorial que sustituye al pronombre yo. Un nosotros editorial suena como si el predicador hablara a una comisión. El nosotros del estilo oral, como el *nosotros* de una buena conversación, significa «vosotros y yo juntos».

Un predicador puede usar preguntas donde el escritor no puede. La interrogación invita al oyente a pensar en lo que dirá a continuación el expositor y muchas veces introduce un punto importante o una nueva idea. Puede invitar a la congregación a responder a lo que afirma el predicador y a menudo se emplea para concluir el sermón. Las preguntas muestran claramente que el predicador y el auditorio están cara a cara.

El estilo personal presta poca atención a las regulaciones de la escritura formal. Lo que es apropiado para la buena conversación, sirve para predicar. Esto no significa, desde luego, que cualquier cosa sirva. La gramática pobre o una pronunciación defectuosa enervan al oyente, como una risilla sofocada en una reunión de oración, y producen dudas acerca de la capacidad del predicador.

Aunque la jerga recibe críticas mixtas, cuando se la usa conscientemente, puede captar la atención e inyectar un sentido de despreocupación e informalidad en el sermón. Cuando se usa irreflexivamente, luce vulgar e incluso burda y delata una mente perezosa.

El discurso personal, directo, no apela a una lengua descuidada ni a un español indecoroso. El lenguaje de la predicación eficaz debiera ser el de un caballero en la conversación.

Un estilo vívido

Una tercera característica del estilo eficiente es la vivacidad. Wayne C. Minnick sostiene que la comunicación que toca la experiencia del oyente apela tanto a la mente como a los sentimientos. Aprendemos acerca del mundo que nos rodea por medio del oído, la vista, el olfato, el gusto y el tacto. Para que un público experimente el mensaje, el ministro tiene que apelar a esos sentidos.[66]

El predicador hace esto directamente con la vista y el oído. La congregación ve sus gestos y sus expresiones faciales, y oye lo que está diciendo. También estimula los sentidos indirectamente por medio del uso de las palabras. El lenguaje hace que las personas recuerden experiencias pasadas y respondan a las palabras como lo hicieron con los hechos mismos.

Los jugos gástricos, por ejemplo, fluyen cuando oímos las palabras «pan caliente con mantequilla», pero se contraen repentinamente cuando pensamos en cucarachas caminando sobre ese mismo pan. Al usar este recurso, el predicador le permite al oyente conectar experiencias no vividas con emociones que han experimentado.

La vivacidad aumenta cuando se usan detalles específicos y concretos en abundancia. Decimos que una frase es «específica» si es explícita y exacta, y que es «concreta» si graba imágenes en la mente. La cifra $1.923.212,43 es específica hasta en los centavos, pero no es concreta. En cambio, la cifra $283.00 en su factura de energía eléctrica es bien concreta.

No podemos visualizar la primera cifra, pero sí la segunda. Los detalles específicos agregan interés si también son concretos. Comunican porque se relacionan con la experiencia del oyente. Entonces, en lugar de decir «producción», diga: «soya, caña de azúcar»; en vez de decir «arma», diga: «rifle calibre 22». En lugar de decir «ciudades principales», sea concreto y diga: «Nueva York, Buenos Aires, San Pablo, Londres».

La siguiente afirmación es abstracta: «En el curso de la experiencia humana, observamos que los eventos de nuestra existencia tienen características cíclicas definidas. La conciencia de los mismos dirigirá al observador a un nivel superior de propiedad en su conducta».

El predicador de Eclesiastés expresó el mismo pensamiento de la siguiente manera: «*Todo tiene su tiempo, y todo lo que se quiere debajo del cielo tiene su hora. Tiempo de nacer, y tiempo de morir; tiempo de plantar, y tiempo de arrancar lo plantado; tiempo de matar, y tiempo de curar; tiempo de destruir, y tiempo de edificar; tiempo de llorar, y tiempo de reír; tiempo de endechar, y tiempo de bailar; tiempo de esparcir piedras, y tiempo de juntar piedras; tiempo de abrazar, y tiempo de abstenerse de abrazar; tiempo de buscar, y tiempo de perder; tiempo de guardar, y tiempo de desechar; tiempo de romper, y tiempo de coser; tiempo de callar y tiempo de hablar*» (3.1-7).

Como el artista o el novelista, el ministro debe aprender a pensar a través de imágenes. Eso significa que tiene que visualizar los detalles. Gustave Flaubert le dio a su discípulo Guy de Maupassant una tarea: «Ve a la estación de ferrocarril, allí hallarás unas cincuenta cabinas. Todas se parecen mucho, pero no son iguales. Elige una y descríbela con tal precisión que cuando yo pase la reconozca perfectamente».[67]

El lenguaje concreto se desarrolla primero como una manera de ver, y luego como una forma de escribir o hablar. A menos que observemos la vida, no la podremos representar con claridad.

La vivacidad se desarrolla cuando dejamos que los nombres y los verbos mismos transmitan nuestro significado. Los adjetivos y los adverbios confunden y casi siempre acompañan a las palabras débiles. Según E.B. White: «El adjetivo no se creó para sacar de apuros a una palabra débil o inadecuada». Los nombres y verbos fuertes van solos. «Un hombre alto» tendría que convertirse en «un gigante»; un «pájaro grande» en un «halcón». Diga: «gritó», en vez de «habló muy fuerte»; o «corrió» en vez de «caminó apresuradamente».

Tenga especial cuidado con calificativos como: *muy, tan, casi, demasiado, bastante*. Delatan la dificultad de elegir términos adecuados. La palabra «hirviendo» tiene más fuerza que «muy caliente»; e «ingenioso» describe la idea mejor que «muy interesante».

Al elegir verbos, use los que tienen vida. Los verbos en indicativo activo dan fluidez a las oraciones. El principio que rige es «alguien hace algo». Los verbos pasivos les restan vida al discurso. La expresión: «Las opiniones y juicios son formados por nosotros en base a lo que hemos aprendido», es una oración que parece muerta.

«Pensamos según lo que aprendimos» posee vitalidad. «Un buen tiempo ha sido pasado por todos» carece de vida, mientras que «Todo el mundo se divirtió» es dinámica.

Los verbos y los nombres despiertan la imaginación cuando son precisos. «Se fue» dice algo, pero no tanto como «Se marchó», «Desapareció», «Salió dando tumbos». «Gritó», «Vociferó», «Chilló» dicen más que «Dijo».

La vivacidad también aumenta cuando empleamos figuras retóricas novedosas. Las metáforas y los símiles producen sensaciones en el oyente, o le hacen recordar imágenes de vivencias previas. Alexander Maclaren estimula el sentido del tacto cuando afirma: «Todos los pecados están ligados entre sí en una maraña pegajosa como un banco de algas, de manera que si un hombre cae entre sus extremos cenagosos, es muy probable que se ahogue».

George Byron apela a la vista cuando dice:

Los asirios aparecieron como un lobo sobre el aprisco, con sus cohortes relucientes de oro y plata.

Carlos Spurgeon captó los sentidos en un ejemplo referido a la era pasada «cuando el gran universo estaba en la mente de Dios, como los bosques en la cáscara de una nuez».

Alfred North Whitehead evoca una imagen cuando reflexiona: «El conocimiento no dura más que el pescado». Las metáforas ahorran tiempo encerrando en una frase más de lo que un expositor parlanchín expresa en todo un párrafo.

Consideremos algunas:

—Frases como: «Hojas de higuera que cubren la ignorancia», desnudan palabras vacías rellenas con espuma que caen como lápidas sobre ideas muertas.

—Si el protestantismo está muerto, los sermones son una daga clavada en su corazón.

—Evitó los temas difíciles como si caminara sobre brasas.

Las metáforas, como el pescado para comer, tienen que ser frescas. Tanto el sentido literal como el figurado deben golpear la mente en el mismo momento. Cuando el sentido literal se pierde porque la comparación es inapropiada, la figura se debilita. El oyente se vuelve sordo a la misma. Las frases que siguen golpeaban como el impacto de un puñetazo, pero ahora pasan inadvertidas:

Las tinieblas de este mundo
Las puertas del cielo
Mundo perdido y agonizante
Valle de lágrimas
Brillemos como antorchas

Cuando una comparación pierde la fuerza, tírela y busque otra más fuerte y novedosa que clarifique el punto y mantenga atento al auditorio. La relevancia se manifiesta tanto en el estilo como en el contenido. Tenemos que hablar la verdad eterna en palabras actuales. El ministro debería estudiar las propagandas de las revistas y los anuncios de radio y televisión para saber cuál es el lenguaje que se entiende con facilidad y que apela a los cautivos de nuestra cultura.

La observación nos confirma lo que los estudios lingüísticos han demostrado: Buena parte del lenguaje empleado en nuestros púlpitos es «impreciso, irrelevante y carente de significado».[68]

El estilo eficaz no se puede enseñar como una fórmula matemática. El dominio de la «palabra bien arreglada» requiere saber advertir los detalles y buscar las similitudes significativas entre cosas que no se relacionan normalmente.

En resumen, librarse de un lenguaje trillado y gastado requiere imaginación. En la predicación expositiva nada es más necesario, ni ha estado más ausente. Los expositores que representan a un Dios creativo no deben osar convertirse, según la descripción de Robert Browning, en «polvo sin chispa de vida».

¿Cómo podemos evitar el pecado de ser aburridos?

1. *Preste atención a su propio uso del lenguaje.* En la conversación privada, no neutralice su mente ni use frases que aplas-

tan en vez de estimular. Cultive la elección de comparaciones frescas y le resultará más fácil emplearlas durante la predicación. Beecher nos da su testimonio acerca de las ilustraciones, el que se aplica también al estilo: «Aunque las ilustraciones son tan naturales en mí como respirar, ahora uso cincuenta por una de las que empleaba al comienzo del ministerio... desarrollé una tendencia latente en mí, y me eduqué en ese sentido por medio del estudio y la práctica con mucha meditación y muchas luchas, tanto con la pluma como en forma improvisada, cuando andaba de un lado a otro».[69]

2. *Estudie cómo usan el lenguaje los demás.* Cuando un escritor o un expositor le despierta, examine cómo lo logró. Dado que la poesía rebosa de metáforas y símiles, estudiar versos desarrollará una sensibilidad hacia el lenguaje figurativo.

3. *Lea en voz alta.* Leer en voz alta le ayuda de dos maneras. Primero, incrementa su vocabulario. Cuando niños aprendemos a hablar oyendo e imitando, mucho antes de que sepamos leer o escribir. Leer en voz alta reproduce esa experiencia. Segundo, al leer estilos mejores que el suyo, se grabarán en su sistema nervioso patrones de lenguaje y una fraseología creativos. Desarrollará el sentido de hablar con imágenes. Léales a su esposa y a sus hijos para obligarse a interpretar lo que lee. Lea novelas, ensayos, sermones, y especialmente la Biblia. La versión Reina Valera presenta la verdad de Dios con el esplendor de Cervantes, y la Versión Popular la viste más a la moda. Ambas tienen un estilo impresionante.

Conceptos nuevos

Estilo
Características del estilo de un sermón eficaz
    claro
    directo y personal
    vívido

Definiciones

Estilo, selección de palabras.

Capítulo 10

Predique para que la gente escuche

La mayoría de los libros de homilética dicen mucho sobre el desarrollo del sermón, pero poco acerca de su presentación. Los pastores parecen seguir el ejemplo de esos textos.

Hay ministros que dedican horas todas las semanas a la preparación de sus sermones, pero rara vez dedican unas pocas por año siquiera, a pensar acerca de la presentación del sermón. Sin embargo, los sermones no se expresan como bosquejos ni como manuscritos. Adquieren vida solo cuando se predican. Un sermón mal predicado es como un niño que nace muerto.

La eficiencia de nuestros sermones depende de dos factores: qué decimos y cómo lo decimos. Ambos son importantes. Fuera del contenido bíblico relacionado con la vida, no tenemos nada que comunicar; pero sin una presentación habilidosa, no podremos hacer llegar nuestro contenido a la congregación.

Según el orden de importancia, los ingredientes que componen un sermón son: pensamientos, disposición, lenguaje, voz y gestos. Sin embargo, el orden de prioridades según la impresión se invierte. Los gestos y la voz resultan los más obvios y determinantes. Cualquier estudio empírico sobre la predicación y sus efectos en el resultado de un mensaje llega a la misma conclusión: La presentación tiene una gran importancia.[70]

No solo la voz y los gestos del que habla llegan primero a los sentidos del oyente, también las inflexiones de su voz y las acciones transmiten los sentimientos y actitudes con más exactitud que las palabras. Durante la década de los setenta, muchos intelectuales de diversas disciplinas —sicología, antropología, sociología, comunicación oral, para mencionar algunas—, investigaron los efectos de la comunicación no verbal.

Estas investigaciones mostraron que transmitimos mensajes por la manera en que nos sentamos o nos paramos, por las expresiones faciales, los gestos, e incluso por el espacio que permitimos entre nosotros y aquellos con quienes tratamos.[71]

Como consecuencia de esas investigaciones, varios libros prometieron interpretar el lenguaje silencioso de modo que los lectores pudieran usarlo para su provecho personal. La elevada pretensión de esos libros quizás produjo tantos escépticos como creyentes.

Las diferencias culturales e individuales en la comunicación no verbal hacen que las definiciones dogmáticas del significado del lenguaje corporal resulten simplistas y hasta peligrosas. Por ejemplo, afirmar que los brazos cruzados sobre el pecho revelan que el individuo quiere excluir a quienes lo rodean, es como decir que la palabra *modelo* siempre se refiere a una réplica en pequeña escala de un objeto mayor.

Ninguna persona seria, sin embargo, negará que también comunicamos mensajes sin hablar. Las personas que son amigas consideran que una medida de la profundidad de su relación descansa en su capacidad para entenderse mutuamente, incluso cuando están juntas en silencio.

Consideramos que los conocidos accidentales, inclusive los extraños, tienen una actitud amigable, incómoda o preocupada, según su postura, sus expresiones faciales o el tono de su voz. Las sonrisas, el ceño fruncido, las miradas, los guiños y las ojeadas, determinan que aquellos con quienes nos cruzamos nos gustan o disgustan, merecen nuestra confianza o desconfiamos de ellos.

El autor de Proverbios entendió el poder de la comunicación no verbal cuando declaró: *«El hombre malo, el hombre depravado, es el que anda en perversidad de boca; que guiña los ojos, que habla con los pies, que hace señas con los dedos»* (Proverbios 6.12-14). Los ojos, las manos, el rostro y los pies, predican tanto a la congregación como las palabras que pronunciamos.

El sicólogo Albert Mehrabian lo expresa en una fórmula: «Solo 7% del impacto del mensaje de un orador llega por medio de sus palabras, 38% brota del tono de la voz, y 55% de las expresiones faciales».[72]

De esta investigación se pueden extraer varias observaciones en relación a los expositores y la predicación. Primero, el lenguaje no verbal posee una importancia estratégica en la expresión pública. Cuando nos dirigimos a una congregación, operan tres redes de comunicación al mismo tiempo: nuestras palabras, nuestra entonación, y nuestros gestos.

Las tres comunican ideas. Cuando el actor George Arliss leyó por primera vez la obra *Disraeli*, aconsejó al autor que quitara dos páginas. «Puedo decir eso con una mirada», dijo. «¿Qué mirada?» le preguntó el autor. Arliss hizo una demostración, y las páginas salieron del libreto.[73]

En efecto, las acciones pueden ser más expresivas que las palabras. Ponerse un dedo sobre la boca dice más que «Silencio». Abrir los ojos arqueando las cejas refleja un grado de sorpresa que las palabras no pueden expresar. Encogerse de hombros comunica una idea que va más allá de las palabras. En general, los elementos no verbales comunican mejor las emociones y actitudes.

Edward T. Hall resume los hallazgos de los sociólogos cuando afirma: «Además de lo que decimos con nuestro lenguaje verbal, constantemente estamos comunicando nuestros verdaderos sentimientos en un lenguaje silente, el idioma de la conducta».[74]

Segundo, las investigaciones y la experiencia concuerdan en que si los mensajes no verbales contradicen a los verbales, los oyentes se verán más propensos a creer el lenguaje silente. Parece más difícil mentir con todo el cuerpo que solo con los labios. Esta es la base de la observación de Sigmund Freud: «Ningún mortal puede realmente guardar un secreto. Si sus labios callan, hablará con la punta de los dedos; por todos sus poros algo lo delata».

Las palabras de un pastor tal vez insistan en que «Esto es muy importante», pero si el tono de su voz es monótono e inexpresivo, y su cuerpo está rígido, la congregación no le creerá. Si el predicador sacude el puño contra sus oyentes mientras dice en tono de reproche: «Lo que esta iglesia necesita es más amor y profunda preocupación los unos por los otros», la gente en los bancos se preguntará si realmente sabe de qué está hablando.

Puesto que buena parte de la predicación implica actitudes que contradicen o refuerzan lo que proclaman nuestras palabras, el predicador no debe osar ignorar la presentación del mensaje.

Tercero, una presentación eficaz comienza con ganas. El humorista y filósofo Abe Martín sugirió que: «Hay más diferencia entre un profesional y un aficionado que cualquier cosa en el mundo». En relación al discurso público, el aficionado dice palabras, mientras que el profesional tiene un profundo deseo de comunicar.

El aficionado se preocupa por sacar las ideas de su cabeza, mientras que el profesional lucha por meterlas en la nuestra. En el caso del predicador, el conocimiento técnico y el entrenamiento en el arte del discurso público no pueden ocupar el lugar de la convicción y la responsabilidad.

Tener algo que decirle a la congregación, que uno quiere que entiendan y que sea la base de su vida, provee el estímulo fundamental para una buena presentación del mensaje. Y produce la disposición emocional para predicar. Por eso, una buena predicación desde el púlpito se parece a una conversación dinámica.

Cuando nos concentramos en las ideas que queremos que otros entiendan y acepten, la predicación surge naturalmente. No emerge de seguir, en una forma servil, una serie de reglas. Charles R. Brown, en sus conferencias en Yale acerca de la predicación, describió la obra de George Macdonald en el púlpito en Londres:

> Esa mañana leyó las Escrituras en el capítulo once de Hebreos. Cuando llegó el momento del sermón, dijo: «Todos ustedes han oído acerca de esos hombres de fe. No trataré de explicarles qué es la fe; hay profesores de teología que pueden hacerlo mucho mejor que yo. Pero estoy aquí para ayudarlos a creer». Luego siguió una manifestación sencilla, sincera y magnífica de su propia fe en aquellas realidades invisibles que son eternas, para producir fe en la mente y el corazón de todos sus oyentes. Tenía el corazón puesto en su tarea. Su predicación era eficaz porque se basaba en la genuina belleza de su propia vida interior.[75]

«Tenía el corazón puesto en su tarea». Ninguna regla puede tomar el lugar de eso. La sinceridad, el entusiasmo, y un profundo fervor rompen las barreras que impiden que el verdadero ser se abra camino. En ese sentido, la presentación eficaz se aproxima al ir y venir cotidiano de la conversación.

Decir que la predicación en el púlpito, sin embargo, se parece a la conversación, no significa que nuestra manera usual de hablar sea la mejor. La forma en que lo hacemos en privado se desarrolla a partir de una acumulación de hábitos de toda la vida. Podemos adquirir formas de comunicación pobres igual que desarrollamos los hábitos incorrectos para comer o comportarnos. Es más, algunas conductas que pasan inadvertidas en privado, se vuelven tremendamente obvias en público.

Cuando nos dirigimos a un auditorio, nuestra posición se convierte en algo único y significativo. Meterse las manos en los bolsillos, pasárselas por el pelo o la cara, jugar con un anillo, o con el nudo de la corbata, o arrastrar los pies, son la mala gramática de la presentación.

Los amaneramientos y las conductas peculiares pueden pasar inadvertidas por nuestros amigos y aun ser toleradas por nuestros colegas, pero en el púlpito gritan llamando la atención y distraen a la gente de lo que decimos. En el púlpito, por tanto, el movimiento del cuerpo tiene que ser disciplinado para que sea eficaz.

Al comienzo, los intentos por mejorar la predicación parecen poco naturales. El aprendiz puede considerar que debiera abandonar el esfuerzo, ya que un ministro no es un actor, y tener que prepararse para predicar forza su personalidad. Pero adquirir cualquier hábito inicialmente implica cierta reticencia.

Por ejemplo, cuando conducimos un automóvil por primera vez, o tratamos de aprender a jugar tenis, nos sentimos un poco incómodos al procurar controlar nuestra conducta. Después de un poco de práctica y experiencia, desaparece la timidez y la conducta recién aprendida se manifiesta con más facilidad.

Actuar con naturalidad ante una audiencia requiere esfuerzo y disciplina.

¿Cuáles son algunos de los factores no verbales en la presentación a los que deberíamos prestarles atención?

El arreglo y el vestido

Cuando el apóstol Pablo declaró: «... *a todos me he hecho de todo, para que de todos modos salve a algunos»* (1 Corintios 9.22), estableció un principio básico de la comunicación cristiana. En cuestiones moralmente irrelevantes, lo que importa no es tanto lo que siento, sino los sentimientos y las actitudes de los demás. Dado que el arreglo y el vestido son significativos para el oyente —en cuanto a la manera que responde a nosotros—, debieran serlo también para nosotros.

Una regla básica en el arreglo y el vestido del predicador es que deben ajustarse al público, la circunstancia y al propio predicador. Por ejemplo, las modas cambiantes en corte de cabello, estilos de barba, bigotes y pelo en general, imposibilitan la fijación de reglas absolutas. El ministro consciente de su comunidad y sus valores, no querrá que su cabello se interponga en su ministerio.

A John T. Molloy, asesor de vestuario de grandes corporaciones norteamericanas, le preguntaron si hay algunos rasgos comunes a todos los ejecutivos que triunfan. Señaló dos: llevan el cabello bien peinado y los zapatos lustrados. Y esperan lo mismo de los demás hombres, especialmente de sus subordinados. Los estudios de Molloy indican que el cabello descuidado, aunque sea corto, provoca fuertes reacciones negativas en otros hombres. El cabello, cualquiera sea su longitud, debe estar arreglado.[76]

Un programa de ejercicios regulares y dieta adecuada puede quitar los kilogramos excesivos que impiden la comunicación. Cuesta creer que un ministro que pese unos 15 kilogramos de más, tome en serio los mandamientos bíblicos respecto al autocontrol. El arreglo también incluye el uso de desodorantes, pasta dental y antiséptico bucal. Aunque las propagandas de la televisión hacen que el mal aliento sea peor que el cáncer, eso y los olores desagradables del cuerpo pueden levantar barreras donde queremos puentes.

Investigaciones recientes demuestran que el aspecto y el vestido nos hacen juzgar a los demás sin elementos de juicio. Aparentemente, el antiguo refrán: «El vestido hace al hombre», podría ser transformado para que diga: «El vestido expresa al hombre». Aunque nos vistamos para sentirnos cómodos.

La revista *Psychology Today* reportó un estudio sobre vendedores que duró tres meses, para determinar la influencia del vestido en las ventas: «En una época en que los jeans y las chaquetas tipo safari están llegando incluso a los establecimientos más serios, ¿tiene algún sentido seguir usando un traje formal? En algunas ocupaciones, evidentemente lo tiene.

Cuando los vendedores de una tienda para caballeros de Montgomery, Alabama, usaban traje... el valor promedio de sus ventas era 43% más alto que cuando solo usaban camisa y corbata, y 60% más alto que cuando usaban camisa de cuello abierto».[77]

Los pastores que se sienten incapaces de elegir el mejor vestuario para su presupuesto harían bien en ponerse en manos de un sastre experimentado. Su consejo en cuanto a vestido puede ahorrarles dinero y convertir un impedimento en una ventaja.

Los trajes tienen que lucir limpios y planchados. Las mangas del pantalón deben cubrir la pierna, los bolsillos no tienen que estar atestados de una colección de lapiceros, espejuelos y billeteras. Una camisa limpia debe ir acompañada de una corbata adecuada. Los pañuelos expuestos no deben estar arrugados, y si llevan en el bolsillo, deben estar limpios. El ministro no comprueba que es un predicador expositivo vistiéndose ante un texto griego en vez de ante un espejo.

El movimiento y los gestos

Dios dispuso que el cuerpo humano tuviera movimiento. Si la congregación quiere ver una estatua, puede ir al museo. Incluso allí, las más impresionantes son las que parecen estar vivas. En la mayoría de los casos el profesional emplea todo su cuerpo. El director de orquesta, el pianista, el jugador de fútbol, el árbitro, el actor, el mecánico, el vendedor, todos, ponen su cuerpo en lo que hacen. Así mismo, el predicador con éxito deja que su cuerpo hable por él.

El gozo debiera motivar ese movimiento. Este principio se aplica en dos formas. Ciertos ministros necesitan moverse más. Están allí, casi inmóviles frente a la gente, poco más que cabezas que hablan, negándose a permitir que su cuerpo intervenga en el mensaje. Esos hombres necesitan liberar su cuerpo para lo que su mente y sus emociones demandan.

No debieran inhibir la expresión física que acompaña al pensamiento enérgico. El predicador tiene que llevar a la predicación la misma libertad que da a sus manos, sus brazos y su rostro en la conversación privada. Aunque algunos gesticulamos más que otros, no debiéramos hacer menos gestos en el púlpito que los que hacemos en privado. En realidad, debemos hacer gestos más evidentes, más fuertes y más deliberados.

Este principio del gozo y el movimiento, también quiere decir que algunos predicadores debieran moverse menos. Si se pasean de un lado a otro, revelan su inquietud y su movimiento perturba la concentración del oyente. Sus acciones no surgen del gozo, simplemente descargan tensión nerviosa. Aunque puedan beneficiarlos a ellos, no le hacen mucho bien a la congregación.

Si su movimiento responde a un hábito, no lo obedezca. Si viene de la alegría, suelte sus inhibiciones y exprésalo. Por ejemplo, cuando introduzca un punto nuevo en un sermón, puede alejarse uno o dos pasos de donde está, para mostrar visualmente la transición del pensamiento. Cuando ya ha desarrollado esa idea, y procede a seguir con otra, vuelva a su posición original.

Si quiere que el oyente se relaje después de escuchar algún punto importante, puede retroceder un paso y hacer una pausa. La instrucción de Hamlet a sus actores todavía está vigente: «Adapten la acción a la palabra, y la palabra a la acción».

Una parte específica del movimiento corporal son los gestos, estos se relacionan con el habla como los diagramas con un libro de texto. Los gestos son para la expresión, no para exhibirlos, y comunican de diferentes formas. Ellos nos ayudan a explicar y a describir.

Si el predicador quiere describir la muralla de Babilonia, puede hacerlo mejor con gestos que con simples palabras. Piense en la siguiente descripción carente de gestos, y luego acompáñela con ellos: «Babilonia simbolizaba un monumento al poder pagano. La ciudad estaba rodeada por un complejo sistema de paredes dobles; la muralla cubría alrededor de 30 kilómetros de longitud y era lo suficientemente fuerte y ancha para que pasaran los carros por encima. Aquellas murallas inmensas estaban reforzadas por gigantescas torres de defensa y atravesadas por enormes portones».

Los gestos enfatizan nuestro discurso. Compare esta expresión: «Esto es tremendamente importante», con los brazos colgando flojos, y luego dígala sacudiendo el puño cerrado en la palabra «tremendamente». El gesto imprime energía al tono de la voz. Al destacar algo, si quiere golpear, hágalo suavemente; nunca lo haga señalando a la congregación. Este gesto amonesta a los oyentes.

Los gestos captan la atención y mantienen el interés. Un objeto en movimiento capta la atención más que uno inmóvil. Y hacen que el predicador se sienta más cómodo. Cuando su cuerpo colabora para reforzar sus ideas, se siente más confiado y más alerta.

Además, los gestos ayudan a nuestros oyentes a experimentar lo que sentimos al identificarse con nosotros. En un partido de fútbol, los fanáticos se ponen tensos cuando su jugador favorito cae víctima de un bloqueo; a veces hasta llegan a patear el asiento donde están al presenciar un intento de gol en un momento crítico del partido. A esta conducta expresiva se la conoce como *empatía*.

En esencia, la empatía es una respuesta corporal de solidaridad en la que los oyentes, de manera limitada, actúan con nosotros. Como esas acciones subconscientes despiertan sentimientos, los receptores sienten lo que uno está sintiendo y, supuestamente, lo que uno quisiera que sintieran en relación con nuestras ideas.

Si un predicador se pone nervioso o no logra controlar sus gestos, sus acciones reflejarán su incomodidad. Probablemente el auditorio comience a retorcerse en los asientos o a «empatizar» de alguna otra forma con esas acciones, sintiéndose incómodo también.

Por otro lado, si logra con sus gestos que la congregación actúe y sienta de una manera ajustada a sus propósitos y sus pensamientos, aunque sea a un nivel subconsciente, aumenta la probabilidad de ganar una recepción favorable a su mensaje.[78]

Gestos espontáneos

¿Cuáles son algunas de las características de los gestos expresivos? Primero, tienen que ser espontáneos. Gesticule, pero no «haga gestos». Ellos tienen que surgir de adentro como resultado de la convicción y los sentimientos. Aunque se pueden practicar, los gestos no se deben planear. Si al predicar el sermón no salen en forma natural, olvídelos.

Gestos definidos

Los gestos también tienen que ser definidos. Cuando haga uno, no lo haga a medias, ya que no comunica nada positivo. Ponga su cuerpo en él. Un sencillo gesto con el dedo índice, implica no solo el dedo, sino también la mano, el puño, el brazo, el hombro y la espalda. Incluso su peso colabora para agregar fuerza al gesto. Si un gesto parece torpe, puede ser porque el cuerpo completo no lo apoye.

Gestos variados

Los gestos deben ser variados. La repetición de un gesto único, aunque sea espontáneo y enérgico, atrae la atención sobre el predicador e irrita a los oyentes. Párese frente al espejo y observe las diferentes formas en que puede usar su cuerpo para expresar algo.

Alguien que se tomó el trabajo de contarlas dice que podemos hacer 700.000 señales elementales diferentes con nuestros brazos, puños, manos y dedos.[79] Pruebe usando una mano, las dos, una cerrada, otra abierta, con la palma hacia arriba, con la palma hacia abajo. Experimente con los brazos, la cabeza, los ojos, el rostro.

Gestos oportunos

Los gestos tienen que ser oportunos. Acompañan o preceden a la palabra o frase que lleva la mayor parte del significado. Si el impacto del gesto viene después de la palabra o de la frase, puede parecer ridículo. Los gestos inoportunos, generalmente reflejan falta de espontaneidad y de motivación adecuada.

Contacto visual

Tan importante para el predicador como el arreglo y el movimiento, es el contacto visual. Este se sitúa entre los medios más efectivos de comunicación no verbal. Los ojos comunican. Brindan respuesta y, al mismo tiempo, mantienen la atención del público.

Cuando el predicador mira directamente a sus oyentes, recoge indicaciones que le expresan si entienden lo que él dice, si les interesa, y si disfrutan del sermón lo suficiente como para seguir escuchándolo. Un predicador listo adaptará lo que dice, por ejemplo, agregando explicaciones o ilustraciones a la interpretación de esas respuestas.

Es más, los oyentes advierten que los predicadores que fijan su vista en ellos quieren hablarles en persona. En consecuencia, los predicadores que miran por encima de sus oyentes, o a sus apuntes, o a las ventanas, o peor aún, cierran los ojos mientras hablan, se colocan en una situación inútilmente desventajosa.

Casi sin excepción, la congregación no escuchará atentamente a uno que no los ve mientras habla. Eso es tan importante que la gente desconfía de los expositores que evitan el contacto visual y, como resultado de ello, menosprecian lo que dice.

Incluso cuando se dirige a la congregación como grupo, hable con cada uno como individuo. Al pararse para hablar, haga una pausa para establecer contacto personal con sus oyentes. Mueva sus ojos por la congregación, y permítales descansar por unos momentos sobre varios de los oyentes.

A lo largo del sermón continúe con el contacto visual. Proyecte hablar con un oyente a la vez, como si fuera particularmente, por unos segundos, mirando a esa persona a los ojos, luego siga con otro. Elija oyentes en todas las secciones del auditorio, y mantenga la mirada el tiempo suficiente para que adviertan que los individualiza y les está hablando particularmente.

Si la congregación es muy grande, puede elegir un pequeño grupo en una sección, y ver a esas personas por unos momentos, luego pase a otro grupo, y siga haciéndolo a lo largo del sermón. Asegúrese de que no solo ve a sus oyentes, sino que también les habla. Concéntrese en comunicarle a cada uno el mensaje que anhela fervientemente que entiendan.

Su gente necesita verle el rostro. En consecuencia, ilumine el púlpito con una luz potente, ubicada en un ángulo que evite que sus ojos queden sombreados. Domingo tras domingo, los predicadores se paran en púlpitos pobremente iluminados, y la congregación apenas tiene una visión sombría de su rostro.

El púlpito tiene que estar lo más próximo posible a los oyentes, en un ángulo que les permita ver los ojos del ministro con facilidad, y observar toda la gama de emociones que cruzan su rostro.

Exposición oral

Hablar es más que pronunciar palabras y frases. La voz transmite ideas y sentimientos independientemente de las palabras. Juzgamos el estado físico y emocional de la persona que habla —si está atemorizada, enojada, cansada, enferma, contenta, tranquila—, basados en las vibraciones, el volumen, el ritmo, y el tono de su voz. Y como la voz es un instrumento importante en la profesión del ministro, este tiene que entender cómo funciona su mecanismo vocal y la manera de usarlo adecuadamente.

La voz humana opera de una manera muy semejante al sonido que produce un instrumento de viento. Así como la lengüeta del instrumento tiene que vibrar, también las cuerdas vocales de la laringe vibran cuando se expele el aire de los pulmones. En consecuencia, la voz comienza cuando la columna de aire es bombeada desde los pulmones a través de los tubos bronquiales que conectan a aquellos con la tráquea.

A medida que el aire exhalado se mueve entre las cuerdas vocales de la laringe, localizada en el extremo superior de la tráquea, adquiere las vibraciones que se convierten en ondas sonoras. Este sonido luego es amplificado al vibrar en la laringe, la garganta, las fosas nasales, y la boca. Estas cavidades, denominadas resonadores, actúan de manera similar a la cavidad o caja de resonancia de un instrumento de cuerdas, que aumenta el volumen del sonido producido por las cuerdas.

Las cavidades resonadoras cambian de forma según los movimientos del paladar, los dientes, las mandíbulas, los labios, la lengua y la pared posterior de la faringe, y así producen la calidad final del sonido. Las consonantes como *l, p, t, d, s, r*, también se forman con esos mecanismos.[80]

Incluso un entendimiento elemental del mecanismo vocal revela que, como el tono se produce según la corriente de aliento exhalado, es esencial una buena provisión de aire controlada regularmente. Como el sonido comienza con la vibración de las cuerdas vocales, también es necesario para estas un impulso libre de tensión o presión. Dado que el sonido final resulta de la modificación en las diferentes cavidades resonadoras, conviene prestar atención a la garganta, la boca, y los resonadores nasales.

La mayoría de los predicadores pueden mejorar la calidad de su voz —aun sin un ejercicio prolongado—, si entienden cómo se forman los sonidos vocales. Por ejemplo, para respirar con eficiencia hay que expandir la cintura, no el pecho. El predicador tendría que poder recitar todo el alfabeto en una sola respiración. Incluso algunos ministros permiten que el tono de su voz aumente cuando incrementan el volumen; aunque deberían hacer lo contrario.

Otros distorsionan el sonido al hablar con la mandíbula apretada, la lengua floja o los dientes cerrados. Aun otros permiten que se les escape demasiado aire cuando hablan, lo que hace parecer que están resoplando. Algunos ministros hablan demasiado rápido y se tragan las palabras, mientras que otros hablan con monotonía. La mayoría de los textos básicos de oratoria proveen ejercicios que corrigen estas faltas comunes.[81]

Las grandes universidades, y otras instituciones, tienen clínicas foniátricas, equipadas con instructores competentes que proveen ayuda a los oradores con problemas complejos. Con tal ayuda a disposición, el ministro tiene poca excusa para no desarrollar al máximo las posibilidades de su voz.

El orador acentúa lo que dice de cuatro maneras: por la variación en el tono, el volumen, el desarrollo y la pausa. El uso de estos elementos o su combinación, se convierte en la puntuación de la oratoria.

El tono

El tono implica el movimiento de la voz hacia arriba y hacia abajo en la escala, en diferentes registros, con diversas inflexiones. A veces, los cambios en el tono se conocen como melodías. Si alguien dice, con una inflexión que se eleva rápidamente desde un tono bajo a uno alto: «¿Crees en el infierno?», está haciendo una pregunta.

Esa misma pregunta, con un cambio en el tono de voz, puede comunicar: «¡No querrás decir que tú, precisamente, estás tan desconectado de la teología moderna como para creer en una superstición medieval como esa!» Si el individuo responde con una bajada abrupta: «No, no lo creo», esa melodía comunica: «No, no sostengo esa idea. Claro que no. No me acuses de semejante idiotez». Aunque las palabras no expresen disgusto, el tono sí lo hace.

El tono uniforme del discurso nos hace dormir o nos cansa como cuando un niño golpea la misma nota en el piano. No poder controlar el tono con eficacia es, a veces, la razón de que el sentido del humor del predicador parezca aburrido. Sus oyentes no podrían decir por el tono de su voz que está contando un chiste.

El volumen

Las variaciones en el volumen producen interés y destacan la idea. Un cambio en el volumen comunica la importancia relativa de las ideas. En la declaración «Jehová es mi pastor» hay solo cuatro palabras, pero si repite cuatro veces la frase, y cada vez se refuerza una palabra diferente, cambia el sentido. Secciones enteras de un sermón pueden reforzarse si el predicador las pronuncia con mayor volumen.

Es lamentable que algunos predicadores no conozcan otra manera de destacar sus ideas; sus sermones parecen sesiones de grito. Confunden el volumen con poder espiritual, pensando que Dios habla solamente en el torbellino.

Así como el tono único, la monotonía en el volumen también cansa al oyente. El énfasis viene por medio de la variación. Bajar la voz casi hasta un susurro puede destacar una idea con la misma eficacia que un grito fuerte. La intensidad es tan eficiente como el volumen. La mayoría de los ministros emplean solo un grado de volumen cuando variarlo podría realzar su predicación.

El desarrollo

También se puede recalcar algo cambiando el ritmo de la predicación. Por ejemplo, pronuncie las palabras dolorosas de David acerca de su hijo rebelde, Absalón, con el mismo ritmo: «*¡Hijo mío Absalón, hijo mío, hijo mío Absalón! ¡Quién me diera que muriera yo en lugar de ti, Absalón, hijo mío, hijo mío!*» (2 Samuel 18.33).

Luego repita las frases muy, muy lentamente. Pronuncie las primeras ocho palabras rápidamente, con sentimiento, y las restantes lentamente. La variedad en el ritmo produce diferentes significados y emociones.

En el uso del ritmo, como en otros medios para mostrar cierto énfasis, el secreto reside en el contraste. Al relatar una historia, presentar hechos, o resumir un pasaje, generalmente se hace con pasos rápidos. Luego, cuando se llega a una afirmación clave, o a un punto importante, se puede aminorar el paso para que la congregación aprecie la importancia.

Las frases que se pronuncian con más lentitud se destacan porque están en fuerte contraste con el contenido que las rodea. Aunque también se puede enfatizar una idea apresurando su pronunciamiento, en general se logra mejor ese objetivo disminuyendo el ritmo.

Algunos ministros se ganan la fama de hablar rápidamente, cuando en realidad su problema puede ser que no logran expresarse con claridad o variar el ritmo.

La pausa

«Hablarás a través de tu silencio», dijo Rudyard Kipling. El orador hábil reconoce que las pausas sirven como comas, punto y comas, puntos, y signos de exclamación. Las pausas son los signos de puntuación de la oratoria. Son los pensamientos silentes. Van más allá de una interrupción en la predicación, y le dan al auditorio una breve oportunidad para pensar, sentir y responder.

La primera palabra o frase que se pronuncia *después* de una pausa se destacará con respecto a la anterior. Una pausa antes del clímax de un relato aumenta el suspenso, y una pausa dramática introducida en el momento en que el orador siente una profunda emoción, puede comunicar los sentimientos con más eficacia que las palabras.

Las pausas que no son motivadas por el pensamiento o los sentimientos, sin embargo, pueden confundir al oyente, de la misma manera que una puntuación al azar desorienta al lector.

Muchos predicadores le temen al silencio. No tienen suficiente autocontrol para hacer una pausa prolongada. Piensan que deben seguir hablando para que la gente no crea que olvidaron lo que tienen que decir. En consecuencia, en lugar de hacer pausas, se apresuran en una corriente ininterrumpida de palabras o, lo que es peor, llenan sus sermones con sonidos como: este, ehhh, mmmmm, ahhhh, y, emmm.

Es más, en ciertos círculos religiosos se lanzan los «amén» y los «alabado sea Dios» a la ventura, sin propósito fijo, y sirven nada más que como pausas vocalizadas. Estos sonidos y palabras sin sentido no comunican, sino que apartan la atención de la idea e irritan a la congregación.

La pausa rara vez resulta tan larga para el oyente como para el predicador. Si usted se concentra firmemente en lo que está diciendo, la pausa servirá para destacar los puntos importantes. Mientras la hace, siga viendo intensamente a sus oyentes.

Las personas advierten cuando el expositor está pensando profundamente, y saben esperar con él. Pocos predicadores pueden abusar de esta técnica, y si sus pausas son demasiado largas pueden parecer melodramáticos. La pausa debe ser lo suficientemente prolongada como para atraer la atención a la idea, pero no tanto como para que el silencio atraiga la atención a la pausa misma.

El ministro debiera ensayar su sermón antes de predicarlo. El ensayo pone a prueba la estructura del mensaje. El desarrollo del pensamiento que parece claro en el papel, puede lucir inapropiado cuando se expresa en voz alta. Al pronunciar su sermón en voz alta, el predicador puede cambiar el desarrollo de las ideas hacia un esquema que fluya con mayor facilidad.

El ensayo también mejora el estilo. Al practicar, el predicador puede encontrar una frase que ilumine una idea de una manera particularmente eficaz. No debe ensayar con el objeto de memorizar el sermón (ni debe dudar tampoco de cambiar algunas palabras o frases durante la predicación misma). Más bien debe procurar tener un desarrollo claro de su pensamiento y expresarlo en un lenguaje que comunique lo que quiere decir.

Además, el ensayo también mejora la presentación del sermón. Un actor profesional no pensaría en presentarse frente al público sin antes haber repasado en forma oral el material, por lo general varias veces, para asegurarse de que lo expresará de manera natural.

¿Cómo se puede decir esto para que resulte claro? ¿Cuándo debería aumentar el volumen, cambiar el ritmo, variar el tono, o hacer una pausa para dejar penetrar una idea? Aunque el predicador es más que un actor, no debe esforzarse menos. La predicación eficaz requiere práctica, ya que el ministro no puede pensar mucho en lo que tiene que decir mientras habla.

Los buenos hábitos, adquiridos en el estudio, saldrán con más facilidad en el púlpito. Los predicadores nuevos se beneficiarán al ensayar en voz alta frente a un espejo y usando un grabador. Los más experimentados pueden usar la voz baja o no pronunciar las palabras al repasar sus sermones.

Para otros, es suficiente sentarse a pensar en sus sermones, animados por su imaginación, viéndose ellos mismos frente a la congregación. Y por último, para todos nosotros, el haber andado una vez por un camino hace más fácil recorrerlo por segunda vez.

Conceptos nuevos

Lenguaje no verbal

Definiciones

Lenguaje no verbal: gestos, expresión facial y tono de la voz que transmiten mensajes.

NOTAS

1 Rudyard Kipling's, Doubleday, Garden City, NY, 1927, p. 403.

2 Matthew Simpsom, *Lectures on Preaching*, Phillips & Hunt, NY, 1879, p. 166.

3 *La urgencia de la predicación*, pp. 88-89.

4 Francis A. Schaeffer, *La verdadera espiritualidad*, Tyndale, Wheaton, IL, 1971, pp. 121-122.

5 Algunas de esas ayudas se mencionan en el capítulo 3.

6 William Barclay, *A Spiritual Autobiography*, Eerdmans, Grand Rapids, 1975.

7 *Partners in Preaching: Clergy and Laity in Dialogue* [Clérigos y laicos: Compañeros en la predicación], p. 26.

8 William Norwood Brigance, *Speech Its Techniques and Disciplines in a Free Society* [El discurso: técnicas y disciplinas en una sociedad libre], pág. 35. Véase también el comentario sobre la idea central en Donald C. Bryant y Karl R. Wallace, *Fundamentals of Public Speaking* [Bases de la oratoria], 3a ed., pp. 146-48; Milton Dickens, *Speech: Dynamic Communication* [El discurso: Dinámica comunicacional], pp. 58, 254-56, 267-71; Alma Johnson Sarett,

215

Lew Sarett. y William Trufant Foster, *Basic Principles of Speech* [Principios básicos del discurso], pp. 215.

9 Lester Thonssen y A. Craig Baird, *Speech Criticism: The Development of Standards for Rhetorical Appraisal* [Análisis del discurso: Desarrollo de principios retóricos importantes], pp. 393.

10 Donald G. Miller, *The Way to Biblical Preaching* [Camino a la predicación bíblica], pp. 53, 55.

11 Alan M. Stibbs, *Expounding God 's Word: Some Principals and Methods* [Cómo interpretar la Palabra de Dios: Varios principios y métodos], pp. 40.

12 H. Grady Davis, *Design for Preaching*, p. 20.

13 *The Preacher: His Lire and Work* [El predicador: Su instrumento y su trabajo], pp. 133.

14 Véanse por ejemplo: Blackwood, Andrew W., *Expository Preaching for Today: Case Studies of Bible Passages,* p. 95; Broadus, John A., *On the Preparation and Delivery of Sermons,* pp. 52-56; Cox, James W., *A guide to Biblical Preaching,* pp. 61; Whitesell, Faris D., y Perry, Lloy M., *Variety in Your Preaching,* p. 75; Wood, John, *The Preacher's Workshop: Preparation for Expository Preaching,* p. 32.

15 *Patterns for Preaching: A Rethorical Analysis of the Sermons of Paul in Acts 13, 17, and 20,* p. 176.

16 Nota del editor: El autor usa en esta sección el término inglés «subject», que significa tanto «sujeto» como «tema» o «asunto».

17 *Design for Preaching,* p. 27.

18 Estoy en deuda con Harold W. Hoehner, profesor de literatura y exégesis del Nuevo Testamento del Seminario Teológico de Dallas, por esta analogía.

19 Para un tratamiento más detallado de las formas literarias de la Biblia, véanse Leland Ryken, *The Literature of the Bible* (Zondervan, Grand Rapids, 1974); y «Good Reading in the Good Book», en *Christianity Today* (17 de enero 1975, pp. 4-7).

20 *Homiletics: A manual of the Theory and Practice of Preaching,* p. 129.

21 H. Grady Davis desarrolla extensamente estas preguntas en relación con el sermón. No es nuestro objetivo aplicarlas al estudio de las Escrituras. Estoy en deuda con él por este enfoque.

22 N.B . Stonehouse, «The Aeropagus Address», en *Paul Before the Areopagus and Other New Testament Studies,* Eerdmans, Grand Rapids, 1957, pp. 1-40.

23 *Let Me llustrate: Stories, Anecdotes, Illustrations,* Revell, Old Tappan, NJ, 1967, pp. 358-59.

24 *Mere Christianity*, Macmillan, NY, 1952, p. 50.

25 *Who goes there? What and Where is God?*, Revell, Westwood, NJ, 1958.

26 El test Rorschach es una prueba sicológica que consiste en un cuadro abtracto en el que un sujeto observa lo que le parece o quiere ver.

27 *The Autority of the Old Testament*, Abington, Nashville, 1967; ed. reimpresa, Baker, Grand Rapids, 1975, pp. 171-72.

28 Para profundizar en este tema y su aplicación, véase Ronald M. Halls, *The Theology of the Book of Ruth,* Fortress, Filadelfia, 1969.

29 *An Introduction to Contemporary Preaching,* p. 100.

30 The Renewal of Man: A Twentieth-Century Essay on Justification by Faith, Doubleday, Garden City, NY, 1955, p. 94.

31 Tozer, A.W., *Of God and Men,* Christian, Harrisburg, PA, 1960, pp. 26-27.

32 Para considerar los objetivos de instrucción, útiles para cualquier maestro, véase Mager, Robert F., *Preparing Instruction Objectives*, 2a edición, Fearon, Belgramont, CA, 1975.

33 Un bosquejo no es un sermón. Para leer este sermón con el material que lo fundamenta, véase Whitesell, Faris D., ed., *Great Expository Sermons*, pp. 68-77.

34 El sermón completo, con su lenguaje vigoroso y un material opcional a modo de fundamento, se puede encontrar en *Great Expository Sermons*, pp. 138-46.

35 En Duffy, Martha, y Schickle, Richard, «Kubrick's Grandest Gamble», *Time*, diciembre dc 1975, pp. 72.

36 *Questions Jesus Asked,* Abingdon-Cokesbury, Nueva York, 1948, reim. ed., Grand Rapids: Baker, 1974, p. 154.

37 *Love Has its Reasons: An Inquiry into New Testament Love* [El amor tiene sus razones: Una investigación del amor en el Nuevo Testamento], Word, Texas, 1977, pp. 38-39.

38 Esta afirmación que se cita con frecuencia aparece, por ejemplo, en Anthony A. Hoekema, *The Four Major Cults: Christian Science, Jehovah 's Witnesses, Mormonism, Seventh-Day Adventism* [Las cuatro sectas principales: Cristianismo científico, Testigos de Jehová, Mormonismo y Adventistas], Eardmans, Grand Rapids, 1963, p. 1.

39 Alan M. Monroe, *Principles and Types of Speech*, p. 231.

40 *The Gate of New Life* [Puertas de la nueva vida], Scribner, Nueva York, 1940; reimpresión: Baker, Grand Rapids, 1972, pp. 1-2.

41 *Locked in a Room With Open Doors* [Cerrado en una habitación abierta], Word, Waco, Texas 1974, p. 117.

42 *To Whom Shall We Go?* [¿A quiénes iremos?], Scribner, Nueva York, 1955; reimp.: Baker, Grand Rapids, 1974, pp. 62-63.

43 Monroe, *op. cit.,* p. 233.

44 David, 2 ed. Inter-Varsity, Chicago, 1968, pp. 55-56.

45 S. I. Hayakawa, *Language in Thought and Action* [El lenguaje en el pensamiento y la acción], p. 190.

46 Ian Macpherson enumera 17 propósitos que cumplen las ilustraciones en *The Art of Illustrating Sermons* [El arte de los sermones ilustrados], pp. 13-33.

47 John Nicholls Booth, *The Quest for Preaching Power*, p. 146.

48 Disponible en la empresa Shepherd Company, Hopkins, MN 55343.

49 Baker, Grand Rapids, 1976.

50 Clovis G. Chappell, *Questions Jesus Asked* [Cosas que Jesús preguntó], Abingdon, Nashville 1948; reimpreso por Baker, Grand Rapids, 1974, p. 30.

51 En George Hunt, «Nota del editor: Attila the Hun, in a Tattered Sweater», *Life*, 13 de noviembre de 1964, p. 3.

52 «Necesidad de conocimiento y orden de las comunicaciones como determinantes del cambio de opinión», en *The Order of Presentation in Persuasion*, Carl I . Hovland et al., Yale University, New Haven, CT, 1957, pp. 79-97.

53 *For Those Who Hurt,* Multnomah, Portland, 1977.

54 *Preaching, The Art of Communication* [Predicar: El arte de la comunicación].

55 Maslow, Abraham, *Motivation and Personality* [Motivación y personalidad], 2da ed., Harper & Row, Nueva York, 1970.

56 Autor anónimo, *Disciple: Sermons for the Young in Spirit* [Discípulo: Sermones para jóvenes de espíritu], ed. Catherine Marshall, MacGraw-Hill, NY, 1963, pp. 219-220.

57 Para profundizar en la visualización, véase Alan H. Monroe, *Principles and Types of Speech*, pp. 327-329.

58 *The Craft of Sermon Construction*, p. 150.

59 Kyle Haselden, *The Urgency of Preaching* [La urgencia de predicar], p. 26.

60 *Encuentro con Spurgeon*, p. 34.

61 Rudolph Flesch, *The Art of Plain Talk*, Harper, NY. 1946, pp. 38, 39.

62 Ernest Campbell, *Locked in a Room with Open Doors* [Cerrado en un cuarto abierto], Word, Waco, TX, 1974, p. 46.

63 George G. Williams, *Creative Writing for advanced College Classes*, Harper, NY. 1954, p. 106.

64 John R. Pelsma, *Essential of Speech* [Puntos esenciales del discurso], p. 193.

65 *Fundamentals of Public Speaking* [Fundamentos para hablar en público], 3 ed. p. 129.

66 *The Art of Persuasion* [El arte de persuadir], capítulo 7.

67 En Christian Gauss, *The papers of Christians Gauss*, eds. K. Gauss Jackson e Hiram Haydn, Random, NY, 1957, p. 145.

68 Donald O. Soper, *The advocacy of The Gospel* [La defensa de los evangelios], p. 36.

69 *Yale Lectures on Preaching* [Conferencias sobre la predicación en Yale], p. 175.

70 Wayne N. Thompson, *Quantitative Research in Public Address and Comunication*, p. 83.

71 Véase por ejemplo, el *Journal of Comunication* 22, n° 4 (1972):335-476. Toda esta edición trata sobre la comunicación no verbal; en esta revista aparecen regularmente artículos individuales sobre el tema. Véase Robert Rosenthal et al., «Body Talk and Tone of Voice: The Languaje Without Words» [La expresión corporal y el tono de voz: Idioma sin palabras], *Psychology Today* 8 (Septiembre 1974): 64-68; o Ernst G. Beier, «Nonverbal comunication: How we Send Emotional Messages» [Comunicación sin palabras: Cómo enviamos mensajes emotivos], *Psychology Today* 8 (Octubre 1974):53-56.

72 En Flora Davis, How to Read the Body Language.

73 En Loren D. Reid, *Speaking well* [Hablar bien], p. 141.

74 *The Silent Language* [El lenguaje silente], p. 10.

75 *The Art of Preaching*, p. 170.

76 *Dress for Success* [Vestido para triunfar],Wyden, Nueva York, 1975.

77 Margot Slade, «Casual Cloth Are the Death of a Salesman» [La ropa casual es la muerte del vendedor], *Psychology Today* 13, Agosto 1979, p. 29.

78 Véase John Eisenson y Paul H. Boase, *Basic Speech* [Discurso básico], pp. 334-35.

79 Richard Paget, *Human Speech: Some Observations, Experiments, and Conclusions as to the Nature, Origin, Purpose,*

and Possible Improvement of Human Speech [El discurso: Algunas observaciones, experimentos, y conclusiones acerca de la naturaleza, origen, propósito y posible mejoramiento del discurso].

80 Para una consideración más extensa de la base sicológica
del habla, véase Giles W. Gray y Claude M. Wise, *The Bases of
Speech* [Bases del discurso], pp. 135-99.

81 Véanse por ejemplo, Alan H. Monroe y Douglas Ehninger,
Principles and Types of Speech Comunication [Principios y tipos
de discursos], pp. 203-23; y John A. Grasham y Glenn G. Gooder,
Improving Your Speeeh [Mejore su discurso].

Apéndice 1

Respuestas a los ejercicios

Ejercicios del capítulo 2

1. **Tema:** La prueba de un buen sermón.

   Complemento: Revela lo que usted es.

2. **Tema:** Por qué el púlpito moderno es débil.

   Complemento: Porque ignora la Biblia.

3. **Tema:** La consecuencia de no creer en Dios.

   Complemento: Creemos en cualquier cosa.

4. **Tema:** El valor de una buena reputación.

   Complemento: Vale más que las cosas materiales.

5. **Tema:** Por qué cada uno debe alabar a Dios.

   Complemento: Por su gran amor y eterna fidelidad.

6. **Tema:** Por qué necesitamos tener memoria (o el beneficio de hacer memoria).

   Complemento: Ella nos guarda de la insignificancia.

7. **Tema:** Cómo debemos tratar con otros.

   Complemento: Con el respeto que se le da a un miembro de nuestra familia.

8. **Tema:** El beneficio de caminar.

   Complemento: Nos beneficia sicológica y físicamente.

9. **Tema:** La influencia de la astrología.

   Complemento: Atrae más adherentes y se difunde a más lugares.

10. **Tema:** La pobre reputación del alimento de la Casa Blanca.

   Complemento: La reputación de la cocina de la Casa Blanca es inmerecida.

Ejercicios del capítulo 4

1. **Tema:** Por qué la gente anciana no aprende.

   Complemento: Ellos sienten que ya saben y se interesan por otras materias.

   Pregunta funcional: ¿Es verdad? (validez)

2. **Tema:** Cómo escuchar la Palabra de Dios.

Complemento: Escuchar cuidadosamente y obedecer.

Preguntas funcionales: ¿Así qué? ¿Qué diferencia hace? (aplicación)

3. **Tema:** ¿Cómo ayudar al juego de golf en el invierno?

Complemento: Practique antes frente a un espejo.

Pregunta funcional: ¿Es verdad? (validez)

4. **Tema:** La popularidad de la radioafición.

Complemento: Ha afectado a cada segmento de la vida americana.

Pregunta funcional: ¿Es verdad? (validez)

5. **Tema:** Cómo aprendemos acerca de la realidad.

Complemento: Nosotros aprendemos por repetición, en una experiencia del inconsciente.

Pregunta funcional: ¿Qué significa? (explicación)

6. **Tema:** La importancia de la memoria en la música.

Complemento: Sin ella no hay melodía.

Pregunta funcional: ¿Qué significa? (explicación)

7. **Tema:** El efecto positivo del escándalo del Watergate.

   Complemento: Ha demorado el movimiento rápido de la nación hacia un gobierno centralizado y perverso.

   Preguntas funcionales: ¿Para qué? ¿Qué diferencia hace? (aplicación)

8. **Tema:** Inversión de la distinción tradicional entre juego y trabajo.

   Complemento: Lo que era juego ahora es trabajo y lo que era trabajo ahora es recreación.

   Pregunta funcional: ¿Qué significa? (explicación)

Apéndice 2

El trazado mecánico de Efesios 4.11-16

Versículo

11 Y él mismo constituyó
    a unos apóstoles;
    a otros profetas;
    a otros evangelistas;
    y algunos,
        pastores
        y maestros,
12 a fin de perfeccionar a los santos
    para la obra del ministerio,
    para la edificación del cuerpo de Cristo,
13 hasta que todos lleguemos
    a la unidad
        de la fe
        y del conocimiento del Hijo de Dios,
    a un varón perfecto,
    a la medida de la estatura de la plenitud de Cristo;
14 para que ya no seamos niños fluctuantes,
        llevados por doquiera
        de todo viento de doctrina,
            por estratagema de hombres
            que para engañar
            emplean con astucia las artimañas del error,
15 sino que siguiendo la verdad en amor, crezcamos
            en todo
            en aquél,
                que es la cabeza,
                esto es, Cristo,
16 de quien todo el cuerpo,
    bien concertado
    y unido entre sí
    por todas las coyunturas
    que se ayudan mutuamente,
    según la actividad propia de cada miembro,
    recibe su crecimiento para ir edificándose en amor. (ASV)

Apéndice 3

Sermón, formas de evaluación

Los elementos de un sermón sugeridos en este libro pueden ser reducidos a un número de preguntas específicas.

Organización

¿Capta su atención?

¿Toca alguna necesidad directa o indirectamente?

¿Lo orienta al tema? ¿o a la idea principal? ¿o al punto primero?

¿Tiene la duración correcta? ¿Hay un propósito específico?

Estructura

¿Es el desarrollo claro? ¿Tiene una idea central?

¿Es la estructura clara? ¿Puede establecerla?

¿Son las transiciones claras?

¿Hay un enlace lógico o sicológico entre los puntos?

¿Le remiten los puntos principales a la idea central?

¿Están los subpuntos claramente relacionados con los puntos principales?

Conclusión

¿Llegó el sermón al clímax?

¿Hay un adecuado resumen de ideas?

¿Son efectivas las apelaciones de cierre o sugerencias?

Contenido

¿Es el tema importante? ¿Es apropiado?

¿Está el sermón basado en una exégesis sólida?

¿Le muestra el orador dónde se sitúa él con respecto al texto?

¿Es completo el análisis del tema? ¿Es lógico?

¿Lo convenció el orador de que está en lo correcto?

¿Es original el contenido?

Material de apoyo

¿Está el material de apoyo lógicamente relacionado en todos sus puntos?

¿Es interesante? ¿variado? ¿específico? ¿suficiente?

Estilo

¿Hace el orador un uso correcto de la gramática?

¿Es su vocabulario concreto, vívido? ¿variado?

¿Se emplean las palabras correctamente?

La elección de las palabras, ¿agrega efectividad al sermón?

Entrega

Directivas intelectuales
¿Quiere el predicador ser escuchado? ¿Está atento?

¿Siente usted que le está hablando?

¿Lo hace en un tono amigable?

¿Se plantea el mensaje como una conversación vívida?

Las palabras, ¿son pronunciadas correctamente?

Presentación oral
¿Se escucha la voz con facilidad? ¿Es articulada con claridad?

¿Hay un vocabulario variado? ¿Emplea diversas inflexiones en el tono de voz?

¿Varía la fuerza de la voz? ¿Es lo suficiente variada?
¿Usa el orador la pausa con efectividad?

Presentación física

¿Está todo su cuerpo involucrado en la transmisión del mensaje? ¿Hace gestos?

¿Son los gestos espontáneos? ¿amplios? ¿definidos?

¿Es buena la postura? ¿Está el orador alerta?

¿Es buena la expresión de su cara?

Efectividad general

Adaptación a la audiencia

¿Se adapta el sermón a sus intereses? ¿actitudes?

¿Es fácil de comprender? ¿Satisface las necesidades?

¿Le ve el orador a sus ojos?

¿Siente que él esta atento a la respuesta de la audiencia?

Bibliografía

Anderson, Justo, *Manual de homilética para laicos*, Junta Bautista de Publicaciones, Buenos Aires, 1973.

Barth, Karl, *La proclamación del evangelio*, Ed. Sígueme, Salamanca, 1969.

Barthes, Roland, et. al., *Exégesis y Hermenéutica*, Cristiandad, Madrid, 1976.

Baumann, J. Daniel, *An Introduction to Contemporary Preaching*, Baker, Grand Rapids, 1972.

Beauchamp, H., *Las funciones de enseñanza y predicación de la iglesia*, Casa Bautista de Publicaciones, El Paso, s.f.

Beecher, Henry Ward, *Yale Lectures on Preaching*, J.B. Ford, New York, 1872.

Berkhof, Luis, *Principios de interpretación bíblica*, CLIE, Barcelona, 1969.

Blackwood, Andrew W., *La preparación de sermones bíblicos*, Casa Bautista de Publicaciones, El Paso, 1981.

Blackwood, Andrew W., *Expository Preaching for Today: Case Studies of Bible Passages*, Abingdon-Cokesbury, Nashville, 1953. Baker, Grand Rapids, 1975.

Bonilla, Plutarco, *La predicación, el predicador y la iglesia*, Celep, San José, Costa Rica, 1983.

Booth, John Nicholls, *The Quest for Preaching Power*, Macmillan, New York, 1943.

Brigance, William Norwood, *Speech: Its Techniques and Disciplines in a Free Society*, Appleton-Century-Crofts, New York, 1952.

Broadus, John A., *On the Preparation and Delivery of Sermons*, ed. Rev. Jesse Burton Weatherspoon, Harper, New York, 1944.

—. *Historia de la predicación*, Casa Bautista de Publicaciones, El Paso, 1948.

—. *Tratado sobre la predicación*, Casa Bautista de Publicaciones, El Paso, 1981.

Brown, Charles R., *The Art of Preaching, Macmillan*, New York, 1922.

Bryant, Donald C., and Wallace, Karl R., *Fundamentals of Public Speaking*, Appleton-Century, New York, 1947. Appleton-Century-Crofts, New York, 1960.

Casati, Osvaldo, et. al., *Cómo preparar sermones dinámicos*, Logoi, Miami, 1974.

Costas, Orlando E., *Comunicación por medio de la predicación*, Caribe, San José-Miami, 1973.

———. Ed., *Predicación evangélica y teología hispana*, Publicaciones de las Américas, San Diego, 1982.

Cox, James W., *A Guide to Biblical Preaching*, Abingdon, Nashville, 1976.

Crane, James D., *El sermón eficaz*, Casa Bautista de Publicaciones, El Paso, 1959.

———. *Manual para predicadores laicos*, Casa Bautista de Publicaciones, El Paso, 1965.

Davis, Flora, «How to Read Body Language» in *The Rethoric of Nonverbal Communication: Readings*, ed. Haig A. Bosmajian, Scott, Foresman, Glenview, IL, 1971.

Dickens, Milton, Speech: *Dynamic Communication*, Harcourt, Brace, New York, 1954.

Dodd, Charles H., *La predicación apostólica y sus desarrollos*, Ed. Fax, Madrid, 1974.

Eisenson, Jon, y Boase, Paul H., *Basic Speech*, Macmillan, New York, 1975.

Flesch, Rudolf, *The Art of Plain Talk*, Harper, New York, 1946.

Grasham, John A., y Gooder, Glenn G., *Improving Your Speech*, Harcourt, Brace, New York, 1960.

Gray, Giles W., y Wise, Claude M., T*he Bases of Speech*, Harper, New York, 1959.

Hall, Edward T., *The Silent Language*, Doubleday, Garden City, NY, 1959. Fawcett, Greenwich, Connecticut, 1968.

Haselden, Kyle, *The Urgency of Preaching*, Harper & Row, New York, 1963.

Hayakawa, S.I., *Language in Thought and Action*, Harcourt, Brace & World, New York, 1964.

Howe, Reuel L., *Partners in Preaching: Clergy and Laity in Dialogue*, Seabury, New York, 1967.

Jowett, J.H., *The Preacher: His Life and Work*, George H. Doran, New York, 1912. Baker, Grand Rapids, 1968.

Léon-Dufour, *Vocabulario de teología bíblica*, Herder, Barcelona, 1978.

León, Jorge A., *La comunicación del evangelio en el mundo actual*, Ed. Pleroma-Ed. Caribe, Buenos Aires, 1974.

MacPherson, Ian, *The Art of Illustrating Sermons*, Abingdon, New York, 1964. Baker, Grand Rapids, 1976.

Maldonado, Luis, *El menester de la predicación*, Ed. Sígueme, Salamanca, 1972.

Martínez, José María, *Hermenéutica bíblica*, CLIE, Barcelona, 1984

Miller, Donald G., *The Way to Biblical Preaching*, Abingdon, New York, 1957.

Minnick, Wayne C., *The Art of Persuasion*, Houghton Mifflin, Boston, 1957.

Monroe, Alan H., *Principles and Types of Speech*, Scott, Foresman, Chicago, 1949.

Monroe, Alan H., Ehninger, Douglas, *Principles and Types of Speech Communication*, Scott, Foresman, Glenview, IL, 1974.

Monti, Emilio N., *La palabra en el mundo*, La Aurora, Buenos Aires, 1983.

Paget, Richard, *Human Speech: Some Observations, Experiments, and Conclusions as to the Nature, Origin, Purpose and Possible Improvement of Human Speech*, Harcourt, Brace, New York, 1930.

Pelsma, John R., *Essentials of Speech*, Crowell, New York, 1924.

Reid, Loren D., *Speaking Well*, Artcraft, Columbia, MO, 1962.

Reu, J.M., *Homiletics: A Manual of the Theory and Practice of Preaching*, Trad. Albert Steinhaeuser, Wartburg, Chicago, 1924. Baker, Grand Rapids, 1967.

Robleto, Adolfo, *El sermón evangelístico y el evangelísta*, Casa Bautista de Publicaciones, El Paso, 1968.

Sangster, William E., *The Craft of Sermon Construction*, Westminster, Philadelphia, 1951. Baker, Grand Rapids, 1972.

Sarett, Alma Johnson; Sarett, Lew; and Foster, William Trufant, *Basic Principles of Speech*, Houghton Mifflin, Boston, 1966.

Soper, Donald O., *The Advocacy of the Gospel*, Abingdon, New York, 1961.

Stibbs, Alan M., *Exponiendo la Palabra: Principios y Métodos de Exposición Bíblica*, Ed. Hebrón, San Ignacio, Argentina, 1977.

Stott, John R.W., *El cuadro bíblico del predicador*, CLIE, Tarrasa, 1975.

Sunukjian, Donald R., *Patterns for Preaching: A Rhetorical Analysis of the Sermons of Paul in Acts 13,17 and 20*. Th.D. disertación, Dallas Theological Seminary, 1972.

Thielicke, Helmut, *Encounter with Spurgeon*, Translated by John W. Doberstein, Fortress, Philadelphia, 1963. Baker, Grand Rapids, 1975.

Thompson, Wayne N., *Quantitative Research in Public Address and Communication*, Random, New York, 1967.

Thornssen, Lester, y Baird, A. Craig, *Speech Criticism: The Development of Standards for Rhetorical Appraisal*, Ronald, New York, 1948.

Tizard, Leslie J., *Preaching: The Art of Communication*, Allen & Unwin, London, 1958.

Trenchard, Ernesto, *Consejos para jóvenes predicadores*, CLIE, Barcelona, 1957.

Treviño, Alejandro, *El predicador: Pláticas a mis estudiantes*, Casa Bautista de Publicaciones, El Paso, 1964.

Whitesell, Faris D., ed. *Great Expository Sermons*, Revell, Westwood, NJ, 1964.

Whitesell, Faris D., y Perry, Lloyd M., *Variety in Your Preaching*, Revell, Old Tappan, NJ, 1954.

Williams, George G., *Creative Writing for Advanced College Classes*, Harper, New York, 1954.

Wood, John, *The Preacher's Workshop: Preparation for Expository Preaching*, InterVarsity, Chicago, 1965.

Haddon W. Robinson

Guía de estudio

La Predicación Bíblica

Guía preparada por Alberto Samuel Valdés

Contenido

Cómo establecer
un seminario
en su iglesia

A fin de obtener el mayor provecho del programa de estudios ofrecido por FLET, se recomienda que la iglesia nombre a un comité o a un Director de Educación Cristiana como responsable. Luego, se debe escribir a Miami para solicitar el catálogo ofrecido gratuitamente por LOGOI-FLET.

El catálogo contiene:
1. La lista de los cursos ofrecidos, junto con programas y ofertas especiales.
2. Información acerca de la acreditación que FLET ofrece.
3. La manera de afiliarse a FLET para establecer un seminario en la iglesia.

Luego de estudiar el catálogo y el programa de estudios ofrecidos por FLET, el comité o el director podrá hacer sus recomendaciones al pastor y a los líderes de la congregación para el establecimiento de un seminario o instituto bíblico acreditado por FLET en la iglesia.

LOGOI-FLET
14540 S.W. 136 Street N° 200
Miami, FL 33186
Teléfono: (305) 232-5880
Fax: (305) 232-3592
E-mail: logoi@logoi.org
Internet: www.logoi.org

Cómo hacer el estudio

Cada libro describe el método de estudio ofrecido por esta institución. Siga cada paso con cuidado. Aunque la persona puede hacer el curso individualmente, sería más beneficioso si se uniera a otros de la iglesia que también deseen estudiar.

Recomendamos que los estudiantes se dividan en pequeñas «peñas» o grupos de estudio compuestos de cinco a diez personas. Estas peñas han de reunirse una vez por semana en la iglesia bajo la supervisión del Director de Educación o de un facilitador para que juntos puedan cumplir con los requisitos de estudio (los detalles se encuentran en las próximas páginas). Cada grupo necesitará un «facilitador» (guía o consejero), nombrado por la superioridad o escogido por ellos mismos —según sea el caso—, que seguirá el manual para las peñas que se encuentra a partir de la página 256.

El concepto de este tipo de estudio es que el libro de texto sirve como «maestro», mientras que el facilitador funge como coordinador que asegura que el trabajo se hace correctamente. Si no hubiese la manera de contar con un facilitador, los estudiantes podrían ejercer esta función por turno. Se espera que la iglesia tenga varios grupos de estudio y que el pastor sirva de facilitador de una de las peñas. Cuando el pastor se involucra, su ejemplo anima a la congregación entera y él mismo se hace partícipe del proceso de aprendizaje.

El que realiza este programa podrá

1. Usar este texto con provecho, destreza, y confianza para la evangelización y el discipulado de otros.

2. Proveer explicaciones sencillas y prácticas de principios, verdades, y conceptos comunicados en este estudio.

3. Emplear los pasos de nuestro método en el estudio de este libro y otros.

Para realizar este curso necesitará

1. Un ejemplar de la Biblia en castellano.
2. Un cuaderno para anotaciones (que usted debe adquirir), y hojas de papel para dibujos.
3. Opcional: Integrarse a un grupo de estudio o peña.

El plan de enseñanza LOGOI

El proceso educacional hay que disfrutarlo, no tolerarlo. Por lo tanto, no debe convertirse en un ejercicio forzado. A su vez, se debe establecer metas. Llene los siguientes espacios:

Anote su meta diaria: _____
Hora de estudio: _____
Día de la peña: _____
Lugar de la peña: _____

Opciones para realizar el curso

Este curso se puede realizar en tres maneras. El alumno escoge un plan intensivo. Completa sus estudios en un mes y entonces, si lo desea, puede rendir el examen final de FLET para recibir acreditación. Si desea hacer el curso a un paso más cómodo, lo puede realizar en el lapso de dos meses (lo cual es el tiempo recomendado para aquellos que no tienen prisa). Al igual que en la primera opción, el alumno puede rendir un examen final para obtener crédito por el curso. Además, otra opción es hacer el estudio con el plan extendido, en el cual se completan los estudios y el examen final en tres meses.

Las diversas opciones se conforman de la siguiente manera:

Plan intensivo: Un mes (4 sesiones)   Fecha de reunión
Primera semana: Lecciones 1-3   _____
Segunda semana: Lecciones 4-6   _____
Tercera semana: Lecciones 7-8   _____
Cuarta semana: Examen final FLET   _____

Plan regular: Dos meses (8 sesiones) Fecha de reunión
Primera semana: Lección 1   _____
Segunda semana: Lección 2   _____
Tercera semana: Lección 3   _____
Cuarta semana: Lección 4   _____
Quinta semana: Lección 5   _____
Sexta semana: Lección 6   _____
Séptima semana: Lección 7   _____
Octava semana: Lección 8   _____
Examen final   _____

Plan extendido: Tres meses (3 sesiones) Fecha de reunión
Primer mes: Lecciones 1-3   _____
Segundo mes: Lecciones 4-6   _____
Tercer mes: Lecciones 7-8 y examen final _____

Cómo hacer la tarea de las lecciones*
Antes de cada reunión el estudiante debe:
1. Leer el capítulo (o los capítulos) por completo.

2. Responder las cinco preguntas y plantearse otras, de tres a cinco, basadas en el material tratado en la lección.

3. Utilizar los dibujos para aprender, memorizar, y comunicar algunos puntos esenciales de la lección. El alumno debe ver los dibujos que explican algunos de los conceptos del capítulo, leer la explicación que los acompañan, y repetir los dibujos varias veces en una hoja de papel cualquiera hasta llegar a memorizar los conceptos.

4. La sección Expresión responde a cómo comunicar los conceptos aprendidos a otras personas. Desarrolle ideas creativas para compartir los conceptos bíblicos con los talentos que Dios nos ha dado, por medio de nuestra personalidad única, y en el poder del Espíritu Santo. También debe hacer una lista de oración a fin de orar por creyentes y no creyentes, pidiendo que Dios provea oportunidades para ministrarles.

*El estudiante debe completar la tarea de la lección 1 antes de la primera reunión.

Cómo obtener un título acreditado por FLET

Para recibir acreditación de FLET, el alumno debe comunicarse de inmediato con nuestro representante autorizado en su país o con las oficinas de FLET en Miami, a la siguiente dirección:

Logoi, Inc.
14540 S.W. 136 Street, Suite 200
Miami, FL 33186

Teléfono: (305) 232-5880
Fax: (305) 232-3592
E-mail: logoi@logoi.org
Internet: www.logoi.org

Metas y objetivos del curso

Los cursos de FLET se ajustan al siguiente propósito institucional: «Hacer que cada pastor y líder congregacional entienda y cumpla los propósitos de Cristo para Su iglesia». Para lograrlo, LOGOI brinda un programa de educación que enfatiza el desarrollo del estudiante en las siguientes áreas:

Conocimiento Para que crezca en su amor a Dios a través del conocimiento de la Biblia.

Carácter Para que busque imitar a Cristo

Familia Para que fortalezca las relaciones familiares en el hogar.

Evangelismo Para que motive a la iglesia a evangelizar su comunidad y el mundo.

Discipulado Para que edifique y reproduzca líderes cristianos.

Liderazgo Para que aprenda y desarrolle las actitudes y habilidades necesarias a fin de servir al Señor en la iglesia.

Conforme a dicho propósito, este curso está diseñado para que el alumno conozca, aplique y comunique el contenido y los principios bíblicos. Los siguientes objetivos y metas pretenden cambiar o fortalecer lo que el estudiante ya conoce, siente y hace en relación con la predicación de las Escrituras. Mediante este curso, el participante aprenderá a preparar y presentar mensajes expositivos de la Biblia.

Descripción del curso

Introducción a la filosofía y práctica de la exposición bíblica. Enfatiza el desarrollo de las habilidades básicas para la preparación y predicación (enseñanza) de un pasaje bíblico.

Metas

Que el estudiante:

1. Conozca los conceptos que facilitan el desarrollo y la presentación de mensajes expositivos.

2. Desarrolle la convicción de querer comunicar la verdad de Dios con precisión, excelencia y eficacia.

3. Ponga en práctica los conceptos del desarrollo y la presentación de mensajes expositivos.

Objetivos

1. El estudiante explicará la forma en que los conceptos o principios mostrados en la hoja de evaluación (ver apéndice 3) se ajustan a las enseñanzas en el texto. Es decir, podrá explicar su razonamiento acerca de las categorías y preguntas que aparecen en dicha hoja (esto demostrará que conoce algo de la filosofía de la buena comunicación). Para alcanzar este objetivo, tomará cada categoría en la hoja de evaluación y escribirá respecto a la filosofía del texto y cualquier pensamiento adicional, reflexión o modificación personal junto con dicho razonamiento.

2. El estudiante hará lo siguiente:
A. Crear un archivo que incluya:

• Principios y conceptos adquiridos mediante la evaluación tanto de sí mismo como la que le hagan otros predicadores (incluso sus compañeros del curso).
• Artículos acerca de la predicación (como los de *Guía pastoral, Apuntes Pastorales* y otras publicaciones especializadas).

• Ilustraciones. (Preferiblemente las que el alumno cree, aunque puede incluir otras dando el debido reconocimiento a la fuente de la que proviene.)
• Anotaciones exegéticas que ayuden en la interpretación o aplicación de libros o textos específicos.
• Ideas, citas o comentarios de otros que saquen a relucir, motiven o destaquen la importancia y los resultados de la comunicación creativa, precisa, relevante y motivadora para la vida cristiana.

B. Evaluar, basado en las instrucciones sugeridas, algunas predicaciones, como por ejemplo:

• Su propia exposición.
• Las exposiciones de sus compañeros.
• Tres predicaciones de expositores ajenos al grupo y a su propia iglesia.

C. Mantener un registro que exprese los cambios en su disposición hacia la comunicación excelente en el transcurso de las ocho lecciones. Por ejemplo, ¿en qué maneras se incrementa su preocupación o pasión por la comunicación creativa, precisa, relevante y motivadora? ¿Qué ha aprendido del ejemplo de sus compañeros? ¿En qué áreas necesita mejorar?, así como otros asuntos pertinentes a la exposición de las Escrituras. Dicho registro debe incluir también reflexiones personales con referencia a la predicación, su importancia, relevancia y la motivación que el estudiante siente para predicar bien y ayudar a otros a hacer lo mismo.

3. El estudiante expondrá un mensaje de unos veinte minutos que abarque: un sermón acerca de un solo ver-

sículo; uno doctrinal sobre un pasaje en las epístolas; y uno en cuanto a un pasaje narrativo (esto es, basado en uno de los relatos narrados, por ejemplo, en varios libros del Antiguo Testamento, los evangelios o Hechos).

Requisitos

1. Leer el texto *Predicación bíblica*, de Haddon Robinson.

2. Completar las tareas indicadas para cada lección (véanse metas y objetivos).

3. Crear un archivo acerca de la predicación, de acuerdo al segundo objetivo mencionado.

4. Preparar un sermón de veinte minutos y predicarlo usando los principios presentados en el texto.
   Dicho sermón será evaluado por el facilitador y los compañeros usando la hoja de evaluación que se encuentra en el Apéndice 3. (Se sugiere que la hoja se reproduzca en un formato más grande para que hagan varias copias y tengan más espacio para escribir.) Las hojas serán entregadas al facilitador y enviadas a la sede de FLET junto con el examen final, donde serán revisados. Se remitirán los comentarios de tales evaluaciones a la brevedad posible. [Nota: A fin de facilitar que los evaluadores escriban lo que piensan sin temor a lastimar a sus compañeros, se pide que se mantenga la privacidad y que nadie lea las evaluaciones de los demás. De manera que ni el propio facilitador debe leer los comentarios si está tomando la materia al mismo tiempo que los otros alumnos.]
   Los alumnos que están tomando el curso en forma individual deben hacer lo siguiente para cumplir con este

requisito: Pedir al pastor u otra persona calificada y a otros tres que evalúen su sermón usando el Apéndice 3. El alumno debe ocuparse de hacer todos los arreglos referentes a lugar, hora, preparar las hojas de evaluación y enviarlas (sin revisarlas) a la sede FLET junto con el examen final.

5. Aprobar el examen final acerca de los principios de la predicación bíblica.

Lección 1

El alumno debe llegar a la reunión preparado, es decir, habiendo leído el prefacio y los capítulos 1 y 2 con sus preguntas respectivas debidamente respondidas. Además, debe reflexionar acerca del pasaje o texto probable que predicará al final del curso (durante las lecciones 6, 7 u 8) y estar listo para presentar un discurso de, al menos, tres minutos.

Material a estudiar: Prefacio, capítulos 1 y 2.

Metas

En esta lección, el estudiante:
1. Conocerá los conceptos fundamentales acerca de la predicación expositiva.
2. Comenzará a cobrar confianza para hablar ante una audiencia.
3. Iniciará su preparación para presentar un sermón expositivo.

Objetivos

El estudiante cumplirá las metas propuestas de las siguientes maneras:

1. Explicando en sus propias palabras conceptos como:
   • La predicación expositiva
   • La idea principal
   • El tema
   • El complemento

2. Presentando un discurso de tres minutos acerca de uno de los siguientes temas:

- Mi comida favorita
- Mi maestro preferido
- Cómo conocí a mi cónyuge
- Mi libro favorito
- Mi experiencia más atemorizadora

3. Seleccionando tres textos para predicar el sermón requerido (véanse las lecciones 6—8).

Tareas

1. Completar esta lección. Leer las metas y objetivos del curso, el prefacio y los primeros dos capítulos de este libro, responder las cinco preguntas y completar la sección Expresión.

2. Estudiar la gráfica y entender el concepto que comunica.

3. Completar los ejercicios de las páginas 47 a 49.

4. Presentar su discurso breve y participar en la evaluación que sus compañeros harán del mismo. Dicha evaluación debe incluir lo siguiente:
   • Puntos positivos de la presentación
   • Áreas que necesita mejorar
   • Opinión del propio alumno acerca de su discurso.

Nota: A veces descubrimos celos en nosotros relacionados con las habilidades que otros tengan, sea para predicar o enseñar. Esta evaluación, por cierto, tiene propósitos académicos para que el estudiante aprenda los principios de la buena comunicación y los practique. Pero, además, queremos que los alumnos aprendan a esperar lo mejor de sus compañeros, a alentarlos y a desearles grandes bendiciones y recompensas cuando llevan a cabo sus tareas expositivas. De manera que durante este curso aprenderemos a apreciar otras facetas del Cuerpo de Cristo y a ministrar en el amor de Dios.

5. Comenzar a pensar en qué versículo, pasaje epistolar del Nuevo Testamento o narrativo va a predicar. El estudiante anotará tres opciones para comenzar el proceso de selección y reflexión. [Nota: El alumno puede cambiar de texto luego. Esto es solo para que comience a pensar en términos de las tareas de las lecciones 6, 7 y 8 que representan el logro principal del curso.]

Preguntas

1. Según Robinson, además de las reglas de homilética, ¿qué necesita el predicador eficaz? ¿Con qué se deben unir los principios de la buena predicación en el orador?

2. ¿Qué relación hay entre la comunicación de la Palabra de Dios y la persona que la proclama?

3. Lea la cita de Matthew Simpson (en la conclusión del prefacio) y escriba tres principios o realidades que se derivan de ella.

4. ¿Cómo define el autor la predicación expositiva? Explique, en sus propias palabras, cada parte de la definición. Además, diga por qué ha de preferirse la predicación expositiva.

5. Explique lo que significa la «idea principal» y sus aspectos correspondientes: el tema y el complemento.

Nota: Recuerde que en esta lección presentará su discurso de tres minutos. Ya hemos provisto varios «temas». Usted va a complementarlos a fin de comunicar un concepto completo o idea principal.

Dibujos explicativos

Estos dibujos o gráficas han sido diseñados a fin de proveerle una manera sencilla de organizar y memorizar cuatro puntos esenciales del capítulo. Tome una hoja de papel y reproduzca los dibujos de cinco a siete veces mientras piensa en el significado de cada cuadro. Luego tome otra hoja en blanco y reprodúzcalo de memoria con una breve explicación de su significado. Hemos provisto estas sencillas ilustraciones principalmente para aquellos que piensan que no saben dibujar bien. Si tiene talento para el dibujo (o deseos de dibujar) cree sus propios diseños a fin de memorizar los puntos principales del capítulo uno.

Gráficos de los cuatro puntos principales

• **Explicación:** La predicación expositiva se preocupa no solo por promover la predicación en sí (algo que tiene mérito ya que algunos piensan que esta ha perdido la relevancia en vista de otros métodos de comunicación), sino también con la forma que debe tomar la misma. La predicación expositiva aboga a favor de comunicar un concepto derivado de las Escrituras (y descubierto a base del estudio de las mismas) que el Espíritu Santo aplica primero al comunicador y luego a los oyentes. Este proceso ayuda a que la comunicación sea clara, autoritativa y eficaz en la vida de todos los involucrados. Sin dudas, este estilo de predicación requiere más esfuerzo para estudiar y comprender las Escrituras. Pero vale la pena.

• **Explicación:** Robinson afirma que «el pasaje gobierna al sermón» y que el predicador comunica «unidades definidas» de las Escrituras que tratan un tema específico. Esto es, el concepto definido que el predicador comunica tiene sus raíces en el texto de la Biblia y no en su opinión personal. Todo se somete a las Escrituras correctamente interpretadas. La unidad definida puede consistir de un párrafo o secciones más amplias del texto bíblico. Además, el concepto consiste de palabras en su contexto. Por cierto, el contexto amplio es el libro completo (y, en fin, toda la Biblia). Sin dudas, es posible que la unidad sea un libro completo de la Biblia. Esto es, se puede predicar el mensaje central de un libro completo en un sermón. Lo importante para el estudio es afirmar que sea *un concepto* y que proviene de las Escrituras.

• **Explicación:** El concepto singular o la idea principal que el predicador comunica no solo proviene del texto sino que se compone de dos facetas: el tema y el complemento. El primero saca a relucir el sujeto o tema, esto es, el asunto de lo que trata el pasaje bíblico. El complemento destaca qué se dice acerca del tema. Juntos, el tema y el complemento, forman una idea principal singular. De manera que con la ayuda del Señor, el predicador se esforzará por descubrir la idea principal del texto bíblico y el oyente escuchará una idea bíblica que pueda aplicar en su vida.

• **Explicación:** El Espíritu Santo no compite con las Escrituras, al contrario, Él dirigió a sus autores (véase 2 Pedro 1.20-21). Además, facilita la comprensión de las mismas en el proceso del estudio, comunicación y comprensión del texto bíblico. Robinson afirma que el Espíritu Santo aplica primero la enseñanza o principio bíblico al predicador. No solo ayuda la vida personal espiritual del que comunica la Palabra sino que le provee credibilidad y convicción en su comunicación de la enseñanza del texto bíblico. Así, tanto el predicador como los oyentes dependen del ministerio del Espíritu Santo. La exposición bíblica cuenta con una faceta sobrenatural sin la cual no puede tener eficacia.

Expresión

Debemos destacar que en la próxima reunión el alumno debe reportar al facilitador la realización de las tareas correspondientes a esta sección.

1. Seleccione un libro breve de la Biblia (Filemón, 2 o 3 de Juan, Tito, por ejemplo) y léalo por completo de una sola vez. Luego escriba tres párrafos:

- Uno que explique lo ventajoso de leer el libro completo sin interrupción.
- Otro que exprese el o los propósitos del libro.
- Otro que identifique las necesidades comunes en los receptores u oyentes del libro que leyó y la comunidad en la que usted pudiera predicar.

Nota: Para realizar esta primera porción de la sección Expresión, el alumno no debe usar recursos como concordancias, comentarios o manuales bíblicos. Solo debe leer el libro. No obstante debe anotar las ideas y preguntas que se le ocurran durante o después de la lectura. (Recomendamos leer de nuevo «Pasos a seguir en el estudio bíblico» [pp. 119-131] y la lección 1 de la guía de estudio [pp. 138-142] en *Cómo estudiar e interpretar la Biblia*, por R.C. Sproul.

2. Familiarícese con el modelo de evaluación que aparece en Apéndice 3, pág. 231 a 234, a fin de comenzar a pensar en términos de lo que contribuye a un buen sermón.

3. Ore por:
- El facilitador y sus compañeros en este curso
- Aquellos que serán sus oyentes en el futuro
- Su iglesia local, su pastor y los líderes y maestros de ella.

Lección 2

Capítulo 3
Herramientas para el oficio

Metas

En esta lección, el estudiante:

1. Conocerá las herramientas esenciales que facilitan la predicación expositiva.
2. Apreciará la contribución de otros estudiantes.
3. Se preparará para presentar un sermón expositivo.

Objetivos

El estudiante alcanzará las metas propuestas:

1. Explicará, en sus propias palabras, la importancia de cada uno de los siguientes elementos en la preparación de un mensaje:

- El contexto
- Los léxicos
- Las concordancias
- Los diccionarios y enciclopedias bíblicos
- El esquema mecánico
- La diagramación
- La paráfrasis de pasajes

2. Presentará un discurso de tres minutos. Para ello debe emplear algunos de los recursos mencionados por Robinson (y que aparecen bajo el objetivo número 1). El discurso debe tratar aspectos como:

- Ventajas de leer un libro completo
- Bondades de algunos de los recursos nombrados (diccionarios, concordancias, manuales, el esquema mecánico) y su importancia para el entendimiento del libro que leyeron.
- Defectos de los recursos o desventajas de su uso.

3. Escogerá uno de los tres textos sugeridos para la lección anterior (u otro) a fin de comenzar su preparación para el sermón de acuerdo con los principios que presenta Robinson en el capítulo 3.

Tareas

1. Leer completamente el libro de la Biblia en el que se encuentra el texto (versículo, párrafo, capítulo, sección, división) que escogió para predicar el sermón requerido.
2. Leer el capítulo 3, las cinco preguntas y la sección Expresión.
3. Completar lo asignado bajo la sección Expresión (y reportarlo al facilitador).
4. Presentar el discurso asignado y participar en la evaluación del mismo con sus compañeros (véase la lección anterior).

Preguntas

1. ¿Cuáles son los tres pasos que recomienda Robinson en la preparación de un sermón expositivo? Explíquelos brevemente.

2. ¿Qué es la exposición temática y cómo se desarrolla su preparación?

3. ¿Qué beneficio produce leer un libro varias veces (y en diferentes versiones)?

4. Enumere las herramientas que Robinson presenta con una breve descripción de su uso. [Nota: Incluya otra que el autor no menciona y explique algo sobre la misma.]

5. ¿Qué importancia tienen las formas literarias para la comprensión y comunicación de los pasajes de la Biblia?

Dibujos explicativos

Estos dibujos o gráficas han sido diseñados a fin de proveerle una manera sencilla de organizar y memorizar cuatro puntos esenciales del capítulo. Tome una hoja de papel y reproduzca los dibujos de cinco a siete veces mientras piensa en el significado de cada cuadro. Luego tome otra hoja en blanco y reprodúzcalo de memoria con una breve explicación de su significado. Hemos provisto estas sencillas ilustraciones principalmente para aquellos que piensan que no saben dibujar bien. Si tiene talento para el dibujo (o deseos de dibujar) cree sus propios diseños a fin de memorizar los puntos principales del capítulo uno.

Gráficos de los cuatro puntos principales

• **Explicación:** ¿Cómo se decide qué método enseñarles a aquellos que quieren aprender a predicar de manera eficaz? Robinson explica que el texto trata acerca de predicación expositiva e intenta dejar que el texto bíblico sea el que informe al mensaje [y al mensajero] y que aun los predicadores que afirman no usar ningún método sí lo hacen en la práctica. No obstante, Robinson afirma que el predicador necesita visión (comprensión y entendimiento), imaginación y sensibilidad espiritual, ninguno de los cuales llega por seguir algún método. No obstante, aboga a favor de un método de diez pasos y afirma que los mismos no siempre se realizan en la secuencia lógica presentada en el texto.

Seleccionar **1**

Martes ⟶ Domingo
Este año ⟶ El próximo

Unidad   Longitud   Tema

• **Explicación:** En cuanto al primero de los diez pasos, el autor afirma que el predicador se plantea dos preguntas: ¿De qué voy a hablar? y ¿De qué pasaje de las Escrituras extraigo mi sermón? Robinson explica que «estas preguntas no necesitan plantearse el martes por la mañana, seis días antes de la presentación del sermón». Más bien, el pastor que se preocupa por tener un ministerio sensible a las Escrituras realiza una cuidadosa planificación para todo el año, tomando en cuenta la congregación, sus necesidades y los principios bíblicos que requieren. Dichos principios se destacan en unidades de pensamiento (en el Nuevo Testamento, el párrafo representa la porción básica en la construcción de los pensamientos). Además, el predicador considera la extensión del sermón en relación con el tiempo que tiene para predicarlo. Unas veces se predica en un solo libro de la Biblia principalmente y otras en un tema que abarca principios de porciones en diversos libros de las Escrituras.

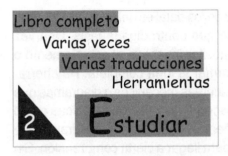

• **Explicación**: El segundo paso o etapa en la preparación de sermones expositivos abarca el estudio del pasaje. Robinson afirma que «antes que nada, el ministro debe relacionar todo pasaje particular de las Escrituras con el libro del que forma parte. Esto implica por lo general, leer varias veces el libro, a menudo en diversas traducciones». Aunque esto parezca tomar mucho tiempo, en realidad lo ahorra ya que facilita la comprensión del pasaje de una manera que nada puede remplazar. Ayuda al intérprete a formular las preguntas a las cuales responderá con herramientas tales como comentarios, diccionarios y manuales bíblicos. Así, leer y reflexionar con la ayuda del Señor son la base para usar los otros instrumentos que deben usarse inteligentemente. En todo este proceso el alumno hace anotaciones que le ayudarán a comprender el pasaje y preparar su sermón.

• **Explicación**: Robinson explica que el tercer paso relaciona las partes del pasaje en un movimiento de síntesis a análisis. El estudiante se pregunta con regularidad: ¿De qué trata este pasaje? Cuando piensa haber descubierto la respuesta a dicha pregunta, examina su conclusión a la luz de los detalles del texto bíblico. Esto es, no debe haber detalle que contradiga la tesis. Una vez discernido el tema, el expositor investiga el complemento o complementos a fin de formar la idea completa. Hay herramientas tales como los esquemas mecánicos o diagramas que ayudan al estudiante a discernir las relaciones lógicas en un pasaje epistolar especialmente. Hay otras formas literarias que requieren otros métodos para llegar a cierta comprensión. Sin dudas, requiere esfuerzo, pero las Escrituras lo merecen como Palabra de Dios y también nuestros oyentes como aquellos a quienes Dios ama.

Expresión

En la próxima reunión, el alumno debe reportar al facilitador la terminación de las tareas.

1. Lea el libro en el que aparece el versículo o pasaje seleccionado para la primera lección, pero en otra versión.

2. Utilice algunos de los recursos mencionados por Robinson, luego de leer el libro completo.

- Uno que explique cómo compara la experiencia con la lectura de un solo versículo, párrafo o capítulo de un libro de la Biblia.
- Uno que exprese lo que parece ser el propósito del libro.
- Uno que identifique las necesidades comunes en los receptores del libro que leyó y la comunidad a la cual le puede predicar.

3. Ore por:

- El facilitador y sus compañeros de curso.
- Sus oyentes potenciales.
- Su iglesia local, su pastor (o pastores), líderes y maestros.

Capítulos 4 y 5
El camino del texto al sermón
El poder del propósito

Metas

El estudiante deberá:

1. Entender los siguientes conceptos: reafirmación, desarrollo, idea exegética, idea homilética y propósito del sermón.

2. Preocuparse por la precisión del sermón y su intención.

3. Aplicar sus conocimientos al desarrollo del sermón.

Objetivos

Que el estudiante:

1. Explique los conceptos señalados en las metas con sus propias palabras.

2. Presente un discurso breve para convencer a los alumnos de la importancia de dichos conceptos en la preparación y presentación de sermones.

3. Use los conceptos de esta lección en la preparación de su sermón para este curso.

Tareas

1. Completar la lección (responder las cinco preguntas, memorizar la gráfica y su significado, y completar la sección Expresión).

2. Presentar un discurso de cinco minutos que demuestre lo imprescindible de usar las preguntas relativas al desarrollo y conocer el propósito del sermón que intenta predicar.

3. Completar los ejercicios de las páginas 101 a 105.

4. Demostrar su progreso en la preparación del sermón. (El alumno debe comunicarle al facilitador la forma en que ha estado preparando su sermón. Específicamente debe tratar de descubrir la idea exegética del pasaje y crear la idea homilética.)

Preguntas

1. Según el texto, ¿cuáles son las cuatro cosas que podemos hacer con una afirmación? Explique la afirmación y las tres preguntas relativas al desarrollo y su relevancia en cuanto al sermón.

2. ¿Qué es una idea exegética y cómo se descubre?

3. ¿Qué es una idea homilética y cómo se relaciona con la exegética?

4. ¿Qué significa propósito en términos del sermón y cómo se relaciona con la idea central del mismo?

5. Explique el concepto de «resultados evaluables» y presente las categorías de Roy B. Zuck.

Dibujos explicativos

Estos dibujos o gráficas han sido diseñados a fin de proveerle una manera sencilla de organizar y memorizar cuatro puntos esenciales del capítulo. Tome una hoja de papel y reproduzca los dibujos de cinco a siete veces mientras piensa en el significado de cada cuadro. Luego tome otra hoja en blanco y reprodúzcalo de memoria con una breve explicación de su significado. Hemos provisto estas sencillas ilustraciones principalmente para aquellos que piensan que no saben dibujar bien. Si tiene talento para el dibujo (o deseos de dibujar) cree sus propios diseños a fin de memorizar los puntos principales del capítulo uno.

Gráficos de los cuatro puntos principales

Mundo bíblico

Mundo actual

"mi mundo"

Los tres mundos de la exposición

• **Explicación:** Robinson afirma que el expositor tiene que relacionar los principios de las Escrituras con la audiencia contemporánea a la cual le predica. Explica que Dios se reveló a naciones que se pueden localizar en mapas, que se expresaban en idiomas con gramáticas concretas y que tenían culturas desarrolladas. Por lo tanto, el estudiante de las Escrituras primero necesita «comprender lo que la revelación de Dios significó para los hombres y las mujeres a quienes fue dada originalmente». Además, el predicador debe comprender el mundo contemporáneo ya que la comunicación no se realiza en el vacío. De manera que debe conocer los asuntos y las preguntas de sus tiempos, es decir, el contexto local y sus particularidades. El autor afirma: «En definitiva, el predicador no se dirige a toda la humanidad; habla a personas particulares y las conoce por sus nombres». Él descubre los principios transculturales de las Escrituras, aplicables a su audiencia original (el pueblo de Israel, la iglesia en Roma, por ejemplo) y también a sus oyentes contemporáneos. ¿Qué está haciendo usted para ser mejor intérprete de la Biblia, de los tiempos y de su comunidad?

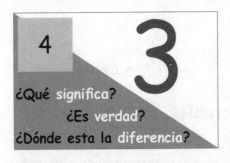

• Explicación: En el cuarto paso el exégeta y expositor somete la idea que ha discernido en su estudio de las Escrituras a tres preguntas relativas al desarrollo: ¿Qué significa?, ¿Es verdad?, y ¿Dónde está la diferencia? La primera pregunta enfoca la explicación y se aplica tanto al texto como a la audiencia. Si hay detalles en el texto que la audiencia contemporánea no podrá comprender con facilidad, el predicador tendrá que dedicar tiempo en su exposición a la explicación. Por otro lado, a veces el principio bíblico se comprende con facilidad, pero la audiencia posiblemente no queda convencida de su validez. La segunda pregunta, «¿Es verdad?», no tiene que ver con la veracidad de la Biblia, sino con el convencimiento subjetivo del oyente, o la comprobación del principio bíblico. Señala que en algunos textos el expositor tendrá que esforzarse para demostrar, convencer o persuadir al oyente de la validez del principio bíblico. Con referencia a la última pregunta, un profesor reconocido de homilética la expresa así: ¿Cómo se verá [aparecerá] este principio bíblico en mi vida? Esto es, enfocar la aplicación de la verdad bíblica. De manera que algunos textos se comprenden y se creen con facilidad, pero requieren que el expositor enseñe cómo se practica el principio bíblico en la vida cotidiana. De manera que el expositor afirmará principios de la Biblia que demandarán esfuerzo ya sea en la explicación, comprobación o aplicación. [Nota: Las tres preguntas son relevantes para la idea homilética completa y para cada uno de los principios que componen el complemento del tema.]

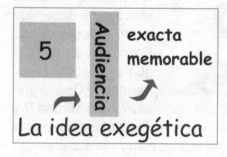

• **Explicación:** El quinto paso tiene que ver no tanto con la determinación o discernimiento del sentido del texto bíblico sino más bien con lo siguiente: ¿Cómo comunicar el principio Escritural a una audiencia contemporánea en términos relevantes para ellos? Esto es, la idea exegética (el significado del texto) debe convertirse en idea homilética que pueda ser accesible y útil al oyente. Además, para mayor eficiencia, debemos expresar la idea con precisión y exactitud, y en una manera memorable. Por ejemplo, un pastor que predicó acerca del ofrendar del creyente expresó el principio bíblico así: «El corazón, no la billetera, determina la cantidad de nuestra ofrenda». Sin dudas, esta manera de expresión tiene más impacto que decir: «Hermanos, debemos hacer un examen de los motivos ocultos y los recelos de nuestro hombre interior cuando determinemos qué cantidad de nuestros recursos y bienes materiales pondremos en la cesta de ofrenda en el culto matutino». Por cierto, comunicar con relevancia, precisión y creatividad requiere esfuerzo, tiempo y preocupación por la expresión eficaz.

• **Explicación:** Robinson explica que la idea del sermón afirma su significado o la verdad que comunica y el propósito tiene que ver con el resultado que dicha verdad debe lograr en la vida del oyente. El mismo texto bíblico nos dirige al propósito del sermón. El expositor debe tratar de discernir la razón por la cual el autor bíblico, dirigido por Dios, escribió a su audiencia original. Esto demanda estudio, reflexión y dependencia del Señor mediante la oración. Además, el expositor debe pensar en términos que expresen de la manera más objetiva posible qué resultados se podrán ver en las vidas de los oyentes que demuestran que han comprendido el principio bíblico transferible y saben cómo ponerlo en práctica en sus vidas. Hay varias esferas que nos proveen ideas en cuanto a lo que queremos ver en la vida de nuestra audiencia: conocimiento, comprensión, actitud y habilidad. En estas cuatro áreas puede y debe haber cambios en nuestras vidas como resultado de haber sido expuestos a y comprendido las Escrituras.

Expresión

1. Lea el libro en el que aparece el pasaje que predicará para cumplir con el requisito del curso completo de nuevo y escriba los conceptos nuevos adquiridos mediante la lectura.

2. Escriba las ideas exegéticas y homiléticas tentativas para el pasaje que seleccionó para el sermón. [Nota: Se espera que el alumno siga estudiando y reflexionando a fin de refinar su entendimiento acerca del proceso de preparar y presentar sermones.]

3. Ore por:

- El facilitador y sus compañeros.
- Sus oyentes en el futuro.
- Su iglesia local, su pastor, líderes y maestros.

Lección 4

Capítulos 6—8
Formas que adoptan los sermones
Déles vida a los huesos secos
Comience de un golpe y termine de una vez

Metas

El estudiante ha de:

1. Conocer los elementos que componen la estructura de los sermones.

2. Esforzarse por preparar sermones eficaces.

3. Completar la preparación de su sermón.

Objetivos

El alumno:

1. Explicará en sus propias palabras los siguientes conceptos:

- Las diversas formas que adoptan los sermones
- Las estructuras deductivas e inductivas de un sermón
- El bosquejo
- La transición
- La repetición
- La reafirmación
- La definición
- La información objetiva
- La narración
- Las ilustraciones

277

- La introducción (y las principales características de las introducciones eficaces)
- La conclusión

2. Escuchará a otro predicador —puede ser por radio, televisión u otra forma— y analizará el mensaje a la luz de los conceptos de esta lección. Para ello puede emplear el modelo de evaluación provisto en Apéndice 3. (Su evaluación debe indicar lo positivo y lo que necesita ayuda para mejorar el mensaje.) Luego presentará un discurso de 5 minutos en el cual explicará de manera específica un punto positivo y uno negativo acerca del mensaje que evaluó.

3. Aprovechará las enseñanzas de esta lección para presentar el sermón requerido.

Tareas

1. Completar la lección (responder las preguntas y completar la sección Expresión).

2. Presentar su evaluación del mensaje predicado conforme al segundo objetivo mencionado.

3. Repasar los conceptos de las lecciones anteriores que necesita más clarificación o comprensión.

4. Demostrar su progreso en la preparación del sermón.

Preguntas

1. Según Robinson, ¿cuáles son las formas básicas que toman los sermones? ¿Son estas las únicas?

2. ¿Qué preguntas debe plantearse el predicador respecto a la estructura de su sermón?

3. ¿Qué propósitos tienen los bosquejos?

4. Dé un ejemplo propio de cada clase de material que Robinson presenta para dar vida al bosquejo.

5. Describa la manera en que la introducción y la conclusión del sermón que prepara se adapta a lo que enseña Robinson. Incluya lo siguiente: ¿Cómo se ajusta mi introducción a los principios enumerados en la lección? ¿Cómo cumple mi conclusión las instrucciones de Robinson? ¿Qué materiales utilicé en mi conclusión?

Dibujos explicativos

Estos dibujos o gráficas han sido diseñados a fin de proveerle una manera sencilla de organizar y memorizar cuatro puntos esenciales del capítulo. Tome una hoja de papel y reproduzca los dibujos de cinco a siete veces mientras piensa en el significado de cada cuadro. Luego tome otra hoja en blanco y reprodúzcalo de memoria con una breve explicación de su significado. Hemos provisto estas sencillas ilustraciones principalmente para aquellos que piensan que no saben dibujar bien. Si tiene talento para el dibujo (o deseos de dibujar) cree sus propios diseños a fin de memorizar los puntos principales del capítulo uno.

Gráficos de los cuatro puntos principales

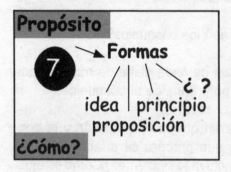

• **Explicación:** A la vez que el expositor discierne y decide el propósito del sermón debe esforzarse para determinar qué forma tomará su mensaje. Robinson afirma que: «De la misma manera que cualquier afirmación que hacemos se desarrolla a través de la explicación, la prueba o la aplicación, también las ideas de los sermones demandan explicación, validación o aplicación». Así, la totalidad del sermón, de acuerdo al autor, puede tomar diversas formas: Una idea para explicar (forma que fácilmente corresponde a sermones doctrinales); una proposición para comprobar (estilo que sirve para mensajes de naturaleza apologética, o ideas que aunque verdaderas no tienen gran aceptación en la cultura popular); o un principio para aplicar (enfoque que se presta a ideas comprensibles de las cuales no hay que persuadir o convencer a los oyentes, pero que requieren instrucción acerca de cómo aplicarlas a la vida cotidiana). Además de estas formas, Robinson también ofrece las siguientes: un tema para completar; una historia para contar (o sermón narrativo); y estructuras inductivas, deductivas o inductivas-deductivas.

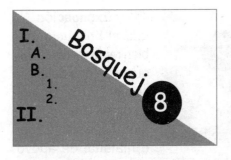

• **Explicación:** Robinson afirma que los bosquejos cumplen cuatro propósitos por lo menos: 1. Clarifican visual e intelectualmente la relación entre las diversas partes del sermón. 2. Provee al predicador una vista panorámica de su mensaje. 3. Cristaliza el orden de las ideas a fin de que el oyente las reciba en secuencia lógica. 4. Ayuda al predicador a discernir cuáles partes del bosquejo necesitan material adicional para desarrollar los puntos. [Nota: Robinson afirma que: «Algunas veces la distribución de las ideas en el pasaje deberá ser alterada en el bosquejo. Debido a sus lectores, el escritor bíblico puede seguir un orden inductivo; pero en cuanto a sus oyentes, el expositor puede seleccionar un plan deductivo». Aquí el autor saca a relucir la diferencia entre un bosquejo exegético (que sigue el orden exacto del texto escrito) y uno homilético (que a veces reorganiza la secuencia de ideas sin cambiar el sentido intencionado por el autor bíblico).] En cuanto a la estructura de un bosquejo, si tenemos un punto principal I, debe haber un punto II. Si se coloca un punto A debajo de un punto principal, debe haber un punto B. De la misma manera, si existe un punto 1 debajo de uno secundario (A, B, C, etc.) debemos tener otro punto 2. La gráfica muestra dichas relaciones.

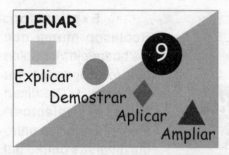

• **Explicación:** Ya que el bosquejo más bien representa un «esqueleto» que detalla la secuencia u orden lógica de las ideas del sermón, necesita «carne» o material de apoyo. Este toma diferentes formas, de acuerdo a Robinson, como: la repetición (las mismísimas palabras repetidas), reafirmación (la misma idea expresada más de una vez con palabras diferentes); explicación y definición (establecer los límites que existen y poner límites definicionales, respectivamente); información objetiva (estadísticas, observaciones, estudios que el oyente puede verificar objetivamente); citas (usadas por la impresión que causan y para prestar autoridad en especial cuando otro ha dicho algo mejor que nosotros); narración (la descripción de quién hizo qué en los relatos bíblicos, lo que puede usarse para explicar el contexto, la escena o la historia como trasfondo para el pasaje que predicamos); e ilustraciones (narraciones tangibles o explicaciones que reafirman, explican, comprueban y aplican la idea del sermón). Así, el bosquejo se llena con material que explica, demuestra, aplica y amplía las proposiciones del mismo.

• **Explicación:** Robinson afirma: «La importancia que las introducciones y las conclusiones tienen en el sermón no es proporcional a la extensión de las mismas». Afirma que la impresión que el predicador causa durante su introducción afectará la forma en que la audiencia recibirá su mensaje. La conclusión tiene grandes implicaciones para las acciones de los oyentes cuando concluye el mensaje. Puede cristalizar la idea completa del sermón en la mente del oyente y retarlo a aplicar las verdades del mismo en su vida. La introducción sirve para presentar el tema o sujeto del sermón, hacer emerger o aflorar las necesidades en los oyentes (a fin de que sientan y reconozcan que necesitan escuchar el mensaje que se predica), y captar la atención (la introducción no debe ni aburrir ni ser tan sensacional). De manera que al final de la introducción el oyente debe saber cuál es el tema del sermón, estar interesado y sentir que el mensaje está dirigido a él. [Nota: En una estructura inductiva la introducción concluye con el tema en forma de pregunta (ej.: ¿Qué podemos hacer para ser esposos y esposas bíblicos? ¿Cuál es el plan de Dios en cuanto al comportamiento y disposición de los cónyuges? ¿Cuál es la voluntad de Dios para el marido y para la mujer? Abramos nuestras Biblias en Efesios capítulo 5...). En un sermón deductivo el oyente sabe no solo el tema o sujeto sino la idea completa al concluir la introducción.] La conclusión debe finalizar sin introducir ideas ajenas a la principal. Más bien, se puede usar una ilustración extendida de cómo dicha idea luce en la vida actual. En la conclusión, por lo tanto, se puede hacer un resumen y a la vez retar al oyente a aplicar las verdades predicadas a su vida.

Expresión

1. Escriba las ideas exegéticas y homiléticas tentativas para el pasaje que usará para el sermón. [Nota: Se espera que el alumno siga estudiando y reflexionando

a fin de mejorar el proceso de preparar y presentar sermones. De manera que, no se espera que en esta etapa
tenga una plena comprensión de este paso. No obstante,
debe involucrarse en el proceso.]

2. Reflexione en las enseñanzas acerca de las introducciones y conclusiones de los sermones y experimente con
varias ideas acerca del sermón que predicará en cumplimiento del objetivo volitivo de este curso.

3. Ore por:

- El facilitador y sus compañeros
- Sus oyentes en el futuro
- Su iglesia local, su pastor, líderes y maestros.

Lección 5

Capitulos 9 y 10
La vestimenta del pensamiento
Predique para que la gente escuche

Metas
1. Conocer los recursos que intervienen en los sermones relevantes, precisos, claros y prácticos.
2. Predicar la Palabra de Dios con convicción y excelencia.
3. Preparar un sermón.

Objetivos
1. Explicar en sus propias palabras los siguientes conceptos: el estilo, las características de un sermón eficaz y el lenguaje no verbal.
2. Recordar uno de los sermones más eficaces que haya escuchado y presentar un informe breve acerca de los elementos que lo hicieron tan memorable.
3. Aprovechar las enseñanzas de esta lección para preparar y presentar el sermón requerido.

Tareas
1. Completar la lección (responder las preguntas y completar la sección Expresión).

2. Presentar un discurso breve acerca de los elementos principales de un sermón que haya escuchado conforme al segundo objetivo mencionado.

3. Avanzar en la preparación del sermón. (El alumno debe comunicar al facilitador en qué etapa de preparación

se encuentra. Específicamente debe tratar de estructurar la totalidad de su sermón: cuerpo, introducción y conclusión, incorporando lo aprendido en esta lección.)

Preguntas

1. ¿Qué recomienda Robinson acerca del proceso de escribir un manuscrito del sermón? ¿Cómo define el autor la palabra estilo con referencia a la predicación? ¿Cómo relaciona Robinson el manuscrito con el estilo?

2. ¿Cuáles son las tres características estilísticas que el predicador debe desarrollar de acuerdo a Robinson? Tome las marcas del estilo claro y evalúe el sermón que intenta predicar a la luz de las mismas. Escriba una evaluación *breve* de cada categoría.

3. ¿Qué podemos hacer para evitar el aburrimiento según Robinson?

4. De acuerdo al autor, ¿de qué factores depende la eficacia de nuestra comunicación? Lea las tres observaciones que se desprenden de la investigación del sicólogo Albert Mehrabian («Solo 7% del impacto del mensaje de un orador llega por medio de sus palabras, 38% brota del tono de la voz, y 55% de las expresiones faciales») y escriba un párrafo que explique en qué manera pueden influir en el sermón que predicará como requisito para el curso.

5. Enumere las cuatro clases de áreas de las cuales debemos cuidarnos para ser comunicadores eficaces. Escriba un resumen de las más importantes en su propia preparación para predicar su sermón. Esto es, cuáles son las más relevantes para usted y qué está haciendo para aplicar los principios a su predicación.

Dibujos explicativos

Estos dibujos o gráficas han sido diseñados a fin de proveerle una manera sencilla de organizar y memorizar cuatro puntos esenciales del capítulo. Tome una hoja de papel y reproduzca los dibujos de cinco a siete veces mientras piensa en el significado de cada cuadro. Luego tome otra hoja en blanco y reprodúzcalo de memoria con una breve explicación de su significado. Hemos provisto estas sencillas ilustraciones principalmente para aquellos que piensan que no saben dibujar bien. Si tiene talento para el dibujo (o deseos de dibujar) cree sus propios diseños a fin de memorizar los puntos principales del capítulo uno.

Gráficos de los cuatro puntos principales

• **Explicación:** De acuerdo a Robinson, «nuestra elección de palabras se llama estilo... según tratemos o maltratemos las palabras, así será nuestro estilo. El estilo refleja cómo pensamos y cómo vemos la vida». El texto destaca tres características del estilo que el expositor debe desarrollar: El expositor debe esforzarse por tener un estilo claro (bosquejos claros, oraciones cortas con estructura simple, palabras sencillas); directo y personal (el predicador y el oyente deben sentirse que están en contacto como si fuese una conversación, no una tesis leída); y vívido (usando las palabras para estimular los sentidos). Robinson afirma que para no ser aburri-

287

dos debemos: 1. Prestar atención a la manera en que usamos el lenguaje. 2. Analizar la forma en que los demás lo emplean. 3. Leer en voz alta. De nuevo, vemos cómo hay que esforzarse para ser buen expositor.

• **Explicación:** Robinson afirma que «antes que nada [el predicador] tiene que ser claro». Hay varias técnicas que nos ayudan a comunicar nuestros sermones con claridad. Sin dudas, predicar una sola idea, compuesta de sujeto y complemento(s), ayuda inmensamente a que el oyente comprenda el mensaje que predicamos. Además, la reafirmación es una gran herramienta para asegurar que la audiencia entienda lo que estamos diciendo. Si repetimos cada punto importante con palabras diferentes tres veces seguidas, mayor será la probabilidad de que el oyente comprenda lo que estamos diciendo (estén de acuerdo o no). También podemos usar una forma deductiva para el desarrollo de cada punto del sermón. Esto es, decimos el punto (expresado en forma de principio transferible), lo reafirmamos y leemos la porción bíblica en la que se encuentra dicho punto o principio. De manera que cuando la audiencia lea las Escrituras notará que expresa la misma verdad que acaba de escuchar y reconocerá que dicho principio tiene autoridad bíblica. En la explicación que sigue se provee información acerca del texto que enseña que el principio que acabamos de comunicar es escritural. En fin, podemos usar ilustraciones que pinten «retratos» verbales acerca de la manera en que el principio que comunicamos aparece. Incluso se puede usar (aunque no siempre) un relato personal que narre cómo dicho principio o enseñanza se comprueba en la propia vida del predicador. Aun cuando hay otras técnicas, estas tres ayudan en la comunicación, comprensión y aplicación de las verdades de la Biblia.

¿Qué?	¿Cómo?
pensamiento	gestos
estructura	voz
lenguaje	lenguaje
voz	estructura
gestos	pensamiento
Importancia	Impresión

• **Explicación:** Robinson explica que el orden de los elementos que componen un sermón se cambia dependiendo si se trata de la importancia objetiva o la impresión subjetiva en el oyente. Esto es, aquello que tiene que ver con el contenido de la predicación o el «qué» resulta más significativo que el «cómo» que trata de la forma de comunicar el mismo. No obstante, ambos son importantes. Ya que las expresiones faciales, los gestos y otras acciones no verbales transmiten mensajes a otros, el predicador debe usarlos todos para contribuir de manera positiva a la comunicación del contenido de su sermón. Según Robinson: «La efectividad de nuestros sermones depende de dos factores: qué decimos y cómo lo decimos. Ambos son importantes. Fuera del contenido bíblico relacionado con la vida, no tenemos nada que comunicar; pero sin una presentación habilidosa, no podemos hacer llegar nuestro contenido a la congregación».

• **Explicación:** Las afirmaciones del sicólogo Albert destacan la importancia y eficacia de la comunicación no verbal: «Solo 7% del impacto del mensaje de un orador llega por medio de sus palabras, 38% brota del tono de la voz y 55% de las expresiones faciales». Así, Robinson concluye que: «Las acciones pueden expresar más que las palabras». Sugiere que cuidemos de nuestro arreglo y vestido (por ejemplo, recomienda el ejercicio, el cabello arreglado, los zapatos lustrados y los trajes limpios y planchados). Además aboga a favor de movimientos y gestos que faciliten y concuerden con lo que deseamos comunicar (ej., con referencia a los gestos, estos deben ser espontáneos, definidos, variados y oportunos). Además, el predicador debe mantener contacto visual con sus oyentes. El tono de la voz también contribuye al proceso de comunicar (debe haber variación en la inflexión de la voz), el volumen (el cambio del mismo puede comunicar la importancia de las ideas), el desarrollo (variedad en la velocidad y ritmo de las palabras de acuerdo al contenido), y la pausa (el uso del silencio para sacar a relucir ciertos conceptos). Robinson afirma que: «Hay ministros que dedican horas todas las semanas a la preparación de sus sermones, pero rara vez dedican unas pocas por año siquiera, a pensar acerca de la presentación del sermón». De nuevo, el expositor que quiere ser eficaz debe dedicar tiempo y esfuerzo a estos asuntos.

Expresión

1. Escriba las posibles ideas exegéticas y homiléticas del pasaje seleccionado para el sermón requerido. [Nota: Se espera que el alumno siga estudiando y reflexionando a fin de mejorar el proceso de preparar y presentar sermones.]

2. Reflexione en las enseñanzas acerca de las introducciones y conclusiones de los sermones y experimente con varias ideas para el sermón que predicará en cumplimiento del objetivo volitivo de este curso.

3. Ore por:

- El facilitador y sus compañeros
- Sus oyentes en el futuro
- Su iglesia local, su pastor, líderes y maestros

Nota: Todos los alumnos deben llegar preparados para presentar su sermón en la próxima lección. Cada uno pondrá su nombre en una vasija; luego se escogerá a uno o dos (dependiendo del tamaño de la clase) para que presenten sus sermones en esa lección. Los demás no pueden hacer trabajo adicional en sus sermones. Si lo hacen pierden 10 puntos de su calificación final ya que no es justo para los que tuvieron que presentarlo primero. Otro método es que los alumnos mismos decidan quién lo presentará y cuándo lo hará, por supuesto, bajo el liderazgo del facilitador.

Lecciones 6—8

Práctica y evaluación

Si la iglesia tiene una filmadora de videos pueden utilizarla para grabar las predicaciones. De esta manera el estudiante puede evaluarse a sí mismo, aprender de lo que hizo bien y corregir lo que vio débil.

Metas

1. Comprender básicamente la preparación, presentación y evaluación de un sermón.

2. Mejorar su predicación y la de sus compañeros.

3. Completar la preparación de su sermón.

Objetivos

1. Repasar los diez pasos de la preparación de un sermón expositivo.

2. Escuchar y evaluar los sermones tanto de sus compañeros y como de sí mismo.

3. Presentar el sermón requerido conforme a los principios aprendidos.

Tareas para las lecciones 6—8

1. Predicar un mensaje en 20 minutos.

2. Repasar los diez pasos o etapas de la preparación de un sermón y escribir el concepto en sus propias palabras.

3. Evaluar el mensaje con la ayuda de la hoja de evaluación provista.

4. Evaluar el sermón desde varias perspectivas.

Expresión
1. Anime a sus compañeros antes y después de la presentación de su sermón.

2. Escuche con humildad y gratitud las críticas tanto positivas como negativas.

3. Ore por:
- El facilitador y sus compañeros.
- Sus oyentes potenciales.
- Su iglesia local, su pastor, líderes y maestros.

Manual para
el facilitador

Introducción

Este curso es algo diferente ya que se enfoca principalmente en la práctica. Sin dudas, nadie llega a predicar bien sin practicar antes. Y, para ello, el estudiante debe conocer algunos modelos o ejemplos vivos, aunque cada quien tiene una personalidad única que Dios puede y desea usar. El expositor que trata de imitar a otro perderá la bendición de experimentar el modo en que Dios puede usar su personalidad única para comunicar Sus santas verdades.

Este material se preparó tanto para el uso individual como para grupos o peñas guiados por un facilitador, el cual orienta a un grupo de cinco a diez estudiantes a fin de que completen el curso. La tarea demandará esfuerzo de su parte, ya que, aun cuando el facilitador no es el instructor en sí (el libro de texto sirve de «maestro»), debe conocer bien el material, animar y dar aliento al grupo, y modelar la vida cristiana delante de los miembros de la peña.

La recompensa del facilitador vendrá, en parte, del buen sentir que experimentará al ver que está contribuyendo al crecimiento de otros, del privilegio de entrenar a otros y del fruto que llegará por la evangelización. El facilitador también debe saber que el Señor lo recompensará ampliamente por su obra de amor.

A continuación encontramos las tres facetas principales del programa FLET: las lecciones, las reuniones y las expresiones.

LECCIONES	REUNIONES	EXPRESIONES

1. **Las lecciones:** Ellas representan el aspecto del programa del cual el alumno es plenamente responsable. Sin embargo, aunque el estudiante debe leer el capítulo indicado y responder las preguntas, también debe reconocer que necesitará la ayuda de Dios para sacar el mayor provecho de cada porción del texto. Usted, como facilitador, debe informarles a los estudiantes que la calidad de la reunión será realizada o minimizada según la calidad del interés, esfuerzo y comunión con Dios que el alumno tenga en su estudio personal. Se ofrecen las siguientes guías a fin de asegurar una calidad óptima en las lecciones:

   a. El alumno debe tratar (si fuese posible) de dedicar un tiempo para el estudio a la misma hora todos los días. Debe asegurarse de tener a la mano todos los materiales que necesite (Biblia, libro de texto, cuaderno, lápices o bolígrafos); que el lugar donde se realice la tarea tenga un ambiente que facilite el estudio con suficiente luz, espacio tranquilidad y temperatura cómoda. Esto puede ayudar al alumno a desarrollar buenos hábitos de estudio.

   b. El alumno debe proponerse la meta de completar una lección por semana (a no ser que esté realizando otro plan, ya sea más acelerado o más lento, véase la página 248).

c. El alumno debe repasar lo que haya aprendido de una manera sistemática. Un plan factible es repasar el material al segundo día de estudiarlo, luego el quinto día, el décimo, el vigésimo y el trigésimo.

2. **Las reuniones:** En las reuniones o peñas, los estudiantes comparten sus respuestas, sus dudas y sus experiencias educacionales. Para que la reunión sea grata, de provecho e interesante se sugiere lo siguiente:

a. La reunión debe tener entre cinco y diez participantes: La experiencia ha mostrado que el número ideal de alumnos es de cinco a diez. Esta cantidad asegura que se compartan suficientes ideas para que la reunión sea interesante como también que haya suficiente oportunidad para que todos puedan expresarse y contribuir a la dinámica de la reunión. También ayuda a que el facilitador no tenga muchos problemas al guiar a los participantes en una discusión franca y espontánea, aunque también ordenada.

b. Las reuniones deben ser semanales: El grupo o peña debe reunirse una vez a la semana. Las reuniones deben ser bien organizadas a fin de que los alumnos no pierdan su tiempo. Para lograr esto se debe comenzar y concluir a tiempo. Los estudiantes pueden quedarse más tiempo si así lo desean, pero la reunión en sí debe observar ciertos límites predeterminados. De esta manera los estudiantes no sentirán que el facilitador no los respeta a ellos ni a su tiempo.

c. Las reuniones requieren la participación de todos. Esto significa no solo que los alumnos no deben faltar a ninguna de ellas, sino también que todos participen en la discusión cuando asistan. El cuerpo de Cristo, la Iglesia, consiste de muchos miembros que se deben ayudar mutuamente. La reunión o peña debe proveer un contexto idóneo para que los participantes compartan sus ideas en un contexto amoroso, donde todos deseen descubrir la verdad, edificarse y conocer mejor a Dios. Usted, como facilitador, debe comunicar el gran valor de cada miembro y de su contribución particular al grupo.

3. **Las expresiones:** Esta faceta del proceso tiene que ver con la comunicación creativa, relevante, y eficaz del material que se aprende. La meta no es sencillamente llenar a los estudiantes de conocimientos, sino prepararlos para utilizar el material tanto para la edificación de creyentes como para la evangelización de los no creyentes. Es cierto que no todo el material es «evangelístico» en sí, pero a veces se tocan varios temas durante el proceso de la evangelización o del seguimiento y estos conocimientos tal vez ayuden a abrir una puerta para el evangelio o aun mantenerla abierta. Las siguientes consideraciones servirán para guiar la comunicación de los conceptos:

a. La comunicación debe ser creativa: La clave de esta sección es permitir que los alumnos usen sus propios talentos de manera creativa. No todos tendrán

ni la habilidad ni el deseo de predicar desde un púlpito. Pero tal vez algunos tengan talentos para escribir poesías, canciones, o coros, o hacer dibujos o
pinturas que comuniquen las verdades que han
aprendido. Otros quizás tengan habilidades teatra-
les que pueden usar para desarrollar dramatizaciones que comuniquen principios cristianos de manera eficaz, educativa y entretenida. Y aun otros pueden servir de maestros, pastores o facilitadores para
otros grupos o peñas. No les imponga límites a las
diversas maneras en las cuales se puede comunicar
la verdad de Dios.

b. La comunicación debe ser clara: Las peñas proveen
un contexto idóneo para practicar la comunicación
de las verdades cristianas. En este ambiente caracterizado por el amor, el aliento y la dirección se pueden hacer «dramatizaciones» en las cuales alguien
formule «preguntas difíciles», mientras otro u otros
tratan de responder como si fuera una situación real.
Después los demás en la peña pueden evaluar tanto las respuestas que se dieron como la forma en la
cual se desenvolvió el proceso y el resultado. La
evaluación debe tomar en cuenta aspectos como la
apariencia, el manejo del material, y el carácter o
disposición con que fue comunicado.
Se puede hacer una dramatización, algo humorísti-
ca, donde un cristiano con buenas intenciones, pero
no muy «presentable», trata de comunicarse con un
incrédulo bien vestido, perfumado y limpio. Después,
la clase puede participar en una discusión amigable
acerca del papel de la apariencia en la evangelización.

c. La comunicación debe reflejar el carácter cristiano. Usted como facilitador debe modelar algunas de las características cristianas que debemos reflejar cuando hablemos con otros acerca de Jesucristo y la fe cristiana. Por ejemplo, la paciencia, la humildad y el dominio propio deben ser evidentes en nuestras conversaciones. Debemos también estar conscientes de que dependemos de Dios para que nos ayude a hablar con otros de manera eficaz. Sobre todo, debemos comunicar el amor de Dios. A veces nuestra forma de actuar con los no cristianos comunica menos amor que lo que ellos reciben de sus amistades que no son cristianas. Las peñas proveen un contexto amigable, eficaz y sincero para evaluar, practicar y discutir estas cosas.

Cada parte del proceso ya detallado contribuye a la que le sigue, de manera que la calidad del proceso de la enseñanza depende del esfuerzo realizado en cada paso. Si la calidad de la lección es alta, esto ayudará a asegurar una excelente experiencia en la reunión, ya que todos los estudiantes vendrán preparados, habiendo hecho buen uso de su tiempo personal. De la misma manera, si la reunión se desenvuelve de manera organizada y creativa, facilitará la excelencia en las expresiones, es decir, las oportunidades que tendremos fuera de las reuniones para compartir las verdades de Dios. Por lo tanto, necesitaremos la ayuda de Dios en todo el proceso a fin de que recibamos el mayor provecho posible del programa.

Instrucciones específicas

Antes de la reunión: *Preparación*

A. Oración: Es la expresión de nuestra dependencia de Dios.

1. Ore por usted mismo
2. Ore por los estudiantes
3. Ore por los que serán alcanzados e impactados por los alumnos

B. Reconocimiento

1. Reconozca su identidad en Cristo (Romanos 6—8)

2. Reconozca su responsabilidad como maestro o facilitador (Santiago 3.1-17)

3. Reconozca su disposición como siervo (Marcos 10.45; 2 Corintios 12.14-21)

C. Preparación

1. Estudie la porción del alumno sin ver la guía para el facilitador, es decir, como si usted fuese uno de los estudiantes.

    a. Tome nota de los aspectos difíciles, así se anticipará a las preguntas.

    b. Tome nota de las ilustraciones o métodos que le vengan a la mente mientras lee.

    c. Tome nota de los aspectos que le sean difíciles a fin de investigar más usando otros recursos.

2. Estudie este manual para el facilitador.

3. Reúna otros materiales, ya sea para ilustraciones, aclaraciones, o para proveer diferentes puntos de vista a los del texto.

Durante la reunión: *Participación*

Recuerde que el programa FLET sirve no solo para desarrollar a aquellos que están bajo su cuidado como facilitador, sino también para edificar, entrenar y desarrollarlo a usted mismo. La reunión consiste de un aspecto clave en el desarrollo de todos los participantes, debido a las dinámicas de la reunión. En la peña, varias personalidades interactuarán, tanto unas con otras, como también ambas con Dios. Habrá personalidades diferentes en el grupo y, junto con esto, la posibilidad para el conflicto. No le tenga temor a esto. Parte del curriculum será el desarrollo del amor cristiano.

Tal vez Dios quiera desarrollar en usted la habilidad de resolver conflictos entre hermanos en la fe. De cualquier modo, nuestra norma para solucionar los problemas es la Palabra inerrante de Dios. Su propia madurez, su capacidad e inteligencia iluminadas por las Escrituras y el Espíritu Santo lo ayudarán a mantener un ambiente de armonía. Si es así, se cumplen los requisitos del curso y, lo más importante, los deseos de Dios. Como facilitador, debe estar consciente de las siguientes consideraciones:

A. El tiempo u horario
1. La reunión debe ser siempre el mismo día, a la misma hora, y en el mismo lugar cada semana, ya que eso evitará confusión. El facilitador siempre debe tratar de llegar con media hora de anticipación para asegurarse de que todo esté preparado para la reunión y para resolver cualquier situación inesperada.

2. El facilitador debe estar consciente de que el enemigo a veces tratará de interrumpir las reuniones o traer confusión. Tenga mucho cuidado con cancelar reuniones o cambiar horarios. Comunique a los participantes en la peña la responsabilidad que tienen unos con otros. Esto no significa que nunca se debe cambiar una reunión bajo ninguna circunstancia. Más bien quiere decir que se tenga cuidado y que no se hagan cambios innecesarios a cuenta de personas que por una u otra razón no pueden llegar a la reunión citada.

3. El facilitador debe completar el curso en las semanas indicadas (o de acuerdo al plan de las otras opciones).

B. El lugar

1. El facilitador debe asegurarse de que el lugar para la reunión esté disponible durante las semanas correspondientes al término del curso. También deberá tener todas las llaves u otros recursos necesarios para utilizar el local.

2. Debe ser un lugar limpio, tranquilo y tener buena ventilación, suficiente luz, temperatura agradable y espacio a fin de poder sacarle provecho y facilitar el proceso educativo.

3. El sitio debe tener el mobiliario adecuado para el aprendizaje: una mesa, sillas cómodas, una pizarra para tiza o marcadores que se puedan borrar. Si no hay mesas, los estudiantes deben sentarse en un círculo a fin de que todos puedan verse y escucharse. El lugar completo debe contribuir a una postura dispuesta para el aprendizaje. El sitio debe motivar al alumno a trabajar, compartir, cooperar y ayudar en el proceso educativo.

C. La interacción entre los participantes

1. Reconocimiento:

a. Saber el nombre de cada persona.

b. Conocer los datos personales: estado civil, trabajo, nacionalidad, dirección, teléfono.

c. Saber algo interesante de ellos: comida favorita, cumpleaños, etc.

2. Respeto para todos:

a. Se deben establecer reglas para la reunión: Una per sona habla a la vez y los demás escuchan.

b. No burlarse de los que se equivocan ni humillarlos.

c. Entender, reflexionar o pedir aclaración antes de responder lo que otros dicen.

3. Participación de todos:

a. El facilitador debe permitir que los alumnos respondan sin interrumpirlos. Debe dar suficiente tiempo para que los estudiantes reflexionen y compartan sus respuestas.

b. El facilitador debe ayudar a los alumnos a pensar, a hacer preguntas y a responder, en lugar de dar todas las respuestas él mismo.

c. La participación de todos no significa necesariamente que tienen que hablar en cada sesión (ni que tengan que hablar desde el principio, es decir, desde la primera reunión), más bien quiere decir, que antes de llegar a la última lección todos los alumnos deben sentirse cómodos al hablar, participar y responder sin temor a ser ridiculizados.

Después de la reunión: *Evaluación y oración*

A. Evaluación de la reunión y la oración:
1. ¿Estuvo bien organizada la reunión?
2. ¿Fue provechosa la reunión?
3. ¿Hubo buen ambiente durante la reunión?
4. ¿Qué peticiones específicas ayudarían a mejorar la reunión?

B. Evaluación de los alumnos:
1. En cuanto a los alumnos extrovertidos y seguros de sí mismos: ¿Se les permitió que participaran sin perjudicar a los más tímidos?

2. En cuanto a los alumnos tímidos: ¿Se les animó a fin de que participaran más?

3. En cuanto a los alumnos aburridos o desinteresados: ¿Se tomó especial interés en descubrir cómo despertar en ellos la motivación por la clase?

C. Evaluación del facilitador y la oración:
1. ¿Estuvo bien preparado el facilitador?
2. ¿Enseñó la clase con buena disposición?
3. ¿Se preocupó por todos y fue justo con ellos?
4. ¿Qué peticiones específicas debe hacer al Señor a fin de que la próxima reunión sea aún mejor?

Ayudas adicionales

1. **Saludos:** Para establecer un ambiente amistoso, caracterizado por el amor fraternal cristiano, debemos saludarnos calurosamente en el Señor. Aunque la reunión consiste de una actividad más bien académica, no debe adolecer del amor cristiano. Por lo tanto, debemos cumplir con el mandato de saludar a otros, como se encuentra en la mayoría de las epístolas del Nuevo Testamento. Por ejemplo, 3 Juan concluye con las palabras: La paz sea contigo. Los amigos te saludan. Saluda tú a los amigos, a cada uno en particular. Saludar provee una manera sencilla, pero importante, de cumplir con los principios de autoridad de la Biblia.

2. **Oración:** La oración le comunica a Dios que estamos dependiendo de Él para iluminar nuestro entendimiento, calmar nuestras ansiedades y protegernos del maligno. El enemigo intentará interrumpir nuestras reuniones por medio de la confusión, la división y los estorbos. Es importante reconocer nuestra posición victoriosa en Cristo y seguir adelante. El amor cristiano y la oración sincera ayudarán a crear el ambiente idóneo para la educación cristiana.

3. **Creatividad:** El facilitador debe esforzarse por emplear la creatividad que Dios le ha dado tanto para presentar la lección como para mantener el interés durante la clase completa. Su ejemplo animará a los estudiantes a esforzarse en comunicar la verdad de Dios de manera interesante. El Evangelio de Marcos reporta lo siguiente acerca de Juan el Bautista: Porque Herodes temía a Juan, sabiendo que era varón justo y santo, y le guarda-

ba a salvo; y oyéndole, se quedaba muy perplejo, pero le escuchaba de buena gana (Marcos 6.20). Y acerca de Jesús dice: Y gran multitud del pueblo le oía de buena gana (Marcos 12.37b). Notamos que las personas escuchaban «de buena gana». Nosotros debemos esforzarnos para lograr lo mismo con la ayuda de Dios. Se ha dicho que es un pecado aburrir a las personas con la Palabra de Dios. Hemos provisto algunas ideas que se podrán usar tanto para presentar las lecciones como para proveer proyectos adicionales útiles para los estudiantes. Usted puede modificar las ideas o crear las suyas propias. Pídale ayuda a nuestro Padre bondadoso, todopoderoso y creativo a fin de que lo ayude a crear lecciones animadas, gratas e interesantes.

Conclusión

El beneficio de este estudio dependerá de usted y de su esfuerzo, interés y relación con Dios. Si el curso resulta una experiencia grata, educativa y edificadora para los estudiantes, ellos querrán hacer otros cursos y progresar aún más en su vida cristiana. Que así sea con la ayuda de Dios.

Estructura de la reunión

1. Dé la bienvenida a los alumnos que vienen a la reunión.

2. Ore para que el Señor calme las ansiedades, abra el entendimiento, y se manifieste en las vidas de los estudiantes y el facilitador.

3. Pídales a los alumnos que tomen una hoja de papel y anoten los puntos que consideran más importantes. Luego podrán discutirlos y ampliar lo tratado.

4. Presente la lección (puede utilizar las sugerencias provistas en este manual).

5. Comparta con los alumnos algunas de las preguntas de la lección junto con las respuestas. No es necesario cubrir todas las preguntas. Más bien pueden hablar acerca de las que les dieron más dificultad, las que fueron de mayor edificación, o las que expresan algún concepto con el que están en desacuerdo.

6. El facilitador y los estudiantes pueden compartir entre una y tres ideas que se les hayan ocurrido para la sección Expresión y comunicar de manera eficaz algunos de los conceptos, verdades y principios de la lección.

7. El facilitador reta a los estudiantes a completar las metas para la próxima reunión. Además, comparte algunas ideas para proyectos adicionales que los alumnos puedan decidir hacer. (Utilice las sugerencias provistas.)

8. La peña o el grupo termina la reunión con una oración y salen de nuevo al mundo para ser testigos del Señor.

Calificaciones

Véase la Hoja de calificaciones al final del libro. Allí debe poner la lista de los que componen la peña o grupo de estudio. Cada cuadro pequeño representa una reunión. Allí debe poner la puntuación que el alumno sacó, de acuerdo con la manera en que respondió o en que hizo su trabajo. La mejor calificación equivale a 100 puntos. Menos de 60 equivale al fracaso.

Lección 1

Asegúrese de leer las metas y objetivos de esta lección a fin de vigilar que se cumplan y así evaluar en una mejor forma.

Plan para el curso

Lección 1: Prefacio, capítulos 1 y 2: La predicación expositiva y ¿Cuál es la idea principal?

Lección 2: Capítulo 3: Herramientas para el oficio

Lección 3: Capítulos 4 y 5: El camino del texto al sermón y el poder del propósito

Lección 4: Capítulos 6, 7 y 8: Formas que adoptan los sermones; Déles vida a los huesos secos; y Comience de un golpe y termine de una vez

Lección 5: Capítulos 9 y 10: La vestimenta del pensamiento y Predique para que la gente escuche

Lecciones 6 a 8: Presentación de los sermones por los estudiantes (y sus evaluaciones respectivas).

Sugerencias para introducir la lección

1. Pida que uno de los alumnos sirva de secretario (o usted mismo puede cumplir dicha función). Luego instruya a los alumnos para que expresen sus ideas (brevemente, por ejemplo en una oración) acerca de las cualidades de una predicación o un predicador eficaz. (El secretario debe escribir estas ideas en forma abreviada.) Después de unos momentos de intercambiar ideas, siga

con el resto de la lección. El secretario, entonces, puede hacer varias copias de sus anotaciones y entregarlas a cada alumno en la próxima reunión.

2. El autor Haddon Robinson refiere la siguiente cita de Francis Shaeffer: «La batalla ocurre básicamente, para el hombre, en el campo del pensamiento». Pida a los alumnos que interpreten lo que Shaeffer quiso decir y que den ejemplos de ideas relevantes que han influido en alguna persona, grupo o nación. Luego pídales que relacionen sus opiniones con lo expresado acerca de la idea central basada en el texto bíblico de los sermones. Después de un tiempo provechoso de discusión, prosigan con el resto de la lección.

3. Escriba las siguientes categorías en la pizarra: «Consecuencias de la buena predicación» y «Consecuencias de la mala predicación». Indíqueles a los alumnos que escriban las ideas que se les ocurran para cada una de dichas categorías. Después de proveer suficiente tiempo para que cada estudiante escriba algo en su hoja (o para escribir algunas sugerencias en la pizarra), pida que algunos lean sus listas en voz alta (o seleccione algunas de las ideas principales en la pizarra). Permita que varios opinen acerca de algunas de las ideas y completen el resto de la lección.

4. Desarrolle su propia creatividad para introducir la lección.

Respuestas a las preguntas

1. De acuerdo al autor, el predicador debe traer a la tarea de la predicación algún don. Pero más que eso, debe

traer un deseo insaciable de poner las Escrituras en contacto con la vida misma de los oyentes. Robinson cita favorablemente a Richard Baxter, que dijo que nunca había visto a un hombre eficaz en su ministerio que no sintiera el deseo (al borde de la misma angustia) de ver el fruto de su labor. En resumen, Robinson afirma que los principios y la pasión deben unirse antes de que ocurra algo significativo en el púlpito.

2. De acuerdo a Robinson, el que comunica la Palabra de Dios trae su propia persona a la tarea: su vida, su intuición, su madurez, su imaginación y su dedicación. El autor afirma que el deseo y la instrucción cuando se unen resultan en comunicadores eficaces de la Palabra de Dios.

3. Las respuestas variarán de acuerdo al alumno. No obstante, deben incluir ideas tales como estas, por ejemplo:

• La preparación del predicador debe ser proporcional a la magnitud de la tarea.
• La aplicación del mensaje lleva a consecuencias eternas.
• El predicador puede y debe contar con la ayuda del Señor a fin de comunicar de manera eficaz.

4. Robinson define la predicación expositiva así: «Es la comunicación de un concepto bíblico, derivado de y transmitido por medio de, un estudio histórico, gramatical y literario de un pasaje en su contexto, que el Espíritu Santo aplica, primero, a la personalidad y a la experiencia del predicador, y luego, a través de este, a sus oyentes».

Asegúrese de que el alumno entienda y explique cada aspecto de la definición de Robinson:

«Es la comunicación de un concepto bíblico ...: esto es, el predicador debe esforzarse por interpretar correctamente el texto bíblico para predicar acerca de la Biblia y no de algún concepto ajeno a ella. El expositor debe comunicar principios bíblicos que el oyente pueda aplicar a su vida. Esto requiere trabajo arduo de parte del predicador para que el oyente comprenda el mensaje bíblico.

... derivado de y transmitido por medio de ...: el predicador no llega a descubrir el sentido del texto bíblico por medio de algún método místico, sino que dependiendo del Espíritu Santo realiza un estudio de los aspectos que observamos a continuación:

... un estudio histórico ...: que abarca el contexto histórico (las circunstancias en las que la carta se escribió y se recibió [cultura, geografía, costumbres, situación política, cronología]).

... gramatical ...: en el que se estudia el contexto gramatical (la manera en la cual se expresan los conceptos conforme a las reglas gramaticales del idioma indicado).

... literario ...: en esta categoría se incluye la estructura lingüística, figuras retóricas y género literario, por ejemplo.

... de un pasaje en su contexto ...: todo lo descrito anteriormente se hace en el contexto del libro completo en el que uno está predicando (por eso debemos leerlo entero, a fin de seguir el pensamiento del autor) para poder conocer (lo mejor posible) las circunstancias del escritor y los receptores originales.

... que el Espíritu Santo aplica, primero, a la personalidad y a la experiencia del predicador ...: esto no quiere decir que el predicador tendrá que vivir todas las experiencias de los personajes del pasaje escogido. No obstante, el predicador debe esforzarse para, con la ayuda del Espíritu Santo, comprender los principios del texto bíblico y practicarlos (o poseerlos) en su propia vida (hasta donde pueda). Sin dudas, habrá más convicción y eficacia en la comunicación cuando el predicador participa personalmente en el mensaje (en lugar de comunicar conceptos sin alguna conexión con el contenido).

... y luego, a través de él, a sus oyentes»: el proceso no termina hasta que las verdades del texto bíblico no sean captadas y apropiadas por el oyente con la ayuda del Espíritu Santo. De manera que, desde el principio hasta el fin, el creyente coopera con el Señor en la comprensión, comunicación y aplicación de Su Palabra.

5. Según Robinson, la idea es «un extracto de la vida que saca lo común de las particularidades de la experiencia y las relaciona entre sí». Para la predicación, el expositor debe abstraer la idea central de la porción bíblica (el texto) bajo consideración. La idea central tendrá un tema (¿de qué estoy hablando?) y uno o más complementos (¿qué estoy diciendo, exactamente, acerca de lo que estoy hablando?). [Nota: En las siguientes lecciones se sugiere que el predicador concluya la introducción de su sermón, ya sea con el tema expresado en forma de pregunta (ej.: ¿Cómo podemos controlar el enojo? ¿En qué forma puede lidiar el creyente con la ira? ¿Qué dice Dios acerca de cómo el cristiano puede tratar con las situaciones en las cuales se enoja?)]

Evaluación de la tarea

Para esta lección se le pidió al estudiante que presentara un discurso breve acerca de un tema que permitiera que sus compañeros lo conocieran mejor. Asegúrese de evaluar al alumno de acuerdo a lo siguiente:

- ¿Habló acerca del tema que se le asignó?
- ¿Fue natural en su forma de expresión?
- ¿Le ayudó al alumno a sentirse más cómodo ante una audiencia?

Anime y aliente a los estudiantes recordándoles que el aprendizaje representa un proceso. Recuérdenle que este curso intenta proveerles el conocimiento esencial (y una experiencia básica) sobre el cual edificarán el resto de sus vidas.

Un proyecto para profundizar

Este proyecto es opcional, pero altamente recomendable para aquellos que desean ser predicadores destacados.

Instruya al estudiante a que cree un bosquejo visual del libro que decidió leer usando los principios expuestos en «Pasos a seguir en el estudio bíblico» [pp. 119-131] y la lección 1 en la guía del alumno [pp. 138-142] en Cómo estudiar e interpretar la Biblia, por R.C. Sproul.

Lectura adicional: El estudiante que desee indagar más acerca de la predicación expositiva puede leer *Del texto al sermón, cómo predicar expositivamente*, por Walter L. Liefeld, publicado por Editorial Vida.

Lección 2

Recuerde que en estas primeras lecciones intentamos que la persona se presente con naturalidad ante sus oyentes aunque, sin dudas, será importante el contenido. Las lecciones siguientes enfocarán estas y otras facetas.

Sugerencias para introducir la lección

1. Comience la lección con la siguiente observación: «Algunos piensan que no es espiritual prepararse para predicar. Según ellos, Dios les dará el mensaje adecuado en el momento que lo necesiten (esto es, durante el sermón o poco antes)». Pida a varios estudiantes que opinen al respecto y completen la lección. Trate temas como los siguientes:

   a. ¿Cuál es el contexto de las afirmaciones del Señor que algunos emplean para argumentar la creencia de que no hay que prepararse para predicar? (Véanse Mateo 10.16-25; Marcos 13.9-13; Lucas 21.12-17 y Juan 14.25-31.) ¿Enseñan estos pasajes lo que ellos suponen?

   b. Si el Espíritu Santo le puede ayudar en el momento del sermón, ¿por qué no pedirle ayuda durante la preparación del mismo?

   c. ¿No será esa creencia una excusa para la pereza?

2. Instruya a los estudiantes a que abran sus Biblias en Efesios 5.22-32. Pídales que tomen una hoja de papel

y desarrollen un esquema mecánico del pasaje señalado (véase el apéndice 2 del libro de texto). Luego que todos concluyan la tarea, pida que expresen algo de lo que aprendieron del ejercicio. Entonces prosigan a completar el resto de la lección.

3. Llegue a la lección preparado con una concordancia. Anúncieles a los alumnos que realizarán un estudio acerca de la palabra «dormir», que aparece en 1 Tesalonicenses. Dígales que busquen todas las veces que se menciona el término en el libro. Luego pídales que disciernan el significado de la palabra en los contextos en los que aparece (esto es, los capítulos 4 y 5). Cuando tengan una opinión al respecto, pida que la expresen ante los compañeros. Después de que opinen, explique que en 1 Tesalonicenses 4 el vocablo dormir se refiere a la muerte de un creyente y se utiliza la palabra griega koimao. Sin embargo, en 1 Tesalonicenses 5 habla de no estar velando moralmente, es decir, de una condición moral apática (en un contexto que no corresponde a la expectativa del Día del Señor). Aquí, Pablo usa una palabra griega diferente, katheudo. No olvide señalar que hay palabras distintas en el idioma original que pueden traducirse con un solo sentido en castellano. De manera que debemos tener cuidado cuando usamos la concordancia y asegurarnos de que estamos buscando la misma palabra. Por cierto, puede haber sinónimos aun en los idiomas originales. No obstante, debemos saber qué palabra estamos viendo en la concordancia y en el texto en castellano. También debemos notar que si estudiamos bien los contextos respectivos, en 1 Tesalonicenses nos indica que no está hablando de muerte física literal (véase el contexto y en especial

el 5.6). La palabra que aparece en 1 Tesalonicenses 5 también se utiliza para el sueño literal (véase Mateo 8.24). Después de un tiempo provechoso de instrucción, prosigan con el resto de la lección.

4. Desarrolle su creatividad para introducir la lección.

Respuestas a las preguntas

1. Robinson propone 3 pasos:

a. Seleccionar el pasaje en el cual basaremos nuestro sermón tomando en cuenta las unidades de pensamiento y la duración de la exposición. Esto significa buscar (en la mejor forma que uno pueda) las divisiones o el desarrollo natural del pensamiento del autor bíblico. [Es imprescindible leer el libro completo, preferiblemente sin interrupción (y varias veces) a fin de poder captar el «hilo» del pensamiento, los diversos temas que el autor toca, y los propósitos con los que escribe.] Eso nos ayuda a discernir las unidades naturales de pensamiento en el escrito. Sin dudas, este cuenta con varias: el libro mismo representa una unidad de pensamiento, además de otras como sus divisiones, secciones, segmentos, párrafos y versículos. Recordemos también que las divisiones en capítulos no son inspiradas por Dios (solo lo es el texto bíblico en sí). De manera que unas veces son precisas y otras no.

b. Estudiar el pasaje y preparar notas. Esto implica leer el libro completo (varias veces y en diferentes versiones); analizar el pasaje en su contexto amplio e inmediato; escribir las preguntas que surgen mientras uno lee (por ejemplo, cuestiones interpretativas, áreas que necesitan más investigación, asuntos culturales o literarios, cuestiones históricas). También tiene que ver con tratar de definir el tema del pasaje (primero en forma tentativa), usar diferentes métodos (ej.: esquemas mecánicos, diagramación y paráfrasis de un pasaje) y diversos libros de referencia a fin de refinar nuestra comprensión del mismo y descubrir el tema.

c. Relacionar las partes del pasaje para determinar la idea exegética y su desarrollo. Tratar de discernir el tema y el complemento en el pasaje usando preguntas y tomando en cuenta todos los detalles del mismo.

2. La exposición temática tiene que ver con predicar acerca de un tema específico usando más de un libro de la Biblia. De manera que en vez de limitarnos a descubrir el tema del sermón en un solo libro de la Biblia, encontramos los complementos en varios pasajes. Como regla, se dice que no hay que ir a otro pasaje si la misma verdad se encuentra en el texto que estamos predicando. Por otro lado, debemos asegurar que cada pasaje adicional que utilicemos trate con el tema del sermón o sea aplicable al mismo. De manera que en la exposición temática tenemos que ocuparnos de varios libros y contextos. Por ejemplo, si nuestro tema trata acerca de cómo debe responder el creyente ante el sufrimiento, es recomendable que usemos libros como Romanos, 2 Corintios, Filipenses 1 Pedro y Hebreos ya que tratan el tema (aunque otros también). Y ten-

dríamos que asegurarnos de que el pasaje que utilizamos de cada libro adicional se interprete correctamente en su contexto (para que el tema y el complemento se deriven de las Escrituras y no se imponga sobre estas una idea ajena). De otra forma estaríamos tomando los complementos fuera de contexto y en realidad serían irrelevantes al tema. Por ejemplo, si estamos predicando acerca de la resurrección futura del creyente no debemos usar Juan 5.25, ya que este tiene que ver con la transición de la muerte a la vida espiritual de aquellos que creen en Jesús como Salvador. Sin dudas, el pasaje luego habla de resurrección textualmente (Juan 5.28-29). Y el contexto más amplio trata de la relación entre el Padre y Jesús y cómo afecta la vida eterna, la resurrección y el juicio (Juan 5.24-47). De manera que debemos cuidar del contexto en la predicación de uno o varios pasajes en la exposición temática.

3. El autor afirma que aun aquellos que pueden lidiar con el hebreo o el griego pueden beneficiarse leyendo el libro varias veces en diversas traducciones. Robinson afirma que así se hace más fácil discernir el desarrollo del pensamiento del autor del libro de las Escrituras que estamos leyendo. [Nota: Sin dudas, la persona que lee el hebreo o el griego con mucha facilidad puede captar lo mismo (y mejor) en los idiomas originales.] El problema radica en que algunos alumnos de hebreo y griego no tienen la facilidad para leer que disfrutan en su lengua nativa. No obstante todos, aun los que tienen grandes habilidades con los idiomas originales, pueden beneficiarse leyendo las diversas traducciones. Eso nos ayudará a pensar como el oyente. Es decir, en

los bancos de la iglesia habrá personas con diferentes traducciones. Familiarizarnos con ellas es valioso para comunicarnos con la audiencia y explicar cosas que tal vez no estén muy claras en una traducción dada.

4. Robinson destaca los recursos que mencionamos a continuación, los cuales nos pueden ayudar a comprender el pasaje que vamos a predicar:

- Léxicos. Los léxicos proveen definiciones a partir de las raíces de las palabras e identificando algunos de sus usos gramaticales. Debemos advertir que el significado de una palabra se descubre considerando el uso de la misma en el contexto (o contextos) indicado y no solo en la pura etimología. Por ejemplo, la palabra «arrepentimiento» textualmente significa un cambio de idea. No obstante, en la Biblia indica que también tiene que ver con un cambio de comportamiento adicional.

- Concordancias. Ayudan a determinar las veces que aparece una palabra en un texto, capítulo o toda la Biblia; además de mostrar las diversas acepciones de la misma dependiendo del contexto en que se emplea. [Nota: Véase la sugerencia 3, para introducir la lección, en la página 318 para una advertencia en el uso de las concordancias.]

- Diccionarios y enciclopedias bíblicos. Estas herramientas nos pueden proveer información cultural, geográfica e histórica, además de ayudarnos con el significado de algunas palabras. Debemos estar seguros de la confiabilidad de ellos y evaluar lo que dicen a la luz de las Escrituras.

- Esquema mecánico. Es una forma visual de discernir las relaciones entre las ideas principales y subordinadas en el pasaje.

- Diagramación. La diagramación tiene que ver con las relaciones gramaticales en los versículos. Por ejemplo, nos ayuda a ver cuál es el verbo principal, qué acciones lo modifican, cuáles son los adjetivos que califican algo y otros asuntos gramaticales.

- Paráfrasis de un pasaje. La paráfrasis nos ayuda a discernir el significado del pasaje al expresarlo en nuestras propias palabras. No es una traducción autoritativa. Más bien representa un esfuerzo por descubrir y expresar el significado del texto.

[Nota: Robinson no menciona el atlas bíblico aunque, sin dudas, puede ser de ayuda. No obstante los diccionarios bíblicos (y muchas Biblias) incluyen mapas.]

5. Es importante reconocer las diferentes formas literarias para así interpretar correctamente el texto bíblico. Debemos consultar varias fuentes que traten con asuntos literarios. Por ejemplo, para leer parábolas los eruditos sugieren ciertas reglas. Uno recomienda las siguientes:

- Notar con cuidado las parábolas que Jesús interpretó y utilizarlas como guía para interpretar otras.

- Reconocer que todos los elementos tienen un significado. [Algunos afirman lo contrario, es decir, que no todos los elementos tienen significación. No obstante, este principio se deriva del anterior.]

- A veces podemos detectar algunas claves para entender por qué el mismo símbolo ocurre en otra parábola.

- Cualquier elemento que Jesús explica o interpreta nos da pistas para interpretar.

- No debemos inventar doctrinas basándonos en las parábolas. Ninguna doctrina puede establecerse sobre ese fundamento en particular.

De manera que debemos conocer las diversas formas literarias y las opiniones de los eruditos de la Biblia.

Evaluación de la tarea

Para esta lección se le pidió al estudiante que presentara un discurso breve acerca de los beneficios que ofrece leer un libro de la Biblia completo, sin interrupción, y la ayuda provista por uno de los recursos que menciona Robinson. El alumno ha de evaluarse de acuerdo a lo siguiente:

- ¿Habló acerca del tema que se le asignó?
- ¿Habló con convicción? ¿Se mostró persuadido de lo que decía?
- ¿Actuó con naturalidad al expresarse?
- ¿Ayudó al alumno a sentirse más cómodo ante la audiencia?

Anime y aliente a los estudiantes recordándoles que el aprendizaje es un proceso. Recuérdeles que este curso intenta proveerles los conocimientos esenciales (y una experiencia básica), sobre los cuales edificarán el resto de sus vidas.

Un proyecto para profundizar

Este proyecto es opcional, aunque muy recomendable para los que desean ser predicadores sobresalientes.

Instruya al alumno para que:

1. Desarrolle un esquema mecánico, una diagramación y una paráfrasis del texto que seleccionó para el sermón requerido.

2. Averigüe algo acerca de las diferentes traducciones de la Biblia disponibles en castellano. ¿En qué se diferencian? ¿Qué beneficios ofrecen? ¿Hay algunas advertencias que debemos considerar cuando las usemos?

3. Opcional: Si tiene tiempo al prepararse para esta lección, lea el libro en el que aparece el texto que va a predicar en una versión diferente de la que ya leyó.

Lección 3

Sugerencias para introducir la lección

1. Seleccione un versículo que parezca contener una idea completa (ej.: algún proverbio o versículo que no tenga cláusulas dependientes). Pida a los alumnos que le apliquen las tres preguntas relativas al desarrollo.

2. Lea el siguiente concepto del texto y pida a los alumnos que opinen al respecto (véanse las tres esferas, mundos o dimensiones a que se refiere el autor al principio del capítulo 4). Asegúrese de que los estudiantes opinen acerca de cómo las iglesias pueden facilitar o frenar el conocimiento requerido en esos tres aspectos. También deben hablar acerca de los peligros concernientes al proceso (por ejemplo, cómo puede mantenerse un pastor al día sin someterse a experiencias e ideas dañinas). Permita que varios opinen y prosigan con el resto de la lección.

3. Lea la siguiente afirmación de Robinson y pida a los alumnos que opinen al respecto: «Muchos estudiosos de homilética no prestan la merecida atención a la aplicación correcta... Como resultado, muchos miembros de la iglesia, habiendo escuchado sermones ortodoxos toda su vida, probablemente sean herejes practicantes. Nuestros credos afirman las doctrinas centrales de la fe y nos recuerdan aquello que los cristianos debemos creer. Lamentablemente, no nos pueden decir cómo debieran hacernos conducir la creencia en esas

doctrinas. Esa es la parte del predicador, quien tiene que darle una cuidadosa atención». Confirme que los estudiantes comuniquen sus pensamientos acerca de lo siguiente:

a. ¿Cómo podemos facilitar la aplicación en la misma comunicación de nuestro sermón? (Por ejemplo, un maestro de homilética afirmó que debemos presentarnos ante los oyentes con «retratos verbales» que muestren cómo se ve el principio bíblico predicado en la vida real. Es decir, el predicador comunica con un relato, real o imaginario, cómo se pone en práctica la verdad que se ha explicado en el sermón.)

b. ¿Es suficiente que las personas escuchen un sermón para que apliquen las verdades bíblicas a sus vidas? ¿Es la respuesta agregar más actividades a la iglesia?

c. ¿Qué se puede hacer como iglesia para conservar los principios transferibles comunicados a los corazones de aquellos que escuchan nuestra exposición? (Por ejemplo, en una iglesia los miembros participan en grupos pequeños en los cuales son responsables de poner en práctica las verdades que aprendieron el domingo en la iglesia.)

Después de un intercambio provechoso de ideas, pasen a completar el resto de la lección.

4. Desarrolle su propia creatividad para introducir la lección.

Respuestas a las preguntas

1. Según Robinson podemos hacer cuatro cosas con una afirmación: reafirmarla, explicarla, demostrarla o aplicarla.

- La reafirmación representa una de las grandes claves en la predicación eficaz. Significa decir la misma cosa en una manera diferente. [Nota: Los predicadores eficaces aprenden a comunicar los puntos de sus sermones en forma de principios transferibles y repiten el principio tres veces seguidas usando diferentes palabras. Por ejemplo, la justificación es un regalo de Dios, la salvación se recibe gratuitamente sin dar nada a cambio, nadie merece ni puede comprar la salvación, por lo tanto Dios la otorga gratis, sin costo para nosotros. El mismo principio se repite tres veces seguidas. En el sermón el predicador continuaría demostrando que el principio que acaba de comunicar y reafirmar halla su base en las Escrituras. De manera que diría algo así: «Miremos al versículo 24 de Romanos 3 donde Pablo afirma: "siendo justificados gratuitamente por su gracia, mediante la redención que es en Cristo Jesús"». Así, la reafirmación sirve para enfatizar, clarificar y asegurar que la mayor cantidad de personas comprendan lo que estamos diciendo. Si no captaron la idea la primera vez (ya sea por falta de atención, alguna distracción o falta de comprensión) tienen dos oportunidades adicionales e inmediatas para comprender lo que se está diciendo. Seguidamente, cuando el expositor lee el texto bíblico, el oyente se dará cuenta de que el principio que acaba de escuchar se encuentra en la Palabra de Dios inspirada, inerrante y autoritativa. Entonces, el predicador puede explicar lo que falta para que las personas comprendan bien el principio transferible y sepan cómo aplicarlo a sus vidas.]

- Las tres preguntas nos ayudan a desarrollar el sermón y a discernir áreas potenciales de confusión; cómo vamos a comunicar el sermón en términos de énfasis y cuánto tiempo dedicaremos a cada punto o principio.

La primera pregunta, ¿Qué significa esto?, trata tanto con el texto bíblico como con nuestros oyentes. Primero nos dirigimos al texto bíblico para asegurar que lo comprendemos y para notar las áreas en que necesitamos reflexionar, estudiar, investigar y orar más. Robinson también usa esta pregunta para discernir la manera en la que el mismo autor bíblico comunica sus conceptos. Explica que si el escritor de la porción particular de la Biblia que vamos a predicar invirtió tiempo en explicar sus conceptos, entonces nosotros también probablemente haremos lo mismo en nuestra exposición. Al prepararnos debemos tomar nota de las áreas del pasaje en las cuales las personas probablemente tendrán preguntas. Robinson sugiere que nos imaginemos que alguien en la iglesia se pone en pie durante nuestro sermón y nos pregunta acerca de alguna porción del texto. Esto es, tenemos que dirigirnos al texto bíblico y ponernos en el lugar de nuestra audiencia y tratar de plantear las posibles preguntas que ellos se harán durante la exposición.

[Nota: Aquí debemos enfatizar que enseñar la Biblia en un estudio bíblico y predicar un sermón no es igual aunque ambos comparten ciertos aspectos. En la predicación estamos comunicando conceptos o principios bíblicos transferibles, demostrando que son en realidad escriturales y enseñando cómo esos principios lucen en la práctica de la vida real. De manera que no tenemos que explicar todo acerca de un pasaje cuando lo prediquemos. Debemos dar suficiente información para que los oyentes comprendan el principio bíblico, queden convencidos de que es en realidad lo que las Escrituras enseñan, y sepan cómo aplicarlo en sus vidas.]

La segunda pregunta, ¿Es verdad?, no tiene que ver con la veracidad y autoridad de la Biblia sino con el convencimiento subjetivo en los oyentes. Esto es, con el proceso de persuadir a nuestros oyentes de la verdad, no de cuestionar si la Biblia es verídica o no (aunque esta pregunta sin dudas tiene validez y pertenece al campo de la apologética). De manera que las personas no necesariamente van a creer algo solo porque lo afirmemos. Debemos notar cómo y reflexionar en la forma de argumentación que usó el escritor bíblico y pensar en maneras de convencer nuestra audiencia contemporánea. Esto representa trabajo para el predicador. Ahora, dependerá del pasaje de la Biblia y la audiencia, el tiempo que se dedica en el sermón a la persuasión y el convencimiento de los oyentes. Por ejemplo, a causa de la mala interpretación, el machismo y el feminismo contemporáneos el predicador tendrá que esforzarse y proceder con precisión y sabiduría cuando exponga textos como el siguiente: «Asimismo vosotras, mujeres, estad sujetas a vuestros maridos...» (1 Pedro 3.1a). Sin dudas, Dios mismo obra en el corazón de los oyentes. No obstante, el mismo apóstol Pablo usaba argumentación lógica y persuasiva para ganar a sus oyentes.

La tercera pregunta, ¿Dónde está la diferencia?, trata acerca de la aplicación de las verdades escriturales a la vida. Otro maestro de homilética lo expresa así: «¿Cómo se manifestará esta verdad en mi vida? De manera que no será suficiente decir algo como "...esposos, no se olviden de amar a sus esposas. Amén"». Mejor sería pintar un retrato verbal de cómo luce el amor sacrificial en la vida real. Se puede contar un relato, real o imaginario que lo demuestre. Por ejemplo: Miguel había esperado tres semanas para asistir al partido de fútbol con sus amigos. Le costó esfuerzo y ansiedad conseguir su boleto. Pero al fin lo consiguió y llegó el día añorado. Acababa de terminar de vestirse cuando su esposa, Carmen entró llorando a la habitación. Dijo, con voz de desesperación: «Mi querida tía Mermelada, que me crió, está grave en el hospital, ¿puedes ir conmigo? Dicen que le quedan horas de vida». ¿Qué debe hacer Miguel? Tiene varias opciones: 1. Orar que la tía no se muera hasta después del partido. 2. Decirle a la esposa que busque a una amiga o a algún vecino que la lleve al hospital a ver a la tía. 3. Olvidarse del partido, llevar a su esposa al hospital y respaldarla. ¿Cuál sería la actitud del amor sacrificial? Miguel llamó a sus amigos, pudo vender su boleto, visitaron a la tía (que mejoró en forma rápida), y salió a cenar con su esposa agradecida.

La naturaleza del pasaje de la Biblia dictará el énfasis y el tiempo que se le dará a las tres preguntas relativas al desarrollo. Sin dudas, siempre se deben usar las tres, pero algunos textos requieren más atención a unas que a otras. Y, en cuanto a la reafirmación, siempre se debe usar en la predicación. Mejor que la sencilla repetición (repetir las mismas palabras), la reafirmación no solo repite un concepto sino que lo clarifica y enfatiza para los oyentes.

2. La idea exegética es el mensaje tal como se refleja en el texto bíblico. Dicha idea la expresamos en términos de un tema o sujeto (de qué está hablando el autor bíblico a su audiencia original) y un complemento (qué dijo el

escritor al respecto). De manera que el expositor primero trata de descubrir el mensaje original dirigido a la primera audiencia. Al saber qué se comunicó en ese entonces podrá expresar el contenido en un concepto que
se convertirá en la idea homilética del sermón. Así, la
idea exegética es lo que el texto rinde. La idea homilética
es la comunicación del mismo concepto en lenguaje
memorable y contemporáneo para la audiencia actual.

3. La idea homilética es el mensaje del texto bíblico comunicado por el mensajero al oyente. De manera que
el expositor tiene que tomar el principio bíblico que des-
cubrió por el proceso de exégesis y al cual le aplicó las
tres preguntas relativas al desarrollo y expresarla en
términos que su audiencia contemporánea pueda entender.

De modo que se pudiera expresar el principio de Efesios
4.28 («El que hurtaba, no hurte más, sino trabaje, haciendo con sus manos lo que es bueno, para que tenga
qué compartir con el que padece necesidad») en estas
maneras: «Debemos poner las manos en la obra, y no
en las posesiones de otros, a fin de extenderlas a los
necesitados» o «En lugar de robar debemos trabajar y
regalar» o «El ladrón debe convertirse en trabajador y
benefactor». Robinson afirma que desarrollar la idea
homilética es el paso más difícil en la preparación del
sermón. [Tal vez, la exégesis sea el más difícil para
muchos. Puede haber diferentes opiniones acerca de
esto de acuerdo a los dones y talentos que Dios nos da.
No obstante, todos los pasos se relacionan entre sí.]

4. La idea del sermón y su propósito se relacionan aunque no son iguales. El propósito expresa lo que uno

espera que cambie en los oyentes como resultado de la exposición. La idea representa el mismísimo contenido que facilita que se cumpla el propósito del mensaje. Este se discierne y se determina reflexionando en los propósitos posibles que el autor original (y, en definitiva, Dios mismo) tuvo al comunicarse con los receptores de su mensaje. [Nota: Esto requiere oración y estudio con la ayuda de Dios, por lo que no debe separarse de los detalles del texto bíblico. Debemos proceder con cuidado y precisión ya que el propósito específico no siempre es evidente. Y, a veces, es sumamente difícil discernir la situación a la cual los escritores de la Biblia se dirigían (por ejemplo, 1 Corintios 15.29 da pie a diversas interpretaciones, todas las cuales no pueden ser correctas).]

5. Roy Zuck provee una enumeración de expresiones y verbos que nos ayudan a enfocar los cambios que debemos ver en nuestros estudiantes. Dichos cambios aplican a la manera de pensar, sentir y actuar. [En los cursos de FLET hablamos de metas y objetivos cognitivos, afectivos y volitivos o conativos.] Aunque la enumeración de Zuck tiene que ver con la enseñanza, el predicador puede aprovecharla para discernir el propósito del sermón y ayudarse con la aplicación de las verdades bíblicas a su propia vida y a la de sus oyentes.

Evaluación de la tarea

Para esta lección se le pidió al estudiante que presentara un discurso breve acerca de la relevancia de los conceptos presentado por Robinson en los capítulos 4 y 5. Evalúe al alumno de acuerdo a lo siguiente:

- ¿Habló acerca del tema que se le asignó?
- ¿Actuó con naturalidad al expresarse?
- ¿Habló con sinceridad?

Anime a los estudiantes recordándoles que el aprendizaje es un proceso. Recuérdeles que este curso intenta proveerles el conocimiento fundamental (y una experiencia básica) sobre el que edificarán por el resto de sus vidas.

Un proyecto para profundizar

Este proyecto es opcional pero altamente recomendable para aquellos que desean ser predicadores sobresalientes.

Instruya al alumno a que lea los capítulos 3—5 de nuevo a fin de cimentar bien los conceptos en sus mentes y provocar nuevas preguntas e ideas.

Lección 4

Sugerencias para introducir la lección

1. Robinson provee un repaso al principio del capítulo 4. Pida a un voluntario que haga un repaso breve ante los demás alumnos. Estos, a su vez, deben corregir cualquier información errónea o incompleta. Continúen hasta que todos concuerden con la información presentada y el orden de los pasos a dar. Luego pasen a la próxima parte de la lección.

2. Pida a los alumnos que abran sus Biblias en el Salmo 100. Indíqueles que disciernan la estructura del salmo, desarrollen una idea exegética, una homilética y escriban un bosquejo sencillo. Como facilitador, usted debe guiar el proceso. Además, se está haciendo con un salmo corto para no usar mucho tiempo (aunque en la práctica, hasta un salmo tan corto requiere horas de estudio). Después de un momento para compartir ideas y de desarrollar una estructura, idea y bosquejo tentativo, prosigan a tratar estos puntos en el resto de la lección.

Nota: un bosquejo potencial sería así:

Introducción

Sujeto: ¿Cómo debemos responder a Dios?

I. Debemos servir a Dios con alegría porque Él es el Crea dor, vv. 1-3.

335

Transición: No solo debemos responder a Dios con servicio sino también...

II. Debemos alabar a Dios porque Él es bueno y fiel, vv. 4-5.

Conclusión

3. Pida a varios alumnos que compartan algunas introducciones y conclusiones de sermones que hayan captado su interés así como algunos que no hicieron efecto en ellos. Dígale a un estudiante que actúe como secretario para escribir las buenas ideas y comentarios que se expresen. Hablen acerca de cómo se aproximan los comentarios y las opiniones de ellos a los principios que expone Robinson. Después de un tiempo provechoso de discusión completen el resto de la lección.

4. Desarrolle su propia creatividad para comenzar la lección.

Respuestas a las preguntas

1. Según Robinson hay varias formas que un sermón puede tomar y que corresponden a las tres preguntas relacionadas con el desarrollo:

• **Una idea a explicar:** Robinson relaciona esto con los sermones doctrinales, en los que el predicador se esfuerza por explicar con claridad una enseñanza doctrinal. El autor también explica que estos sermones tienen su propia aplicación a la vez que el oyente comprende el contenido. En esta clase de mensaje el predicador no usa el suspenso sino que enfoca la comunicación clara del concepto. Esto es, el predicador responde a la pregunta: ¿Qué quiere decir este pasaje?

- **Una proposición a comprobar:** En esta clase de sermón el predicador se dedica a comprobar algo más que a explicarlo. De manera que los puntos de dicho sermón proveen evidencias, razones o pruebas que respaldan la idea que ha de comprobarse.

[Nota: En estas dos clases de sermones el predicador revela la idea en la introducción. Es por eso que Robinson afirma que se pierde el suspenso. En otros sermones el predicador no provee la idea completa sino solo el tema o el sujeto. Este aparece en forma de pregunta al final de la introducción. El resto provee el complemento dando respuesta a la pregunta con la cual concluyó la introducción. Esta estructura mantiene la audiencia en suspenso ya que no conocen el complemento desde el principio.]

- **Un principio para aplicar:** En esta clase de sermón el énfasis cae en cómo poner en práctica el principio bíblico.

- **Un tema a completar:** En este estilo el predicador presenta el tema sin dar el complemento. (Véase el Proyecto para profundizar para una variación más eficaz de esta forma.)

- **Una historia para contar:** El predicador expone una porción narrativa de las Escrituras. Puede sacar a relucir los principios transferibles que la audiencia podría aplicar a su vida. También es posible hacer un sermón dramático en el cual el predicador representa el papel de uno o más personajes bíblicos.

- **Otras formas:** Robinson afirma que hay otras formas posibles que se adaptan al pasaje que el predicador presenta.

2. El predicador se debe hacer dos preguntas referente a la forma de su sermón: a. ¿Comunica lo que el pasaje enseña? Es decir, facilita la comunicación del escritor bíblico o la oculta? b. ¿Cumplirá esta forma el propósito que tengo para esta audiencia? (Y, más importante aun, el propósito de Dios por medio de las Escrituras.)

3. Según Robinson, los bosquejos sirven a cuatro propósitos: a. Clarificar las relaciones entre las partes del sermón para el predicador y los oyentes. b. Darle al predicador una vista panorámica de todo el sermón. c. Ordenar las ideas en una secuencia apropiada para el oyente. d. Ayudar al predicador a reconocer qué partes del bosquejo requieren material adicional para desarrollar un punto o principio.

4. Las respuestas varían según los alumnos.

5. Las respuestas varían de acuerdo a los alumnos.

Evaluación de la tarea

Para esta lección se le pidió al estudiante que presentara un discurso breve acerca de un punto positivo y otro negativo del mensaje que evaluó. Evalúe al alumno de acuerdo a lo siguiente:

- ¿Habló acerca del tema que se le asignó?
- ¿Actuó con naturalidad al expresarse?
- ¿Fue justo y misericordioso en su evaluación y la comunicación de la misma?
- ¿Le ayudó al alumno a sentirse más cómodo ante la audiencia?

Anime a los estudiantes recordándoles que el aprendizaje es un proceso. Recuérdeles que este curso intenta proveerles el conocimiento fundamental (y una experiencia básica) sobre el que edificarán el resto de sus vidas.

Un proyecto para profundizar

Este proyecto es opcional, pero altamente recomendable para aquellos que desean ser predicadores sobresalientes. Las ideas que siguen se deben al profesor Donald R. Sunukjian.

Una variación muy eficaz del sermón inductivo que presenta Robinson utiliza la estructura deductiva para los puntos o principios particulares. En esta clase de sermón la introducción concluye con el tema o el sujeto del sermón en forma de pregunta (y reafirmado tres veces seguidas).

Por ejemplo, si el tema del sermón concierne a cómo ser esposos bíblicos, la introducción tal vez culminará así: ¿Cómo podemos ser esposos escriturales? ¿Qué debemos hacer para que nuestro comportamiento como esposos sea conforme a lo que Dios nos pide en Su Palabra? ¿Cuál debe ser nuestra disposición como maridos si queremos seguir los mandatos bíblicos? De manera que al final de la introducción el oyente escuche el tema aunque no sepa el complemento que responde a la pregunta. El predicador luego puede indicarles que busquen el pasaje en la Biblia donde se encuentra la respuesta a la pregunta presentada al final de la introducción.

Este sermón califica de inductivo porque no presenta la idea completa al principio. Como consecuencia mantiene a los oyentes en suspenso. Deben seguir escuchando si han de recibir la respuesta a la pregunta o el problema planteado al final de la introducción. No obstante, el desarrollo de cada punto será deductivo. ¿Por qué? Porque el predicador expresa el principio bíblico antes de leer el versículo o texto de las Escrituras donde se halla. Es decir, muchas veces oímos predicadores que leen el texto bíblico y luego lo explican. En esta forma se hace al revés. Primero se comunica el punto del sermón (expresado como un principio transferible y reafirmado tres veces) y entonces se lee el texto bíblico. El beneficio es que la persona escucha el principio tres veces repetidas en diferentes palabras y luego lo lee en la Biblia. Esto ayuda al oyente a captar la autoridad bíblica de lo que se está diciendo y a la vez le provee un principio que puede aplicar en su vida. Así, primero comunicamos el principio, después leemos el pasaje bíblico y entonces explicamos los detalles que necesiten explicación. Notemos el siguiente ejemplo:

«... Abramos nuestras Biblias en Efesios capítulo 5 y veremos cómo el esposo puede ser un marido bíblico. En primer lugar, notamos que el esposo es quien guía a la esposa... el marido es la fuente de autoridad para la esposa... el esposo es quien marca la pauta para la esposa en la estructura familiar. Leamos esto en los versículos 22-23: "Las casadas estén sujetas a sus propios maridos, como al Señor; porque el marido es cabeza de la mujer, así como Cristo es cabeza de la iglesia, la cual es Su cuerpo, y Él su Salvador"».

De manera que el sermón en su totalidad califica de inductivo aunque los puntos individuales se desarrollan de manera deductiva, ya que se revela el principio antes de leer el texto bíblico en el cual supuestamente se encuentra. En el sermón deductivo, en lugar de que la idea se vaya desenvolviendo de manera gradual a la vez que el mensaje progresa, la misma se revela por completo al principio. Esto puede ser de ayuda en un sermón doctrinal difícil en el cual las personas se puedan perder con facilidad. En esta clase de mensaje se puede dar una especie de «avance» al principio del sermón que guía al oyente. Esto es, una clase de mapa verbal como el siguiente: «Esta mañana veremos que solo hay un Dios, que este Dios ha existido eternamente en tres Personas: Padre, Hijo y Espíritu Santo, y que son iguales en esencia aunque hay diferencia de función en la Trinidad». Como vemos, en este sermón no hay «secretos» en cuanto a cómo se ha de desarrollar. Los oyentes ya saben a dónde van a ir y solo esperan más detalles. En el sermón inductivo saben la pregunta, pero esperan las respuestas. Juntas, la pregunta y las respuestas, componen la idea homilética o la idea principal del sermón.

En este punto nos encontramos de nuevo con las tres preguntas clarificadoras ya que tal vez el oyente no quede convencido de que el pasaje leído respalda el principio expresado. Es decir, tal vez no vean de inmediato que el texto corresponde al principio. (Y puede que tengan razón si nos equivocamos en nuestra exégesis.) Dando por sentado que hemos interpretado el pasaje de la manera correcta, la objeción del oyente podría enmarcarse en una de las tres preguntas: 1. ¿Qué significa? 2. ¿Es verdad? (¿Estoy realmente persuadido?) 3. ¿Cómo lucirá este principio en mi vida?

Ahora, sin dudas no hay tiempo (ni necesidad) en un sermón para explicar todos los detalles posibles acerca del texto. Es decir, el púlpito y el sermón no son para presentar un estudio exhaustivo de un tema. No obstante, el predicador debe presentar suficiente información para demostrar que el principio que acaba de afirmar en realidad se ajusta a lo que las Escrituras dicen. Así que debe explicar lo suficiente como para verificar el principio expresado en el punto: La explicación que le sigue al principio debe contener suficiente información para respaldar lo que se acaba de decir. Es decir, debe demostrar al oyente que en efecto estamos enseñando lo que dicen las Escrituras. Normalmente, enfocará una de las tres preguntas. Podemos demostrar esto con la misma ilustración que usamos anteriormente. En la cultura contemporánea hay dificultad en comprender lo que significa: «Las casadas estén sujetas a sus propios maridos». Por lo tanto, en este punto tenemos que invertir tiempo para explorar la tres preguntas. Primero, vemos «¿Qué significa?» ¿Quiere decir esto que la mujer debe ser una esclava? ¿Significa que no tiene inteligencia? ¿Acaso es que nunca debe ni siquiera opinar acerca de los asuntos de la casa?

También entra en juego la segunda pregunta: «¿Es verdad?» Es decir, la oyente no ha sido persuadida de la verdad del principio y está confundida en cuanto a cómo aplicarlo en su vida. Por lo tanto, en la explicación que sigue, pudiéramos decir algo como lo siguiente: «Es cierto que muchos han torcido este versículo y lo han usado para respaldar el machismo. Aquellos que quieren hacer esto no ven Quién sirve como Modelo para el hombre bíblico, esto es, el Señor Jesucristo. ¿Cómo se expresó el Señor hacia Su iglesia? Así debe comportarse el marido con su esposa». Al decir algo así y explicarlo, las objeciones comienzan a caer. Aún queda la tercera pregunta, que en cierto sentido toma en cuenta las dos anteriores. La aplicación del principio, si hemos interpretado correctamente las Escrituras debe clarificar todo para el oyente.

Con referencia a las transiciones, use las mismas palabras clave en los principios para ayudar a la audiencia a mantener el hilo: Por ejemplo, en nuestro sermón, en la transición del primer punto (o principio) al segundo, pudiéramos decir algo específico como: «Otra manera en la que un esposo puede ser bíblico es que...» La forma menos eficaz sería: «Otra manera de hacer esto es...» Es decir, en vez de hablar en términos generales, podemos ayudar a los oyentes a recordar el sujeto o el tema del mensaje hablando de manera específica con la precisa terminología del sermón y no una generalizada. En la transición podemos repetir en forma abreviada el tema del sermón.

En fin, debemos usar ilustraciones extendidas que «pinten el retrato» del principio a aplicar. Es decir, las ilustraciones deben demostrar cómo se ve el principio en la vida real. También podemos emplear el mismo concepto en la introducción y la conclusión del mensaje. Si pintamos un retrato verbal acerca de la necesidad a la cual el sermón se dirige, es más probable que el oyente se identifique con la misma. Las imágenes visuales son más fáciles de recordar. Por lo tanto, con esta clase de ilustración tenemos como meta «pintar» un retrato verbal que demuestre cómo aplicar el principio que hemos explicado. Por ejemplo: «María creció en un hogar con un padre machista. Desde niña oía los gritos de su padre y los llantos secretos de su madre. En su hogar las mujeres existían para limpiar, cocinar y criar hijos. No tenían opinión propia. Su razón de ser era servir al género masculino. Años después creyó en Jesús como Salvador. Creyó la maravillosa promesa de vida eterna que Él le hizo. Todo andaba bien hasta que un día participó en un estudio bíblico donde la maestra exhortó a las mujeres diciendo: "Debemos someternos a nuestros esposos". Esa afirmación le hizo recordar memorias terribles de su niñez y tuvo que salir del salón donde estaban reunidas las mujeres de la iglesia. ¿Es esto lo que las Escrituras enseñaban? ¿Cómo se debería interpretar el pasaje que había escuchado claramente? ¿Podía existir un sometimiento que no coexistiera con la degradación y la crueldad? ¿Quiere decir que los hombres son superiores a las mujeres?»

En realidad, la historia es ficticia. La incluimos para ilustrar cómo pintar un «retrato verbal». Sin dudas, hay personas en la congregación que han experimentado algo similar. Es decir, habrá varias Marías en la audiencia. Su relato les ayudará a enfocar el mensaje principal del sermón ya que el personaje tiene preguntas que muchos de los receptores tienen en cierta medida. Es más, podemos usar una historia ficticia siempre que al final aclaremos algo como: «La historia de María es ficticia, sin embargo, muchos se preguntan qué quieren decir las Escrituras con esto». Y, por otro lado, los hombres deben plantearse la misma pregunta a no ser que usen la Biblia para justificar una desobediencia que ella no respalda. Además, podemos usar una ilustración de nuestra vida personal, aun más poderosa, para convencer y motivar a los receptores. En la vida real, casi siempre creemos lo que alguien dice cuando lo respalda con su propia experiencia, por ejemplo: «Probé ese producto y comprobé que da los resultados que ofrece».

La estructura de esta clase de sermón puede ser como la siguiente:

Introducción
  1.
  2.
  3.

Sujeto en forma de una pregunta y reafirmada

  I. Primer principio (reafirmado 3 veces)
    Leer el texto bíblico en el cual se encuentra el principio

Explicación del texto
    A.
    B.

Transición

  II. Segundo principio (reafirmado 3 veces)
    Leer el texto bíblico en el cual se encuentra el principio

Explicación
    A.
    B.

Ilustración

Transición

  III. Tercer principio (reafirmado 3 veces)
Leer el texto bíblico en el que se encuentra el principio

Explicación
    A.
    B.

Ilustración

Transición

Conclusión

Reafirmación de la idea completa al final de la conclusión

Lectura adicional: El estudiante que desee indagar más acerca del concepto de la predicación expositiva puede leer el artículo «Sea claro al predicar», por Alberto Samuel Valdés, que aparece en la revista Apuntes Pastorales, Números 2 y 3, Volumen XVI.

Lección 5

Sugerencias para introducir la lección

1. Pídale a un alumno anticipadamente que presente la introducción de un sermón utilizando criterios opuestos a los que sugiere Robinson. Luego ordene que los demás compañeros lo evalúen y ofrezcan sugerencias para mejorarlo. Después de un intercambio provechoso continúen con el resto de la lección.

2. Pida a los alumnos que opinen acerca de los gestos en la predicación. Pregúnteles cuáles mejoran y cuáles impiden la comunicación excelente. Trate el tema con naturalidad al expresarse. Después de que algunos opinen y lleguen a sus conclusiones, sigan al próximo paso de la lección.

3. Algunos piensan que la vida personal del pastor no tiene mucho que ver con sus predicaciones. Piensan que mientras que el predicador exponga asuntos interesantes, su vida personal no tendrá mucha relevancia. Instruya a los alumnos para que traten el siguiente tema: ¿Cómo afecta la vida personal, familiar y devocional a la predicación del expositor? Brinden algunas sugerencias que ayuden al mensajero a concordar con su mensaje ante Dios y los hombres. ¿Qué puede hacer el pastor para equilibrar el tiempo en la iglesia con su vida particular? ¿Cómo enseñamos a las congregaciones acerca de las exigencias (a veces injustas) que les hacen a los pastores? ¿Cómo podemos ayudar al pastor y a los líderes para que no caigan

en pecados que los descalifiquen para ministrar? Después de un tiempo edificador discutiendo ideas, prosigan al resto de la lección.

4. Desarrolle su propia creatividad para introducir la lección

Respuestas a las preguntas

1. Robinson define el estilo como «nuestra elección de palabras». Y recomienda escribir un manuscrito ya que eso mejora la predicación. Afirma, además, que el manuscrito no representa el «producto final» aunque «contribuye al pensamiento y al estilo del sermón».

2. El autor afirma tres categoría generales: Un estilo claro, un estilo directo y personal; y un estilo vívido. Las respuesta a la segunda parte de la pregunta varían según el estudiante.

3. De acuerdo al autor podemos hacer tres cosas: a. Prestar atención a nuestro propio uso de lenguaje. b. Estudiar cómo lo usan otros. c. Leer en voz alta ya que eso incrementa nuestro vocabulario y nos ayuda a desarrollar nuevos patrones de lenguaje.

4. Según Robinson, la eficacia de nuestra comunicación depende de dos factores: a. Qué decimos. b. Cómo lo decimos. Las respuestas para la segunda parte de la pregunta varían de acuerdo al alumno.

5. Robinson presenta tres categorías generales: a. El arreglo y el vestido. b. El movimiento y los gestos. c. El

contacto visual. d. La exposición oral. Las respuestas para la segunda parte de la pregunta varían según la opinión del alumno.

Evaluación de la tarea

Para esta lección se le pidió al estudiante que presentara un discurso breve acerca de uno de los sermones más eficaces que haya escuchado y los aspectos del mismo que lo hicieron tan memorable. Evalúe al alumno de acuerdo a lo siguiente:

* ¿Habló acerca del tema que se le asignó?
* ¿Actuó con naturalidad al expresarse?
* ¿Ayudó a los demás para la presentación de sus mensajes?
* ¿Le ayudó al alumno a sentirse más cómodo ante la audiencia?

Anime a los estudiantes recordándoles que el aprendizaje es un proceso. Recuérdeles que este curso intenta proveerles el conocimiento fundamental sobre el cual edificar el resto de sus vidas.

Un proyecto para profundizar

Este proyecto es opcional aunque altamente recomendable para los que desean ser predicadores destacados.

El alumno practicará su sermón (o la parte que tenga preparada) ante un espejo tomando en cuenta las enseñanzas de Robinson en esta lección. Luego se preparará antes de que llegue su turno para predicar.

Lectura adicional: El estudiante que desee indagar más sobre el concepto de la predicación expositiva puede leer el artículo «La predicación en esta era de la televisión» (*Guía Pastoral*, número 6), y el libro *El arte de ilustrar sermones* (Editorial Portavoz), ambos escritos por Les Thompson.

Lecciones 6 a 8

En estas lecciones cada alumno presentará su sermón como se haya determinado (al azar o según acuerdo). Se calificará al expositor en base a la evaluación que aparece en el Apéndice 3. El alumno no recibirá una calificación numérica sino que se notara si siguió las instrucciones y completó sus tareas. Esto representará un porcentaje de su calificación.

Evaluación de la tarea

1. Para esta lección se le pidió al estudiante que presentara su sermón de veinte minutos.

2. Será evaluado por el facilitador y por los demás compañeros de acuerdo a la evaluación que aparece en el Apéndice 3.

3. El estudiante también se evaluará a sí mismo.

4. El facilitador, los alumnos que escucharon y el estudiante que predicó harán una evaluación en grupo para la edificación de todos.

Anime a los estudiantes recordándoles que el aprendizaje es un proceso. Recuérdeles que este curso intenta proveerles el conocimiento fundamental (y una experiencia básica) sobre el que edificarán el resto de sus vidas.

Un proyecto para profundizar

Este proyecto es opcional, aunque altamente recomendable para aquellos que desean ser predicadores sobresalientes.

Después de evaluar su propio sermón y escuchar la evaluación de los otros, el estudiante corregirá las áreas que necesitan mejoramiento. Si es posible, predicará el sermón de nuevo en otra ocasión.

Nota importante

Para usar la hoja de calificaciones en su evaluación, por favor, fotocopie la que aparece al final de cualquiera de los libros de FLET.